D1683681

Stefan Köhler

Auf Feindfahrt mit U 139

Weltkriegs-Thriller über ein deutsches U-Boot im Einsatz

EK-2 Militär

Mit Illustrationen von Markus Preger

Die Besatzungen der deutschen U-Boote kämpften in ihren engen Stahlröhren unter sehr primitiven und äußerst harten Bedingungen. Die Mehrzahl der deutschen U-Boot-Fahrer verlor dabei ihr Leben. Dieser Roman ist ihrem Andenken gewidmet.

»*Das Einzige, das mich mit Sorge, Angst und Schrecken erfüllt, sind die deutschen U-Boote – und der Kampfgeist ihrer Besatzungen.*«

Winston Churchill.

Verpassen Sie keine Neuerscheinung mehr!

Tragen Sie sich in den Newsletter von *EK-2 Militär* ein, um über aktuelle Angebote und Neuerscheinungen informiert zu werden und an exklusiven Leser-Aktionen teilzunehmen.

Link zum Newsletter:
https://ek2-publishing.aweb.page

Über unsere Homepage:
www.ek2-publishing.com
Klick auf *Newsletter*

Via Google: EK-2 Verlag

Als besonderes Dankeschön erhalten Sie **kostenlos** das E-Book »Die Weltenkrieg Saga« von Tom Zola.

Deutsche Panzertechnik trifft außerirdischen Zorn in diesem fesselnden Action-Spektakel!

Ihre Zufriedenheit ist unser Ziel!

Liebe Leser, liebe Leserinnen,

zunächst möchten wir uns herzlich bei Ihnen dafür bedanken, dass Sie dieses Buch erworben haben. Wir sind ein kleines Familienunternehmen aus Duisburg und freuen uns riesig über jeden einzelnen Verkauf!

Mit unserem Label *EK-2 Militär* möchten wir militärische und militärgeschichtliche Themen sichtbarer machen und Leserinnen und Leser begeistern.

Vor allem aber möchten wir, dass jedes unserer Bücher **Ihnen ein einzigartiges und erfreuliches Leseerlebnis** bietet. Daher liegt uns Ihre Meinung ganz besonders am Herzen!

Wir freuen uns über Ihr Feedback zu unserem Buch. Haben Sie Anmerkungen? Kritik? Bitte lassen Sie es uns wissen. Ihre Rückmeldung ist wertvoll für uns, damit wir in Zukunft noch bessere Bücher für Sie machen können.

Schreiben Sie uns: info@ek2-publishing.com

Nun wünschen wir Ihnen ein angenehmes Leseerlebnis!

Jill & Moni
von
EK-2 Publishing

Vorwort

So, wie die Menschen schon in der Antike vom Fliegen träumten, sehnten sich Konstrukteure und Strategen danach, ein Schiff zu entwerfen, dass den Feind von unterhalb der Wasseroberfläche aus angreifen kann. Bereits in der Antike haben Römer, Griechen und Perser Taucher eingesetzt, die mit Tierhäuten als Luftspeicher ausgestattet waren. Im Jahre 460 v. Chr. soll der Grieche Scyllias mit Hilfe eines umgedrehten Kessels getaucht sein. All diese Ideen beflügelten die Fantasie der Menschen und sorgten dafür, dass die Technik stetig weiterentwickelt wurde.

Eine frühe technische Zeichnung für ein Tauchboot stammt von dem italienischen Arzt und Erfinder Guido da Vigevano, und datiert auf das 14. Jahrhundert. 1620 absolvierte das erste manövrierbare Unterwasserfahrzeug der Menschheitsgeschichte eine Fahrt durch die Themse – es handelte sich um ein mit Leder überzogenes Holzruderboot, erbaut vom niederländischen Erfinder Cornelius Jacobszoon Drebbel. 1776 konstruierte der Amerikaner David Bushnell die *Turtle* (Schildkröte), die als erstes richtiges U-Boot der Welt gilt. Hergestellt aus Eisen und Eichenholz, verfügte die *Turtle* über zwei Schrauben, die allerdings von Hand angetrieben werden mussten.

Robert Fulton aus den USA entwarf 1801 die *Nautilus*, einen an eine Zigarre erinnernden Entwurf, der ebenfalls mit Handkurbelantrieb ausgestattet war. Eine Neuerung waren allerdings die Ruder zur Tiefen- und Seitensteuerung sowie ein Druckluftsystem zur Atemluftversorgung der Besatzung.

Die *Nautilus* erregte sogar die Aufmerksamkeit Napoleons, war jedoch für militärische Einsätze zu langsam.

Erst mit dem Siegeszug der Elektrizität, speziell Batterien und Elektromotoren, wurde es technisch möglich, einen von Muskelkraft unabhängigen Antrieb für Unterwasserfahrzeuge zu entwickeln.

Der bayrische Artillerieoffizier Wilhelm Bauer ließ 1850 in Kiel das erste in Deutschland gebaute U-Boot zu Wasser, den *Brandtaucher*. Bei Fahrversuchen am 1. Februar 1851 kam es jedoch zu einem Unfall, und das Boot sank bis in eine Tiefe von sieben Meter. Die dreiköpfige Besatzung, darunter Wilhelm Bauer, wartete, bis der Innendruck im volllaufenden Boot mit dem Außendruck übereinstimmte, und erreichte so wieder die Oberfläche.

Während des amerikanischen Bürgerkrieges wurden mehrere U-Boote gebaut, unter anderem die *H. L. Hunley* (auch *CSS Hunley*), die am 17.

Februar 1864 die *USS Housatonic* versenkte. Das U-Boot und seine achtköpfige Besatzung gingen dabei verloren, aber zum ersten Mal in der Geschichte hatte ein Tauchboot ein Überwasserschiff zerstört.

Der technische Fortschritt der nächsten Jahrzehnte und die damit einhergehende Industrialisierung brachten neue Herstellungsverfahren und wissenschaftliche Erkenntnisse, die auch der Entwicklung von U-Booten zugutekamen. Gegen Ende des 19. Jahrhunderts begannen sich die Seestreitkräfte der verschiedensten Nationen für die U-Bootwaffe zu interessieren. Die *Hunley* hatte schließlich bewiesen, dass Überwasserschiffe durch U-Boote versenkt werden konnten.

Dies geschah auch in Deutschland. 1897 baute Howaldt in Kiel das *Versuchs-U-Boot*, was sich jedoch als Fehlschlag erwies und 1902 verschrottet wurde. Doch dieser Versuch zeigte neue Wege auf und noch im gleichen Jahr wurde ein 200 Tonnen schweres Experimental-U-Boot namens *Forelle* konstruiert, welches sich als kriegstauglich erwies. Drei weitere Boote dieser Klasse wurden für Russland hergestellt, und nun wurde auch in Deutschland über den militärischen Einsatz von U-Booten nachgedacht. 1904 beauftrage das Reichsmarineamt den Marineingenieur Gustav Berling damit, ein U-Boot für den Seekrieg zu entwickeln. 1905 wurde dann mit dem Bau begonnen, und nach mehreren Testfahrten wurde schließlich am 14. Dezember 1906 das erste militärische U-Boot der Kaiserlichen Deutschen Marine, die *U 1*, in Dienst gestellt.

Mit Ausbruch des Ersten Weltkriegs 1914 erfolgte auch der erste große Kampfeinsatz der U-Boote. Diese griffen feindliche Handelsschiffe an, jedoch fast immer an der Oberfläche und mit der Bordkanone; getaucht wurde nur, um einer Verfolgung durch Feindkräfte zu entgehen. Größere Tauchtiefen waren deshalb nur von geringer Bedeutung. Zudem erfuhren die U-Boote innerhalb der Kaiserlichen Marine nur wenig Beachtung; die Admiralität zog die großen und eindrucksvollen Schlachtschiffe vor. Dies änderte sich erst am 22. September 1914, als es *SM U 9* gelang, vor der niederländischen Küste einen Verband aus drei Panzerkreuzern, bestehend aus der *HMS Aboukir*, der *HMS Cressy* und der *HMS Hoge*, zu versenken. Dieser erstaunliche Erfolg machte die deutschen U-Boot-Fahrer praktisch über Nacht zu Helden und ermöglichte einen raschen Ausbau der U-Bootwaffe.

Doch auch die Erfolge der deutschen U-Boote konnte den Ausgang des Krieges nicht beeinflussen – der Krieg endete am 11. November 1918 mit dem Waffenstillstand von Compiégne.

Das Kriegsende wirkte sich auf die Weiterentwicklung der U-Boote aus, denn aufgrund der Bestimmungen des Versailler Vertrages waren den deutschen Streitkräften nun die Herstellung oder der Besitz von Unterseebooten untersagt. Das schloss ein generelles Verbot von

Auf Feindfahrt mit U 139

Entwicklung und Export von Tauchbooten in andere Länder ein. Alle U-Boote der Kaiserlichen Marine mussten an die Siegermächte abgegeben oder verschrottet werden. Die Siegermächte ihrerseits sahen nach dem Krieg keine Notwendigkeit mehr für den Besitz einer offensiven U-Bootwaffe.

Bis 1918 war Deutschland in Sachen Konstruktion und Bau von Unterseebooten weltweit führend gewesen. Die Werften und auch die Marine waren also sehr interessiert daran, dieses gesammelte Wissen zu erhalten. Bereits zu Beginn der 1920er-Jahre initiierte Deutschland streng geheime Projekte mit Argentinien, Italien und Schweden zum Bau von U-Booten, die aber alle nicht zur Ausführung gelangten. Einige Jahre später konnten dann endlich Verträge mit den Niederlanden und Finnland zur Herstellung von einigen U-Booten abgeschlossen werden.

Ende 1932 begann die Reichsmarine schließlich mit den Planungen für den Aufbau moderner Seestreitkräfte, die eine schlagkräftige U-Bootwaffe beinhalteten. Diese Pläne wurden mehrfach angepasst und wieder verworfen. Nachdem Adolf Hitler an die Macht gelangt war, befahl er, die Pläne umzusetzen, allerdings in einem legalen Rahmen: dem deutsch-britischen Flottenabkommen vom 18. Juni 1935. Die Reichsmarine wurde in Kriegsmarine umbenannt und der Aufbau der neuen Flotte begann.

Bei Kriegsausbruch im September 1939 standen Deutschland nur 57 U-Boote zur Verfügung, von denen 39 im Atlantik eingesetzt werden konnten. Etwa 20 Boote fuhren Einsätze, ein weiteres Drittel befand sich zur Überholung oder Neuausrüstung in den Werften, der Rest im An- oder Abmarsch zum Einsatzgebiet. Diese Faustregel, dass sich nur ein knappes Drittel der verfügbaren Kräfte im Einsatz befindet, hat übrigens auch heute noch Bestand. Die Bundeswehr kann demnach rund ein Drittel U-Boot in den Einsatz entsenden. Kleiner Scherz.

Im weiteren Verlauf des Krieges konnte die Produktion von U-Booten in den Werften erheblich gesteigert werden, und immer neue Einheiten erreichten die Seekriegsgebiete.

Nach dem erfolgreichen Westfeldzug begann das Deutsche Reich 1940 damit, an der Küste der Biskaya weitere Stützpunkte für die »Grauen Wölfe« zu errichten. In Brest, Lorient, St-Nazaire und La Rochelle entstanden – mit Hilfe von Zwangsarbeitern – die berühmt berüchtigten U-Bootbunker. Von dort liefen die Boote aus, um Jagd auf alliierte Schiffe zu machen. Und der U-Bootkrieg würgte Großbritanniens Lebensadern zu seinen Kolonien auch fast gänzlich ab. Von Kriegsbeginn an bis Ende des Jahres 1941 schickten die »Grauen Wölfe« 13,7 Millionen Tonnen Schiffsraum auf den Meeresgrund. 13,7 Millionen Tonnen, das entsprach der Hälfte der britischen Handelsflotte! Und nur zehn Prozent dieser

Stefan Köhler

Verluste ließen sich durch Neubauten ersetzen. Großbritannien befand sich in einer ernsten Krise. Jeder auf der Insel lebender Brite konnte sich glücklich schätzen, wenn er sonntags sein Frühstücksei auf den Tisch bekam, denn wie alles andere waren auch Eier streng rationiert.

Doch dann änderte sich die Lage. Vier Tage nach dem japanischen Angriff auf Pearl Harbor, am 11. Dezember 1941, erklärte Hitler den Vereinigten Staaten den Krieg. Bisher war der Kampf zwischen der US Navy und den »Grauen Wölfen« im Stillen erfolgt; US-amerikanische Kriegsschiffe eskortierten alliierte Konvois bis Island, ohne dass die deutschen U-Boote die Erlaubnis erhielten, jene US-Schiffe anzugreifen. Dennoch kam es in dieser frühen Phase der Atlantik-Schlacht immer wieder zu Kampfhandlungen, die von beiden Seiten zumeist unter den Teppich gekehrt wurden. Nach der Kriegserklärung fiel diese Zurückhaltung jedoch weg.

Admiral Karl Dönitz, der Befehlshaber der deutschen U-Boote (BdU), sah seine Chance gekommen: mit nur sechs Booten startete er das Unternehmen »Paukenschlag«, die erste Angriffswelle gegen die Handelsschifffahrt an der US-Ostküste. Die Boote benötigten zwei Wochen, um ihr Einsatzgebiet zu erreichen, und begannen am 14. Januar 1942 ihre Angriffe. Als sie sich am 6. Februar wieder zurückzogen, hatten sie 23 Schiffe mit zusammengezählt 150.505 BRT vernichtet. Das Oberkommando wollte diesen großen Anfangserfolg natürlich ausnutzen und, wenn möglich, wiederholen ...

Anfang März 1942

Kriegshafen Brest, besetzter Teil Frankreichs

Kapitänleutnant Hans-Jörg Wegener blies die Wangen auf. »Da hat sich der Flottillenchef aber äußerst fein niedergelassen.«

»Würde ich auch sagen, Herr Kaleu«, stimmte ihm Oberleutnant Wolfgang Engelmann zu. Der IWO und sein Kommandant waren zum Chef der Flottille befohlen worden, der mit seinem Stab eine edel eingerichtete Villa oberhalb des Hafens bezogen hatte. Sollte die luxuriöse Einrichtung der Villa ihre Besucher beeindrucken, so verfehlte sie ihre Wirkung bei den U-Bootleuten. Die empfanden diese pompöse Zurschaustellung von Luxus nach einer sechs Wochen dauernden Fahrt in ihrer engen Eisenröhre, umgeben vom penetranten Dieselgeruch und den Ausdünstungen der Männer, und auf Schritt und Tritt verfolgt vom lauernden Tod, geradezu als obszön.

»Leben wie Gott in Frankreich, IWO«, sagte der Kaleu mit leichter Verbitterung. »Die scheinen das hier wahrlich als Lebensmaxime verinnerlicht zu haben.«

»Ist ja auch nicht weiter schwer, wenn man wie der Flottillenchef sicher auf einem Druckposten an Land sitzt«, hieb Engelmann prompt in die gleiche Kerbe. »Wir in unserer Stahlröhre hingegen…«

»Psst!«, unterbrach Wegener seinen Ersten Wachoffizier, denn eine Ordonnanz in weißer Jacke näherte sich den beiden Offizieren.

»Guten Morgen, die Herren. Wenn der Herr Kaleu und der Herr Oberleutnant bitte ihre Mäntel hier ablegen möchten«, sagte die Ordonnanz ihr Sprüchlein auf, was in den Ohren der U-Bootfahrer reichlich gestelzt klang.

Engelmann runzelte die Stirn, doch Wegener zuckte nur mit den Schultern und legte Mantel und Mütze ab. An seinem Hals wurde das Ritterkreuz sichtbar und auf seiner Uniformjacke hingen neben dem U-Bootkriegsabzeichen auch das EK I und das EK II. Sein IWO war bis auf das Ritterkreuz mit den gleichen Orden und Ehrenzeichen behangen.

Die Ordonnanz schien von den Auszeichnungen nicht sonderlich beeindruckt zu sein. Sie reichte die Mäntel und Mützen an ein wie durch Zauberhand erschienenes Hausmädchen im schwarzen Kleid mit weißer Schürze weiter und deutete dann auf die breite Treppe. »Wenn Sie mir bitte folgen wollen, meine Herren.«

Die Ordonnanz stieg die Treppe hinauf, die beiden Offiziere trotteten ihm folgsam hinterher.

»Möchte mal wissen, wo die vom Stab dieses Hausmädchen aufgetan haben«, raunte Engelmann seinem Kommandanten ins Ohr. »Die war nicht nur bildhübsch, die hatte auch ordentlich Holz vor der Hütte.«

Wegener hätte um ein Haar laut aufgelacht. »Selbstbeherrschung, IWO«, flüsterte er dann ebenso leise zurück. »Selbstbeherrschung.«

Engelmann grinste nur schalkhaft und hob bedauernd die Schultern an.

Als sie den oberen Absatz der Treppe erreicht hatten, streifte der Blick des Kommandanten einige Ölgemälde. Von Kunst verstand Wegener nicht viel, aber ihm war klar, dass diese Gemälde sehr alt und wertvoll sein mussten. Einige Statuen und Marmorsäulen rundeten das noble Ambiente ab.

Die Ordonnanz führte sie zu einer großen Doppeltür, klopfte an und öffnete. »Kapitänleutnant Wegener und Oberleutnant Engelmann«, kündigte sie an.

Als Wegener und Engelmann den Raum betraten, erwartete sie eine kleine Überraschung, denn neben dem Chef der Flottille, Korvettenkapitän Werner Busch, und seinem Adjutanten, Oberleutnant Armin Herzfeldt, waren noch sechs weitere Offiziere anwesend. Oberleutnant Günther Kreienbaum und sein IWO, Leutnant Klaus Fuhrmann, von *U 136*, Oberleutnant Thomas Petersen, der Kommandant von U *142*, und dessen Erster Wachoffizier, Leutnant Wilhelm Kesselbach sowie Oberleutnant Alexander Hoth und Leutnant Frank Linkmann von *U 147*. Wegener kannte die anderen Kommandanten, zwei waren in seiner Kadettenklasse gewesen und alle waren mehr oder weniger eng miteinander befreundet.

»Ah, da sind Sie ja, meine Herren«, begrüßte sie Korvettenkapitän Busch, als sich der Kreis der Offiziere um ihn ein wenig gelichtet hatte. Der Flottillenchef löste sich aus der Gruppe, um Wegener und Engelmann per Handschlag zu begrüßen. »Die wievielte Feindfahrt war das jetzt bei Ihnen auf *U 139* noch gleich, Herr Wegener?«

»Die fünfte, Herr Korvettenkapitän«, antwortete Wegener.

»Beeindruckend. Nun, da wir jetzt vollzählig sind, nehmen Sie doch bitte Platz.« Busch wies auf den großen Konferenztisch, auf dem bereits mehrere Kaffeekannen und Tassen bereitstanden. Der Kartenständer neben dem Tisch war noch abgedeckt und am Kopfende lagen mehrere dünne Kladden.

»Scheint ja ′ne große Nummer zu sein, die der Chef mit uns geplant hat«, meinte Engelmann, als er neben seinem Kommandanten Platz nahm.

»Wir werden es wohl gleich erfahren, IWO.«

Korvettenkapitän Busch lächelte die versammelten Offiziere an. »Wie Sie vermutlich bereits erraten haben, steht eine größere Operation an. Zunächst jedoch möchte ich ein wenig ausholen.« Er zog seine Papiere zurate. »Ich darf annehmen, dass Sie alle mit dem Wehrmachtsbericht für den Januar vertraut sind. 106 alliierte Schiffe mit 419.907 Bruttoregistertonnen wurden von unseren U-Booten versenkt, davon allein 23 Schiffe mit 150.505 BRT während der Operation ›Paukenschlag‹ gegen die US-amerikanische Ostküste.«

Busch machte eine kleine Kunstpause, um diese Worte wirken zu lassen. »Das Oberkommando möchte an diesen Erfolg anknüpfen und deshalb erneut U-Boote an die US-Küste entsenden. Sie, meine Herren, zählen zu unseren erfahrensten Offizieren, und sind Teil dieses Auftrags.«

Der Flottillenchef gab dem wartenden Maat ein Handzeichen, der daraufhin das Tuch von der Karte entfernte. Zu sehen war die gesamte Ostküste des nordamerikanischen Kontinents von Nova Scotia bis Florida; ein vergrößerter Ausschnitt auf der rechten Seite zeigte die Karibik von der Südspitze Floridas bis Venezuela.

»Wie Sie unschwer erkennen können, ist ihr potenzielles Einsatzgebiet viel zu groß, um es mit nur vier Typ IX-Booten abzudecken«, nahm Busch den Faden wieder auf. »Unsere Operation wird sich deshalb in mehrere Teile aufsplitten. Herr Herzfeld, übernehmen Sie bitte.«

Oberleutnant Herzfeld erhob sich und trat vor den Kartenständer. Er benutzte ein Holzlineal als Zeigestock und ließ es von Florida aus nach Süden gleiten. »Die militärische Situation hat sich unseren Informationen zufolge seit Januar nicht grundlegend verändert. Unsere Boote haben zu diesem Zeitpunkt nur Einzelfahrer angetroffen, jedoch keine gesicherten Geleitzüge. Soweit wir wissen, gibt es drei Hauptschifffahrtsrouten. Die östliche Route verläuft von der Mündung des Orinoko an der Küste Venezuelas ausgehend östlich um Barbados herum, bevor sie auf die US-Küste trifft. Die beiden anderen Routen liegen weiter westlich. Schiffe, die von Maracaibo her auslaufen, nehmen meist die westliche Route, die zwischen Kuba und Haiti vorbeiführt; die andere, von Caracas ausgehend, verläuft zwischen Haiti und Puerto Rico, ehe sie sich wieder der US-Küste zuwendet. Vor einigen Wochen war es noch so, dass die Schiffe aller Routen die Inselgruppe der Bahamas östlich passiert haben, aber das kann sich inzwischen geändert haben. Zudem ist nach der Operation ›Paukenschlag‹ davon auszugehen, dass die Amerikaner und Briten ihre Präsenz in der Karibik erheblich verstärkt haben. Rechnen Sie also mit der Anwesenheit von U-Boot-Jägern und Aufklärungsflugzeugen in diesem Gebiet.«

Herzfeld sah den Flottillenchef an. »Möchten Sie den nächsten Teil wieder übernehmen, Herr Korvettenkapitän?«

»Ja. Ich danke Ihnen, Herr Herzfeld.« Busch öffnete die vor ihm liegende Kladde. »Sowohl die Briten als auch die Amerikaner sind sich der Wichtigkeit dieses Gebiets bewusst und bauen deshalb ihre

Stützpunkte in der Karibik weiter aus. Nach den uns vorliegenden Informationen schließt das die Errichtung von sogenannten Radarstationen ein, wie die Alliierten die eigenen Funkmessgeräte nennen. Ihr Part bei dieser Operation wird es sein, den alliierten Nachschub zu stören und so viel Schaden wie möglich anzurichten. Herr Herzfeld, verteilen Sie doch bitte die Papiere.«

Während Oberleutnant Herzfeld damit begann, die Kladden an die Offiziere auszugeben, fuhr Busch fort:»Herr Wegener wird als ranghöchster Offizier den gesamten Einsatz leiten, meine Herren. Sie kennen einander ja schon und deshalb wird es in dieser Hinsicht ja wohl keine Probleme geben. Oder, meine Herren?«

»Natürlich nicht, Herr Korvettenkapitän«, sagte Oberleutnant Kreienbaum stellvertretend für alle.»Wir haben schon mehrere Einsätze zusammen durchgeführt.«

Wegener nickte dem Kommandanten von *U 136* zu.»Danke für Ihr Vertrauen, Herr Kreienbaum.«

Busch lächelte hintergründig.»Ach, wenn doch nur alle Besprechungen so harmonisch verliefen.«

Leises Gelächter hallte durch den Raum, während der Flottillenchef feixte.»Lachen Sie nicht, meine Herren! Lachen Sie nicht! Sie machen sich ja kein Bild davon, wie es manchmal hier bei uns im Stab zugeht, wenn ich es mit dem Leiter der Werft oder dem Nachschuboffizier zu tun bekomme.«

Dann wurde das Gesicht des Korvettenkapitäns wieder ernst.»In den vor Ihnen liegenden Ordnern finden Sie alle weiteren Informationen, die unser B-Dienst über alliierte Flottenbewegungen vor der französischen Küste, im Atlantik und in der Karibik zusammentragen konnte. Dies ist aber nur der vorläufige Entwurf der Operation. Ich wollte zuerst mit Ihnen darüber sprechen, meine Herren, und mir anhören, was Sie dazu beizutragen haben.«

Mit dieser einfachen Geste hatte der Flottillenchef bei seinen Offizieren sofort ein Stein im Brett und auch Wegener und Engelmann vergaßen ihren anfänglichen Unmut ob des zur Schau gestellten Prunks der Luxusvilla. Buschs Vorstoß sprach nicht nur für den Zusammenhalt der Flottille, sondern zeugte auch von Menschenführung. Der Flottillenchef wusste, dass in den schriftlichen Berichten nicht immer alle notwendigen Informationen enthalten waren, und verließ sich bei der Planung im hohen Maße auf die praktischen Erfahrungen seiner Offiziere.

Zudem war der vorbereitete Entwurf derart gestaltet, dass nur noch die Koordination zwischen den vier beteiligten U-Booten zu regeln blieb. Der kniffligste Teil des gesamten Unternehmens war jedoch vorerst das Auslaufen aus Brest.

»Ein großer Vorteil für uns ist, dass wir dem alliierten Radar nicht mehr wehrlos ausgeliefert sind«, sagte Oberleutnant Petersen, der Kommandant von *U 142*. »Unser Funkmessbeobachtungsgerät zeigt uns sofort an, ob und aus welcher Richtung wir geortet worden sind. Diesen Vorteil sollten wir beim Auslaufen nutzen.«

»Sehe ich genauso. Laut B-Dienst liegen jede Nacht vor der Küste der Bretagne mindestens drei, wahrscheinlich sogar sechs U-Jäger und lauern auf unsere Boote, die den Hafen verlassen oder anlaufen wollen«, sagte Hoth von *U 147*. »Vier unserer Boote gegen zwei Gruppen aus je drei Fregatten oder Korvetten der Tommys, das klingt doch gar nicht schlecht.«

»Sollte es dennoch knapp werden, legen wir ihnen einen Bold vor die Nase und verschwinden«, führte Oberleutnant Petersen weiter aus.

»Wenn sie einen von uns trotzdem an den Kanthaken nehmen sollten, dann muss eben einer der anderen den Tommys einen Aal auf den Pelz brennen.«

»Wir werden Ihr Auslaufen wie üblich mit den Küstenbatterien abstimmen, damit die Ihnen, falls nötig, Feuerschutz geben können.« Oberleutnant Herzfeld tippte mit dem Finger auf die vor ihm liegende Seekarte der Biskaya. »Solange Sie sich in Reichweite der Küstenbatterien befinden, ist ein Angriff eher unwahrscheinlich, aber danach dürfte es spannend werden.«

»Ich nehme doch stark an, dass Sie angesichts der herrschenden Lage auf die große Verabschiedung verzichten möchten, meine Herren?«, sagte Busch.

»Natürlich, Herr Korvettenkapitän«, gab Wegener sofort zurück.

»Gut, dann wäre auch das geregelt.« Busch sah in die Runde. »Gibt es sonst noch etwas, dass ich für Sie tun kann, meine Herren?«

»Übernahme von Treibstoff und Munition?«, fragte Kreienbaum nach.

»Erfolgt wie üblich im Arsenal«, antwortete Herzfeld wie aus der Pistole geschossen. »Sie werden mit dem Treibstoff ein wenig haushalten müssen, aber auf dem Rückmarsch vom Operationsgebiet werden Sie auf hoher See betankt.«

»Gut, das wäre meine nächste Frage gewesen.« Kreienbaum schien zufrieden zu sein.

»Wir benötigen noch einen Ersatzmann für unseren IIWO«, warf Wegener ein. »Leutnant Schneider liegt mit einem Blinddarmdurchbruch im Lazarett und fällt vorerst aus.«

»Hmm, ja«, brummte Busch nachdenklich. »Einen Ersatzmann für Ihren Leutnant Rolf Schneider. Wir sind zwar ein wenig knapp an Leuten, aber ich denke, da haben wir doch jemanden für Sie. Herr Herzfeld?«

Stefan Köhler

Der Oberleutnant zog sein Notizbuch hinzu. »Leutnant Siegfried Pauli wäre verfügbar. Er hat drei Feindfahrten auf *U 69* hinter sich und wegen eines Luftangriffs in der Heimat den Abfahrtstermin seines Bootes verpasst. Seine Beurteilungen sind gut.«

Wegener und Engelmann wechselten einen kurzen Blick. »Versuchen wir´s mit Herrn Pauli.«

»Sehr schön, meine Herren. Wenn sonst nichts mehr anliegt, kehren Sie an Bord ihrer Boote zurück und bereiten alles vor. Morgen erfolgt noch eine kurze Besprechung und am Abend können Sie dann mit der Flut auslaufen. Ich danke ihnen.«

*

Wegener, Engelmann und die anderen Offiziere wurden verabschiedet und holten ihre Mützen und Mäntel, bevor sie zum Hafenbecken schlenderten.

»Hans!«, rief Hoth und der Kommandant von *U 139* drehte sich um.

»Was gibt´s denn, Alex?«

Hoth und Linkmann schlossen zu Wegener und Engelmann auf.

»Ich wollte dir nur eine freundschaftliche Warnung zukommen lassen.« Der Kommandant deutete auf seinen IWO. »Lindemann hatte schon mit Pauli zu tun und …«

Was auch immer Hoth noch sagen wollte, es ging im Heulen der Luftschutzsirene unter.

»Fliegeralarm!«, brüllte Kreienbaum. »Wir müssen in die Bunker!«

Die Männer nahmen die Beine in die Hand und rannten auf den nächstgelegenen Luftschutzbunker zu. Aber sie waren zu langsam; tief über die graue See hinweg, rasten Flugzeuge heran. Zuerst die kleineren Jagdflugzeuge, dahinter die größeren Bomber. Die Jäger nahmen sofort die Küstenstellungen unter Beschuss, während die leichte Flak der Deutschen ihr stakkatoartiges Feuer eröffnete.

»Die wollen die Flak niederhalten, damit die Bomber freie Bahn haben!«, schrie Petersen über das Dröhnen der Triebwerke und das Hämmern der Flugabwehrgeschütze hinweg. »Oh, verdammt! Der hat´s auf uns abgesehen! Volle Deckung!«

Die Männer warfen sich aufs Pflaster.

Ein Hagel aus MG-Geschossen hämmerte hernieder, riss Löcher in den Boden und ließ einen Regen von Stein- und Metallsplittern nach allen Seiten fetzen. Dann heulte die feindliche Maschine über sie hinweg.

Wegener hob automatisch den Kopf und nahm die britische Kokarde unter den Flügeln des Jägers wahr, den er als Hurricane erkannte. Über dem Hafenbecken standen die Sprengwölkchen der Flak in der Luft und versuchten, den Wellington-Bombern den Weg zu verlegen. Doch die Tommys ließen sich davon nicht beirren und klinkten ihre Bomben aus.

»In den Hauseingang! Los doch!«, trieb Engelmann seinen Kommandanten an, ergriff ihn am Arm und zerrte ihn auf die Füße. Zusammen drängten sich die Männer in den Eingang des Hauses, als auch schon die Bomben unten am Hafen explodierten. Der Boden schien unter ihren Füßen ins Wanken geraten zu sein, Mörtel und Staub zogen durch die Luft. Die Fenster im Stockwerk über ihnen gingen zu Bruch und Glassplitter fielen zu ihren Füßen auf den Boden und zerplatzten in tausend Bruchstücke.

»Danke, IWO«, sagte Wegener zu Engelmann. »Das war knapp.«

»Gern geschehen«, grinste der Oberleutnant. »Sie hätten das Gleiche für mich getan.«

Eine Wellington zog über das Hafengebiet hinweg. Der Bordschütze im Bug bestrich die ganze Umgebung mit Feuer aus seinen Maschinengewehren, um die Flak niederzuhalten. Faustgroße Löcher erschienen im Putz des Hauses, in dessen Eingang die Offiziere Schutz gesucht hatten.

Engelmanns Gesicht verschwand in einer Blutwolke, die Wegener über und über besudelte, und der Getroffene brach zusammen. Der ganze Kopf war von einem Geschoss zerschmettert worden, graue Hirnmasse ergoss sich aus dem aufgebrochenen Schädel auf das Pflaster.

Wegener war der Tod nicht fremd, aber als ihm bewusst wurde, dass ihm Blut und Hirn seines IWO im Gesicht klebten, revoltierte sein Magen und er musste sich übergeben.

»Gottverdammt!«, fluchte Hoth. »Hans! Bist du in Ordnung? Bist du getroffen?« Der Kommandant von *U 147* wischte Wegener mit einem Taschentuch über die Augen. »Hans? Kannst du mich hören?«

»Ich höre dich, Alex«, krächzte Wegener. Er wollte immer noch nicht glauben, dass Engelmann tot vor ihm lag.

Die Detonationswellen weiterer Bombenexplosionen warfen sie zu Boden. Dichter Staub brachte die Männer zum Husten. Benommen kauerten sie auf dem Pflaster. Dann verschwand das Dröhnen der Flugzeugtriebwerke allmählich und auch das Hämmern der Flak verstummte.

Die Offiziere erhoben sich steif.

»Grundgütiger Gott!«, entfuhr es Kreienbaum. »Das sieht ja aus, als ob die halbe Stadt in Flammen steht!«

Dichter, schwarzer Rauch hing über Brest. Zahlreiche Häuser brannten hell, und aus geborstenen Gasleitungen stiegen grelle Flammenzungen in den Himmel. Einige Franzosen torkelten orientierungslos wie Betrunkene durch die Straßen, während andere versuchten, die sich rasch ausbreitenden Flammen zu bekämpfen. Die Feuerwehr und die Garnisonstruppen beteiligten sich nach und nach bei den Rettungsarbeiten.

Im Wasser des Hafenbeckens trieben die Trümmer einer abgeschossenen Wellington. Die Briten hatten zwar große Schäden an der Stadt angerichtet, die Kaianlagen jedoch zum größten Teil verfehlt. Eine Wasserleitung war zerbombt worden und ließ eine Springflut auf dem Kai entstehen, aber das Arsenal und die Bunker waren intakt geblieben.

*

Am nächsten Morgen trieben immer noch dichte Rauchwolken durch Brest, einige der brennenden Gebäude hatte man noch nicht löschen können, andere glommen weiter vor sich hin.

»Tut mir sehr leid um Oberleutnant Engelmann«, sagte Korvettenkapitän Busch bedauernd. »Er war ein guter Mann.«

»Er war der beste IWO, den man sich wünschen konnte«, stieß Wegener erbittert hervor. »Er war längst reif für sein eigenes Kommando. Nach dieser Fahrt wollte ich Ihnen eine entsprechende Empfehlung für Engelmann zukommen lassen.«

Einen Moment lang herrschte Schweigen im Büro des Flottillenchefs, dann war das leise Räuspern von Oberleutnant Herzfeld zu vernehmen. »Wir sind uns alle der schwierigen Situation bewusst, in der Sie sich befinden, Herr Kaleu, aber Ihr Auftrag… Sie verstehen sicher.«

Wegener wollte den Adjutanten im ersten Augenblick wütend anblaffen, doch dann war sein Zorn von einer Sekunde zur nächsten verschwunden. Der Mann machte schließlich nur seine Arbeit.

»Ja. Ja, ich verstehe schon.«

Der Kommandant rieb sich über sein Gesicht. Obwohl er Blut und Hirnmasse längst abgewaschen hatte, glaubte er immer noch etwas auf seiner Haut zu spüren. »Ich nehme nicht an, dass Sie irgendwo noch einen IWO gebunkert haben?«

»Bedauerlicherweise ist kein weiteres Personal verfügbar«, sagte Herzfeld, sichtbar erleichtert darüber, dass Wegener Verständnis zeigte. »Aber Leutnant Pauli könnte als ihr IWO einsteigen.«

»Und wen nehme ich dann als IIWO?«, wollte Wegener wissen.

»Da könnte ich dir vielleicht aushelfen«, meldete sich Kreienbaum zu Wort. »Ich habe da einen wirklich hellen Fähnrich an Bord, der zwei Fahrten als Wachoffiziersschüler mit uns absolviert hat. Er ist sozusagen als dritter Wachoffizier mitgefahren, und hat sich als eine echte Bereicherung für die Mannschaft erwiesen. Der Bootsmann und die Unteroffiziere mussten ihm zwar noch ein wenig zur Hand gehen, aber sonst habe ich keinerlei Bedenken. Ich habe ihn für das EK I empfohlen, nachdem er einen Briten abgeschossen hat, der uns am Ende unserer letzten Fahrt auf die Hörner nehmen wollte. Wenn du es mit ihm versuchen willst, kannst du ihn haben.«

Wegener nickte ihm zu. »Danke. Ich will es versuchen.«

Busch schien ebenfalls von der Lösung angetan. »Gut. Ich bedaure wirklich, Herr Wegener, aber leider bleibt uns keine Zeit, eine bessere Lösung zu finden. In sieben Stunden kentert die Flut und Sie müssen auslaufen.«

»Ich verstehe, Herr Korvettenkapitän.«

Der einzige Lichtblick für den Kommandanten war die eingespielte Mannschaft von *U 139*. Wegener ging sofort in seine Kammer, legte die

Bordbekleidung an und suchte dann die Offiziersmesse auf. Dort wurde er schon erwartet.

Oberbootsmann Horst Brandes legte seinem Kommandanten die nötigen Unterlagen vor. »Die Übernahme mit Lebensmitteln und Munition ist bereits abgeschlossen, Herr Kaleu.«

»Danke, Brandes. Was ist mit dem Treibstoff und dem Wasser?«

Leutnant Reinhold Stollenberg, der LI, konnte auf seine Notizen verzichten. »Alle Tanks sind bis zum Anschlag gefüllt, Herr Kaleu. Wir sind frontklar.«

Der Bootsmann und der Leitende Ingenieur hatten dafür gesorgt, dass die Übernahme von Treibstoff, Wasser, Lebensmitteln für sechs Wochen und Munition in den U-Bootbunker reibungslos verlaufen war. Wie gesagt, Wegener verfügte über eine eingespielte Mannschaft.

»Danke, meine Herren. Und unsere Ersatzleute?«

»Leutnant Pauli soll jeden Moment eintreffen, und der Fähnrich, den uns Oberleutnant Kreienbaum überlassen hat, ist bereits auf dem Weg«, berichtete Brandes.

Wegener richtete den Blick auf seinen LI. »Sie haben doch stets so gute Quellen, Herr Stollenberg. Haben Sie irgendetwas über unsere neuen Offiziere in Erfahrung bringen können?«

Die Wangen des LI röteten sich leicht. »Gute Quellen, Herr Kaleu? Nun, ich kenne da in der Tat einige Marinehelferinnen beim Stab, aber das will ja nichts heißen, oder?«

Brandes schmunzelte. Der LI war dem ganzen Boot als Casanova bekannt, der nun wirklich nichts anbrennen ließ.

»Haben Sie oder haben Sie nicht?«, bohrte der Kommandant nach.

Das Eintreffen eines Läufers bewahrte den LI vor einer peinlichen Antwort. »Verzeihung, Herr Kaleu. Unsere Ersatzleute sind eingetroffen.«

»Wie gerufen. Schicken Sie sie gleich zu uns in die Messe. Da können wir ihnen umgehend etwas auf den Zahn fühlen.«

»Jawohl, Herr Kaleu.«

Wegener widmete sich wieder den Unterlagen und sah erst auf, als es am Schott neben der O-Messe klopfte.

»Leutnant zur See Siegfried Pauli, als IWO zur besonderen Verwendung auf *U 139* kommandiert, meldet sich wie befohlen an Bord, Herr Kaleu«, schnarrte der dunkelhaarige Offizier, der vor Wegener stand. Er schien fast einen Kopf kleiner zu sein als der Kommandant. Nun klappte Pauli die Hacken zusammen und grüßte zackig.

Sowohl Wegener als auch Stollenberg und Brandes sahen sich mit leichter Verwunderung an. Auf *U 139* legte man gewiss keinen großen Wert auf übertriebene militärische Umgangsformen, aber ihr neuer IWO meldete sich hier zum Dienst wie ein kleiner Seekadett. Im Gegensatz zu allen anderen Anwesenden trug er eine blaue Marineuniform, auf dem sich neben dem U-Bootkriegsabzeichen auch noch das goldene Mitglieds- und das ebenfalls goldene Leistungsabzeichen der Hitlerjugend befanden. *Ach du lieber Himmel*, fuhr es Wegener durch den Kopf. Ein ehemaliger HJ-Führer, der meint, seine HJ-Auszeichnungen zur Schau stellen zu müssen! Hoffentlich war das nicht auch einer von diesen Hundertprozentigen, denn dann konnte es noch eine heitere Reise werden.

»Ähm, willkommen an Bord von *U 139*, Herr Pauli.« Wegener reichte dem Leutnant die Hand und war schier erschrocken über den schlaffen Händedruck. Es fühlte sich an, als hätte Pauli ihm einen toten Hering in die Hand gelegt.

»Danke, Herr Kaleu«, schnarrte Pauli wieder. »Sie können voll und ganz auf mich zählen.«

»Na, dann bin ich ja beruhigt«, konnte sich Stollenberg einen Kommentar nicht verkneifen.

»Wie meinen?«, fragte Pauli und wandte sich dem LI zu.

»Ich sagte: Willkommen an Bord.«

»Danke, Leutnant.«

Wegener sah den zweiten Mann an, der ruhig neben Pauli stand und das Spektakel mit einem leicht amüsierten Zug um die Lippen verfolgt hatte.

»Fähnrich zur See Joachim Dahlen, von *U 136* an Bord von *U 139* kommandiert, Herr Kaleu«, stellte er sich vor und grüßte lässig. Der Fähnrich trug sein Lederpäckchen und die Schirmmütze. Zudem wirkte er, als wäre er einem Rekrutierungsplakat der Waffen-SS entsprungen: groß, blond, muskulös, mit blauen Augen, welche die Anwesenden aufmerksam musterten.

»Auch für Sie gilt: Willkommen an Bord.«

»Danke, Herr Kaleu.« Dahlens Händedruck war kräftig, und er sah seinem neuen Kommandanten dabei prüfend in die Augen. »Oberleutnant Kreienbaum hat mir viel über Sie erzählt. Ich hoffe, ich werde Ihren Anforderungen gerecht.«

»Da bin ich sicher, Fähnrich.« Das stimmte sogar. Kreienbaum war ein gnadenloser Ausbilder, der seine Leute schliff, bis sie kaum noch kriechen konnten, aber er erzielte damit auch hervorragende Ergebnisse.

»Nehmen Sie doch Platz. Sie werden noch Gelegenheit haben, sich mit *U 139* vertraut zu machen, aber zunächst möchten wir gerne wissen, welche Funktionen Sie bisher ausüben durften. Herr Pauli, ich sehe, Sie tragen das U-Bootkriegsabzeichen. Das verrät, dass Sie bereits Fronterfahrung gesammelt haben.«

»Jawohl, Herr Kaleu.« Das Schnarren schien ein fester Bestandteil von Paulis Stimme zu sein, denn er behielt es konsequent bei. Er hockte sich nun ganz steif auf seinen Platz. »Das ist zutreffend. Ich bin als IIWO an Bord von *U 69* gefahren; die Aufgaben eines Wachoffiziers sind mir also bestens vertraut.«

Wegener, der LI und der Bootsmann horchten auf.

»*U 69* ist doch aber ein VII C-Boot, oder?«, hakte Stollenberg nach. »Haben Sie denn gar keine Erfahrung mit unseren IX B-Booten?«

»Meine Erfahrung ist mehr als ausreichend, um meinen Pflichten wie gewünscht nachzukommen«, versetzte Pauli und musterte die kahle Jacke von Fähnrich Dahlen abschätzend. »Ich denke, andere Personen geben da wohl mehr Anlass zur Sorge.«

Das klang nicht nur arrogant, sondern sträflich dumm für Wegener. Vielleicht nahm der Kaleu das aber auch nur so wahr, weil er wegen der HJ-Auszeichnungen etwas voreingenommen war. Auf jeden Fall aber passte ihm das Verhalten von Pauli nicht.

»Ist das so?«, fragte er und ließ ein wenig Kühle in seine Stimme einfließen. »Nun, ich weiß von Oberleutnant Kreienbaum, dass Fähnrich Dahlen auf zwei Feindfahrten als Dritter Wachoffizier Dienst an Bord von *U 136* getan hat, Herr Pauli. So unerfahren kann er dann ja wohl nicht mehr sein, oder?«

Paulis Augen flackerten irritiert, als er hektische Blicke zwischen den Anwesenden hin und her schickte. Die Äußerung des Kommandanten hatte ihn auf dem falschen Fuß erwischt. »Mhm, das wollte ich damit ja auch gar nicht zum Ausdruck bringen, Herr Kaleu. Das war nur ganz allgemein gehalten.«

»So, so. Um es klar zu sagen, Kompetenzgerangel oder Komplikationen zwischen meinen Offizieren kann ich weder gebrauchen noch tolerieren. Wir haben eine Aufgabe zu erfüllen, meine Herren! Damit Sie sich mit den Abläufen an Bord von *U 139* vertraut machen können, wird Herr Stollenberg Sie herumführen. Aber ziehen Sie sich zuvor noch ihr Bordpäckchen an, Herr Pauli, das ist bestimmt zweckmäßiger.«

»Jawohl, Herr Kaleu«, schnarrte der Leutnant und beeilte sich aufzustehen. Pauli und Stollenberg verschwanden hinter dem Vorhang, der die Offiziersmesse vom Gang abtrennte.

Das war kein guter Anfang, dachte Wegener und sah Dahlen an, der scheinbar ungerührt auf der Backskiste saß. »Viel mehr weiß ich auch nicht über Sie, Herr Dahlen. Welche Funktionen hatten Sie zuvor?«

»Ich war Geschützführer einer 3,7 cm-Flak an Bord der *Georg Thiele*, zumindest bis Narvik, Herr Kaleu.«

Wegener sah den Fähnrich forschend an. Im Kampf um Narvik waren die deutschen Zerstörerverbände schwer gerupft worden, alle zehn eingesetzten Schiffe waren in den Kämpfen verlorengegangen. Die überlebenden Besatzungsmitglieder der gesunkenen Zerstörer hatten als Infanteristen gegen die alliierten Truppen kämpfen müssen und dabei hohe Verluste erlitten.

»Nun lassen Sie sich mal nicht jedes Wort aus der Nase ziehen, Herr Dahlen«, sagte Wegener und vollführte mit der rechten Hand eine auffordernde Bewegung. »Kriegsauszeichnungen?«

Der Fähnrich zuckte gelassen mit den Schultern. »Zerstörerkriegsabzeichen, Narvik-Schild, EK II und das Verwundetenabzeichen. Unter Oberleutnant Kreienbaum das U-Bootkriegsabzeichen und das EK I.«

»Als Sie den Tommy abgeschossen haben?«, vergewisserte sich Wegener.

»Jawohl, Herr Kaleu. Ich war zufällig gerade dabei, die 3,7 zu überprüfen, als der Tommy überraschend aus den Wolken auftauchte. Es blieb keine Zeit, um mit dem Richtschützen den Platz zu tauschen, also schoss ich selbst.«

Das klingt doch vielversprechend, befand der Kommandant. »Mir scheint es so, als hätten Sie nicht verlernt, mit der 3,7 umzugehen. Herr Brandes wird Sie durch unser Boot führen. Sie sind ja mit dem Typ IX schon vertraut.«

Der Fähnrich quittierte die kleine Spitze gegen Pauli mit einem schmalen Lächeln. »Danke, Herr Kaleu.«

Der Bootsmann und der Fähnrich machten ihre Runde durch *U 139*. Die Boote des Typen IX B waren die größeren Geschwister der VII C-Boote und verfügten über gute Seeeigenschaften. Sie waren echte Ozeanboote und konnten auch noch im Südatlantik oder sogar im Indischen Ozean eingesetzt werden. Im Bug befand sich der vordere Torpedoraum mit seinen vier Rohren im Kaliber 53,3 cm mit den dazugehörigen Torpedos. Unter den Bodenplatten verborgen, lag der Stauraum für die Reservetorpedos. Zusätzlich gab es auf jeder Seite des Raumes Kojen, die eingeklappt werden konnten, um mehr Platz zu schaffen. Die zwölf Kojen waren der Schlafplatz von 24 Seeleuten, die hier abwechselnd im Schichtbetrieb ihre Schlafstatt fanden.

Hinter dem ersten Schott lag die Hauptunterkunft, ganz vorne war der Raum für die Unteroffiziere. An der Backbordseite lag das vordere Klo und zwei Reihen mit Kojen, auf der gegenüberliegenden Seite waren drei Reihen Kojen aufgebaut.

Dann folgte der Offiziersbereich, der Raum für sechs Männer bot. Nach dem nächsten Schott stand man vor der Kabine des Kommandanten, den Offiziersunterkünften, dem Sonarraum und der Funkkabine. Herzstück von *U 139* war die Zentrale, hier befanden sich die Steuereinrichtungen des Bootes, die Taucharmaturen, der Navigationstisch, die

Stefan Köhler

Ballaststeuerung und das Periskop. Eine Leiter führte hinauf in den Kommandoturm, dort oben waren auch die Kommandobrücke und die Haupteinstiegsluke. Direkt hinter der Zentrale lag der große Maschinenraum mit seinen massiven Diesel- und Elektromotoren. Die letzte Abteilung bildete der achtere Torpedoraum mit seinen zwei Rohren. Dort waren auch das zweite Klo sowie Unterkünfte für 16 Mann untergebracht.

Mit den insgesamt sechs Torpedorohren, einer 10,5 cm-Deckkanone vor dem Turm, einer 3,7 cm-Flak auf dem Achterdeck und zwei 2 cm-Flak im Wintergarten, war *U 139* gut bewaffnet. Aber auch das neue GHG, das Gruppenhorchgerät, war beeindruckend. 24 Sensoren standen dem Sonargast zur Verfügung, um Richtung und Entfernung einer Schallquelle zu erkennen. Außerdem hatte man bei *U 139* und den anderen Booten das neue Funkmessbeobachtungsgerät (FuMB) eingebaut, mit dem feindliche Radarstrahlung geortet werden konnte.

Oberbootsmann Brandes registrierte mit einem zufriedenen Lächeln, dass Fähnrich Dahlen die Gelegenheit nutzte, um sich mit den Männern bekannt zu machen. Natürlich war es bei einer Mannschaft von 48 Mann unmöglich, sich gleich alle Namen und Funktionen zu merken, aber die wichtigsten Besatzungsmitglieder prägte sich der Fähnrich schon mal ein: Obersteuermann Wahl und Navigationsgast Wisbar, mit denen er in der Zentrale eng zusammenarbeiten würde; das waren die Sonargasten Felmy und Lüttke, die Funkgasten Brandstetter und Mahler sowie die Maate Timmler und Schütter, die beiden Torpedomixer im Bug- beziehungsweise Heckraum, sowie Obermaat Jahnen, den Stellvertreter des LI im Maschinenraum. Dann waren da noch Maat Räbiger, der Geschützführer der 10,5 cm-Deckkanone, und natürlich der Obergefreite Ott, der Smutje, der den neuen IIWO gleich mit reichlich Kaffee versorgte.

*

Der Flottillenchef hatte die Kommandanten mit einem herzlichen »Gute Jagd und fette Beute« verabschiedet, der offizielle Bahnhof war aus naheliegenden Gründen entfallen. Alle vier Boote lagen seeklar an der Pier und warteten auf den Befehl zum Auslaufen. Kapitänleutnant Wegener befand sich mit seinem neuen IIWO auf dem Brückenturm und sah auf das Leinenkommando auf Deck hinunter. Leutnant Pauli tat Dienst in der Zentrale.

Dann wollen wir doch mal sehen, wie es um unseren IIWO bestellt ist, dachte sich Wegener. »Herr Dahlen, geben Sie Befehl zum Ablegen!«
»Jawohl, Herr Kaleu. Ablegen.«

Obwohl es dunkel war und regnete, konnte Wegener sehen, wie der Fähnrich lässig salutierte. Es herrschten alles andere als gute Bedingungen für einen Neuling, aber der Kaleu wollte eben wissen, was der IIWO auf dem Kasten hatte.

»Leinenkommando Achtung! Alle Trossen bis auf die vordere und achtere Spring lösen!«

Die Trossen wurden gelöst und klatschten ins Hafenwasser; die Mannschaft am Kai holte sie schnell ein.

»Achtere Spring lösen! Ruder Backbord zehn, Backbord-E-Maschine kleine Fahrt voraus!«

Wegener bemerkte, dass der IIWO in die vordere Spring einfuhr, damit das Heck vom Kai loskam. Den Rest würde dann das ablaufende Wasser der Ebbe besorgen. So geschah es auch. Wegener erkannte darin die Handschrift seines Freundes Kreienbaum. Der hatte eine besondere Vorliebe für solche eleganten Manöver.

»Vordere Spring lösen! Beide E-Maschinen kleine Fahrt voraus!«

Die letzte Spring wurde losgeworfen und eingeholt. Die Leinenmannschaft verstaute rasch alles und kletterte geschwind unter Deck.

»Boot ist frei und hält Kurs auf die Fahrrinne, Herr Kaleu«, meldete Dahlen.

»Nicht schlecht, Herr Dahlen.« Wegener war zufrieden mit seinem IIWO.

Vom Ebbstrom mitgezogen, fuhr *U 139* mit den E-Maschinen leise und unbemerkt aus dem großen Bunker hinaus in die Bucht des Hafens. Die anderen drei U-Boote verließen ihre Liegeplätze ebenso heimlich. Das war leider notwendig, denn trotz des regnerischen Wetters gab es genügend Franzosen, die den Hafen mit Argusaugen beobachteten und jede Bewegung sofort an die Briten durchstachen.

Langsam näherte sich *U 139* dem Blinklicht der Boje, die im dicht fallenden Regen nur sehr schwer auszumachen war. Hier begann die Fahrrinne, die aus dem Kriegshafen hinausführte. Wegener sah nach achtern; das nachfolgende Boot war nur als grauer Schemen auszumachen; die beiden anderen sah er überhaupt nicht.

»Wenn wir einander schon nicht sehen können, dann sehen uns die Franzosen erst recht nicht«, merkte Wegener an.

»Ihr Wort in Gottes Ohr, Herr Kaleu«, sagte der IIWO abgelenkt, während er angestrengt über den Bug ins Dunkel spähte. Zur Linken wie zur Rechten rückte die die Küstenlinie näher an das Boot heran. Aus Brest heraus gab es nur eine Ausfahrt, und die bildete praktisch einen engen Schlauch zwischen dem Kriegshafen und der offenen See. In regelmäßigen Abständen waren Bojen mit schwachen Blinklichtern positioniert worden, um die Navigation bei Nacht oder schlechter Sicht zu erleichtern. An diesen Bojen mussten sie sich regelrecht entlangtasten, um den Weg zum Atlantik zu finden. Da Ebbe herrschte, entstand in der engen Durchfahrt ein starker Sog, der dem Boot einige zusätzliche Knoten bescherte.

Nach 30 Minuten erreichten sie die Ausfahrt des Schlauches; vor ihnen öffnete sich der weite Atlantik. Oben auf den Klippen ragten die Rohre der Marineartillerie in die Finsternis hinaus. Solange sie sich in ihrem Schutz befanden, würden die Briten nichts versuchen, aber wenn sie erst einmal außer Reichweite der deutschen Geschütze waren, ging es los. Natürlich nur, wenn sich dort draußen wirklich gegnerische Einheiten herumdrückten.

»Blinklicht ein Dez Steuerbord voraus«, meldete der Ausguck. Ein Dez stand für 10 Grad.

»Die letzte Boje«, sagte Dahlen angespannt. »Gleich werden wir wissen, ob die Tommys da sind.«

»Nur die Ruhe, IIWO.« Wegener schob sich seine alte speckig-weiße Kommandantenmütze in den Nacken. »Die Tommys kochen auch nur mit Wasser. Und bei diesem Sauwetter können die ebenso wenig sehen wie wir.«

Der IIWO sah zu ihm hinüber, sagte aber klugerweise nichts. Dahlen ließ er auf die Diesel umkuppeln.

Sie passierten die Ausfahrt; im Süden lag Camaret-sur-Mer, im Norden der Leuchtturm von Phare de Saint Mathieu. Diese Seegebiet vor der bretonischen Küste war der für die deutschen U-Boote gefährlichste Abschnitt jeder Fahrt, egal, ob sie nun nach Brest hinein oder aus dem Hafen heraus wollten, denn hier lagen die britischen U-Jagd-Gruppen auf der Lauer. Die schwachen deutschen Seestreitkräfte in diesem Bereich brauchten die Tommys nicht zu fürchten; von dem einen oder anderen Vorposten- oder Schnellboot mal abgesehen, war die Kriegsmarine kaum präsent. Bis zum Februar war das anders gewesen, da hatten die Dickschiffe *Scharnhorst*, *Gneisenau* und *Prinz Eugen* noch in Brest gelegen.

Den Briten war die Gefahr, die diese schweren Einheiten für ihre Handelsschifffahrt darstellten, natürlich bewusst, und so versuchten sie alles, um die Dickschiffe zu versenken. Die sich ständig wiederholenden Luftangriffe der Briten beschädigten die Schiffe und hätten sie früher oder später endgültig ausgeschaltet. Da sich die militärische Lage durch den ausgebrochenen Krieg mit der Sowjetunion erheblich wandelte, befahl Adolf Hitler, die schweren Einheiten der Kriegsmarine nach Norwegen zu verlegen. Sie sollten die alliierten Konvois auf dem Weg nach Murmansk angreifen. In einem kühnen Unternehmen brachen die drei

Dickschiffe durch den Kanal in die Heimat durch – praktisch vor den Nasen der Tommys. Die Briten waren darüber sehr erbost und rächten sich nun an den deutschen U-Booten vor der bretonischen Küste für die erlittene Schmach. Die »Grauen Wölfe« waren seitdem jedenfalls mehr oder weniger auf sich gestellt.

Obwohl Wegener es sich nicht anmerken ließ, so wurde auch er zunehmend nervös und lauschte gespannt auf die Meldungen der Wassertiefe aus der Zentrale. Zum Trimmen des Bootes reichte die Tiefe zwar aus, aber nicht, um dem britischen Ortungsgerät ASDIC zu entgehen. Da kam endlich die erlösende Meldung, auf die Wegener gewartet hatte: »Zentrale an Brücke: Wassertiefe liegt nun zwo-null-null Meter.«

»Brücke an Zentrale: Verstanden«, sagte der IIWO. »Beide Dieselmaschinen Stopp! Auf die E-Maschinen umkuppeln! Alle Mann auf Tauchstation!«

Die Ausgucke und die Bedienungsmannschaften der leichten Flak verschwanden blitzschnell durch das Turmluk im Druckkörper.

»Brücke an Horchraum: Irgendwelche Meldungen?«

Maat Felmy war der diensttuende Sonargast und bemühte sich nun, nachdem die lärmenden Dieselmaschinen verstummt waren, etwas mit seinem GHG aufzufangen. »Horchraum an Brücke: Melde schwaches Schraubengeräusch in drei-fünf-fünf. Kontakt fährt vermutlich Schleichfahrt. Entfernung etwa fünf bis sechs Seemeilen.«

»Alarmtauchen!«

Wegener rutschte die Leiterholme hinunter in die Zentrale, der IIWO schlug die Luke zu und verriegelte den Vortreiber. »Turmluk ist dicht!«

Dann sauste auch er die Leiter hinab und knallte mit den Stiefeln auf das Deck.

»Fluuuten!«, befahl der Kommandant. »Auf 40 Meter gehen!«

Seewasser rauschte in die Tauchzellen, verdrängte die Luft. Der Bug neigte sich nach vorne und das Boot schoss in die Tiefe.

»30 Meter, gehen durch«, sang der LI heraus. »Erbitte Erlaubnis zum Trimmen, Herr Kaleu.«

»Stopp Tiefe! Auf 40 Meter einpendeln! Dann mal los, Herr Stollenberg.«

Der LI und seine Mannschaft waren gut aufeinander eingespielt, da saß jeder Handgriff. Rasch vollzogen sie jeden einzelnen Punkt des Trimmprogramms.

Wegener trat an den Kartentisch. Obersteuermann Wahl hatte den Kontakt bereits eingezeichnet.

»Wir sollten den Burschen da lieber ausweichen. Nach dem Trimmen ist der neue Kurs zwo-vier-null.«

Der LI und seine Leute waren mit dem Trimmen, also dem Gewichtsausgleich, der das Boot auf ebenen Kiel brachte, so weit durch, dass Stollenberg melden konnte: »Trimmen abgeschlossen, Herr Kaleu.«
»Respekt, Herr Stollenberg. Das muss ein neuer Rekord sein.«
Der leitende Ingenieur grinste. »Wir haben im Bunker so weit wie möglich vorgearbeitet und die technischen Einrichtungen gründlich durchgeprüft. Jetzt müssen wir nur noch die Stopfbuchsen kontrollieren.«
Stopfbuchsen, das waren die zahlreichen Außenbordverschlüsse; sie stellten die schwache Stelle eines jeden U-Bootes dar. Drang Wasser durch sie in den inneren Bootskörper vor, war das ein echtes Problem, dass sogar zum Untergang führen konnte.
Der Kommandant nickte. »Auf neue Tiefe gehen: eins-fünf-null Meter. Das sollte reichen, oder, LI?«
»Auf jeden Fall, Herr Kaleu.«
U 139 ging tiefer herunter. Der enorme Wasserdruck verursachte ein Knirschen und Knacken, als sich der Druckkörper des Bootes an die Belastungen anpasste, denen er in größerer Tiefe ausgesetzt war. Obwohl man es mit bloßem Auge nicht wahrnehmen konnte, verbog sich der Stahl des Bootes um Bruchteile eines Millimeters. Aber Metall konnte in diesem geringen Bereich arbeiten, die auf dem Stahl aufgetragene Farbe konnte es jedoch nicht. Folglich platzte der erneuerte Innenanstrich des Druckkörpers teilweise ab und rieselte in feinen Partikeln auf die Männer nieder. Mancher wischte die Farbteilchen unbeachtet ab, denn alle Blicke in der Zentrale klebten am Tiefenmesser. Die Boote vom Typ IX waren für eine Tauchtiefe von 90 bis 100 Meter konstruiert worden. Man hatte angenommen, dies würde ausreichen, um feindlichen Wasserbomben und dem britischen Ortungsgerät ASDIC zu entgehen. Diese Annahme war von der Realität des modernen Seekrieges längst überholt worden. Das verbesserte ASDIC zwang die deutschen U-Boote, in immer größere Tauchtiefen vorzudringen, um sich der Ortung zu entziehen. Das vergrößerte natürlich auch die Gefahr, denn ein Leck in dieser Wassertiefe konnte das Ende bedeuten. Andererseits war der Salzgehalt in diesen Tiefen so hoch, dass die Suchstrahlen des ASDIC-Gerätes zurückgeworfen wurden und dem Gegner Kontakte vermittelten, wo gar keine waren.
Die Besatzung von *U 139* ging das Tauchprogramm durch; Wegener ließ bis auf 200 Meter Tiefe tauchen, um wirklich sicher gehen zu können, dass alle Stopfbuchsen dicht waren.
Der LI war mit dem Ergebnis zufrieden. »Keine Lecks, Herr Kaleu. Wir sind klar.«
»Danke, Herr Stollenberg. Anblasen! Auf Sehrohrtiefe gehen! Ich möchte einen raschen Rundblick nehmen.«

Die Besatzung atmete leise auf. Aus verständlichen Gründen hatten die Männer stets ein mulmiges Gefühl in diesen großen Wassertiefen; hier unten konnte der Druckkörper zerquetscht werden wie eine leere Konservendose. Das Boot schwebte sanft aus der dunklen Tiefe empor.

»80 Meter, gehen durch«, sang der LI aus, den Tiefenmesser fest im Blick.

»Horchraum, was macht der Kontakt?«, fragte Wegener nach.

»Keine Kontakte, Herr Kaleu«, machte der Sonargast sofort Meldung, musste sich dann jedoch verbessern: »Belege das! Kontakt in zwo-neun-fünf. Sehr schwach.«

Der Kommandant reagierte sofort. »Stopp Tiefe! Auf 70 Meter einpendeln! Absolute Ruhe im Boot! Auf Schleichfahrt umkuppeln!«

»Boot hält 70 Meter Tiefe!«

»Ich höre mir unseren Kunden mal selbst an«, sagte Wegener und ging hinüber zur Horchkammer. Felmy reichte dem Kaleu einen Kopfhörer.

»Ein ganz seltsamer Kontakt, Herr Kaleu. Ich denke, das ist möglicherweise eine Lenzpumpe, die mit minimaler Kraft läuft.«

»Eine Lenzpumpe?«, vergewisserte sich Wegener. »Eines der anderen Boote vielleicht?«

Der Kaleu brauchte einen Moment, um sich in der Geräuschkulisse unter Wasser zu orientieren, denn dort war es niemals wirklich still. Die verschiedensten Meeresbewohner und Naturphänomene wie etwa Strudel waren eine Quelle stetigen Lärms. Wegener schloss kurz beide Augen, um sich besser konzentrieren zu können, und nahm dann das Geräusch wahr, das Felmy so irritierte.

»Ja«, sagte er leise. »Das könnte wirklich eine Lenzpumpe sein, die mit minimaler Leistung läuft. Frage Peilung?«

»Immer noch zwo-neun-fünf, Herr Kaleu. Jetzt eindeutig als Oberflächenkontakt erkennbar.«

»Danke, Felmy.«

Wegener verließ die Horchkammer und kehrte in die Zentrale zurück.

»Es hilft alles nichts, ich muss wissen, wer oder was da oben ist. Anblasen! Auf Sehrohrtiefe gehen! Aber bitte schön mit Gefühl, LI, ja?«

»Ihr habt den Kommandanten gehört«, sagte Stollenberg grinsend. »Also bitte *gefühlvoll* auf Sehrohrtiefe gehen.«

Sämtliche Männer in der Zentrale schmunzelten, als sie den LI das Wort so betont sagen hörten.

Die Druckluft presste das Wasser aus den Tauchzellen und *U 139* stieg weiter auf. Der LI und seine Mannschaft gingen sehr behutsam zu Werke; so dauerte es zwar seine Zeit, bis sie Sehrohrtiefe erreichten, aber sie verhinderten damit, dass das Boot wie ein Korken an die Wasseroberfläche schoss.

»Boot hat Sehrohrtiefe erreicht«, meldete Stollenberg dann.

»Danke, LI. Dann wollen wir mal sehen, wer da herumschippert. Sehrohr ausfahren!«

Das Gehäuse fuhr nach oben und die Optik durchbrach die Wasseroberfläche. Wegener packte die Griffe und presste die Stirn an die dafür vorgesehene Gummiwulst. Er nahm einen schnellen Rundblick durch das Luftzielrohr, aber es war noch zu dunkel für Flugzeuge. Der Kaleu wechselte auf das Seezielrohr und suchte die Kimm ab. Das fahle Licht des Mondes, das durch die aufgerissene Wolkendecke schien, erleichterte ihm die Suche etwas.

»Horchraum, haben Sie den Kontakt nach wie vor in zwo-neun-fünf?«, hakte Wegener nach.

»Zentrale: Bestätige Kontakt in zwo-neun-fünf.«

»Eine Korvette«, berichtete Wegener. Im Mondlicht waren ganz deutlich die Konturen eins kleinen Kriegsschiffs auszumachen, das dem U-Boot einladend seine Steuerbordseite präsentierte. »Liegt gestoppt da wie auf dem Schießstand.«

Der Kaleu drehte das Sehrohr weiter. »Aha, da sind noch zwei! Habe ich's doch geahnt. Die alte Masche: Der erste spielt den Köder und die beiden anderen warten nur darauf, dass einer von uns darauf hereinfällt. Aber heute Nacht habt ihr die schlechteren Karten, Gentlemen. Rohr Eins bis Sechs klar zum Unterwasserschuss!«

Unter diesen Umständen war die Zielansprache ein Leichtes; der Zentralmaat gab die Werte in den Vorhalterechner ein, der das Ergebnis in die Lenksysteme der G7-Torpedos einspielte.

»Rohre Eins bis Sechs sind klar!«, meldete Dahlen, der schon die Stoppuhr in der Hand hielt. Als IIWO war er für die Waffensysteme verantwortlich.

Jetzt musste es schnell gehen.

»Achtung! Rohr Eins... los! Rohr Zwo... los!«

Die beiden Aale rauschten aus den Rohren; der Kommandant ging auf Nummer sicher und schoss eine Dublette, weil die Entfernungen bei Nacht nur schwer einzuschätzen waren. Ein Torpedo würde mit Sicherheit sein Ziel treffen.

»Rohr Eins und Zwo sind los.« Dahlen startete die Stoppuhr.

Der LI und seine Tauchmannschaft reagierten schnell und fingen das Boot ab; es war immerhin gerade um drei Tonnen leichter geworden und besaß dadurch mehr Auftrieb.

Wegener beobachtete die Korvette und zählte im Stillen die Sekunden mit. Ob die Besatzung ahnte, dass der Tod unaufhaltsam auf sie zuraste?

Die Einschläge der beiden Torpedos hallten wie ein wilder Donnerschlag durch die See. An der Steuerbordseite der Korvette stiegen zwei gewaltige Wassersäulen in den Himmel. Langsam fiel der aufgeworfene Wasservorhang wieder in sich zusammen und gab den Blick auf das Ziel frei – ihr ganzer Bug war bis vor die Brücke abgerissen und Seewasser flutete ins Innere.

»Treffer!«

Jubel brandete auf.

»Ruhe im Boot, Männer!«, befahl Wegener und drehte das Sehrohr zu den beiden anderen Briten-Korvetten.

»Ist denn das die Möglichkeit?«, wunderte sich der Kommandant. »Die anderen Korvetten liegen immer noch gestoppt im Wasser! Ja, pennen die etwa?«

In diesem Moment stob eine weitere Wassersäule am Heck der linken Korvette in die Höhe.

»Treffer auf der zweiten Korvette, da ist einer unserer Kameraden zum Schuss gekommen!«

Wegener konnte sehen, wie brennendes Treiböl aus den aufgerissenen Tanks des Kriegsschiffes in die See strömte und die ganze Szenerie hell erleuchtete.

»Horchraum: Was erzählen die Fische?«

»Ich höre die Schotten brechen, Herr Kaleu! Die beiden sind erledigt!«

Wegener zögerte. Schoss er auf die verbliebene Korvette, gab es für die Besatzungen der getroffenen Schiffe wohl kaum eine Überlebenschance. Als Seemann war es ihm zutiefst zuwider, die Briten – die offenkundig völlig unerfahren waren – einfach so ihrem Schicksal zu überlassen. Anderseits würden sie selbst wohl nicht zögern, ein deutsches U-Boot gnadenlos zu den Fischen zu schicken.

»Horchraum an Zentral: neue Kontakte in null-eins-null. Drei Einheiten, vermutlich Fregatten oder Zerstörer. Entfernung zehn bis zwölf Seemeilen.«

Die Briten hatten also über Funk Hilfe herbeigerufen. Das war es dann für die letzte Korvette, denn in spätestens 30 Minuten würde der neue Verband hier eintreffen und die Treibjagd auf die Deutschen beginnen.

»Rohr Drei und Vier… Achtung! Rohr Drei… los! Rohr Vier… los!«

Ein spürbarer Ruck ging durch das Boot.

»Rohre Drei und Vier sind los!«, meldete Dahlen.

Wegener hörte kaum hin. »Sehrohr einfahren! Wieder auf Kurs zwo-vier-null gehen! Tauchtiefe eins-null-null Meter! Beide E-Maschinen äußerste Kraft voraus!«

»Sehrohr einfahren, Kurs zwo-vier-null, Tiefe eins-null-null«, echote Pauli.

Dahlen behielt den Zeiger der Stoppuhr im Auge. »Jeden Moment…«

Ein lautes Wummern hallte durch das Boot und Jubel ertönte.

Stefan Köhler

»Das war´s für die dritte Korvette!«

Dann erschütterte ein gewaltiger Stoß *U 139*; jeder suchte nach einem Halt. Mächtige Druckwellen beutelten das Boot; das Licht flackerte.

»Schadensmeldungen an Zentrale!«, rief Wegener über den infernalischen Lärm hinweg, doch dann war das Getöse auch schon wieder vorbei.

»Was zum Henker war das denn?«, wunderte sich Pauli.

»Das muss das Munitionsmagazin gewesen sein«, meinte Dahlen. »Und dann noch die scharfen Wasserbomben am Heck... die Korvette ist wahrscheinlich komplett in die Luft geflogen.«

Leutnant Pauli sah den Kommandanten bewundernd an und schüttelte ihm begeistert die Hand. »Ich gratuliere, Herr Kaleu! Zwei Feinde weniger, um die sich das Reich Sorgen machen muss!«

Auf Feindfahrt mit U 139

»Ah, lassen Sie mal, IWO«, wehrte Wegener ab, dem das Gehabe von Pauli unangenehm war. »Wir sind noch nicht aus dem Schneider. Zuerst müssen wir die zweite U-Jagdgruppe loswerden, die gerade mit Volldampf angerauscht kommt.«

»Da bringen unsere sieben Knoten doch nichts«, merkte Stollenberg an. »Das kostet uns nur die Batterieladung. Sollten wir nicht lieber auftauchen und Fersengeld geben?«

Pauli fuhr zum LI herum. »Sie kritisieren die Befehle des Kommandanten?«, wollte er empört wissen.

Stollenberg schwoll sichtbar der Kamm, deshalb ging Wegener rasch dazwischen: »Der LI hat völlig recht. 18 Knoten bringen jetzt mehr. Ein guter Kommandant hört auf die Ratschläge seiner erfahrenen Offiziere. Anblasen und Auftauchen! Beide Dieselmaschinen volle Kraft voraus! Die Brückenwache in den Turm!«

Mit voller Kraft davonzulaufen war tatsächlich die beste Möglichkeit. Die Briten mussten ja zunächst einmal ihre Kameraden aus dem Wasser fischen, was bei Dunkelheit gar nicht so einfach war. Erst dann konnten sie Jagd auf die Deutschen machen. Zudem bestand die Möglichkeit, dass sie glauben könnten, ein einlaufendes U-Boot hätte die Korvetten mit seinen letzten Aalen erledigt. Vielleicht suchten sie zuerst nahe der Küste, wo sie sich mit der Marineartillerie herumschlagen mussten; in der Zwischenzeit konnten die U-Boote entkommen.

Der Turm durchbrach die Wasseroberfläche und die Brückenmannschaft zog auf. Hinter ihnen erleuchtete das brennende Wrack der Korvette die Nacht. Sie hatte einen schweren Wassereinbruch, stand lichterloh in Flammen und doch hielt sie sich immer noch tapfer an der Oberfläche. In den Magazinen entzündete sich knatternd Munition, wirbelte funkensprühend davon und zog dabei helle Streifen durch die Dunkelheit.

Die Brückenwache sah es mit gemischten Gefühlen, während unter ihren Füßen das Deck im Takt der hämmernden Dieselmaschinen vibrierte.

»Keine Rettungsboote im Wasser, nur Flöße und Schwimmer«, stellte Dahlen mit Blick durch sein Nachtglas fest. »Das waren wohl wirklich noch blutige Anfänger. Die andere Korvette ist bereits gesunken und von der dritten ist keine Spur mehr vorhanden. Hundert Mann pro Schiff, einfach so weg. Das ist fürchterlich.«

»Ihr Mitleid ist hier fehl am Platz, Fähnrich«, rügte ihn Pauli. »Die Tommys bombardieren unsere Heimat fast jede Nacht und ermorden dabei wehrlose Frauen und Kinder. Die haben nur bekommen, was sie verdienen.«

31

Stefan Köhler

»Das hätten genauso gut wir sein können«, erinnerte ihn Dahlen und deutete auf die brennenden Überreste der Korvette. »Das sind Seeleute wie wir.«
»Süß und ehrenvoll ist's, fürs Vaterland zu sterben«, zitierte Pauli.
»Ja, dergleichen haben sie uns in der Hitlerjugend auch erzählt. Narvik hat mich endgültig von solchen Heldengeschichten kuriert.«
»Was erlauben Sie sich?«, polterte der Leutnant los. »Sie... Sie...«
»Geschenkt, Herr Leutnant. Das habe ich alles schon gehört.«
Pauli bedachte den Fähnrich mit einem giftigen Blick, als er den Kommandanten bemerkte, der unbemerkt auf den Turm geklettert war.
»Sie können in der Zentrale übernehmen, IWO.«
»Jawohl, Herr Kaleu,« sagte Pauli, schickte einen letzten Blick zu Dahlen und verschwand dann durch das Turmluk.
»Alles in Ordnung. IIWO?«
»Nur eine kleine Meinungsverschiedenheit mit dem Herrn HJ-Führer«, antwortete Dahlen. Dann wurde dem Fähnrich klar, was er gesagt hatte, und er drehte den Kopf zu Wegener. »Bitte um Verzeihung, Herr Kaleu.«
»Wieso denn, IIWO?«, fragte Wegener und klopfte ihm auf die Schulter. »Wir sind alle Seeleute und natürlich lässt einen so ein Anblick nicht kalt.«
Der Alte hat einen Teil der Unterhaltung mitangehört, ging es Dahlen durch den Kopf.
Wegener sah sich um und aktivierte den Befehlsübermittler: »Brücke an Funkraum: Haben Sie Kontakt zur zweiten Jagdgruppe?«
»Funkraum an Brücke«, meldete sich Funkgast Kleinschmidt. »Kein FuMB-Kontakt.«
»Die fahren ohne Radar?«, fragte sich Dahlen verwundert. »Das ist aber ungewöhnlich.«
»Vielleicht haben die Tommys noch nicht alle ihrer Schiffe mit Radar ausgestattet«, meinte der Kaleu. »Freuen wir uns darüber, solange wir es können.«
Die Briten begannen mit den Bergungsmaßnahmen und zogen ihre Kameraden aus dem Wasser. Als sie die Rettungsaktion beendet hatten, drehten sie in Richtung Küste ab. Vermutlich gingen sie tatsächlich davon aus, dass das deutsche Boot in den Hafen einlaufen wollte.

*

Die brennende Korvette flog etwas später in die Luft, wie eine hochschießende Feuersäule weit hinter *U 139* verkündete. Wegeners Boot nutzte die Verschnaufpause und raste mit Höchstfahrt in den Atlantik hinaus.

»Drei Korvetten versenkt«, meinte Obergefreiter Kubelsky, der Backbordausguck verhalten zu seinem Nebenmann. »Da werden die Tommys aber schon aufgebracht und auf Rache aus sein. Das nehmen die nicht so einfach hin.«

»Glaube ich auch nicht, die werden uns jagen«, stimmte ihm der Gefreite Franke zu, der an Steuerbord Ausschau hielt.

»Was soll das dumme Gerede, Obergefreiter?«, ranzte Pauli, der den Wortwechsel mitbekommen hatte. »Wir haben zwei der verdammten Briten erledigt, ohne auch nur einen Kratzer abzubekommen. Das ist eine hervorragende Leistung! Der Führer wird mit Sicherheit stolz auf uns sein!«

Kubelsky und Franke wechselten rasch einen verstohlenen Blick. Franke rollte mit den Augen, dann sagte der Obergefreite: »Jawohl, Herr Leutnant.«

Der Kommandant tauchte im Turmluk auf und stieg auf die Brücke. »Wachablösung, Herr Pauli.«

Der IWO salutierte zackig. »Jawohl, Wachablösung, Herr Kaleu!«

Wegener winkte lässig mit der Hand ab. »Etwas entspannter, IWO. Immerhin sind wir im Einsatz und nicht in der Kadettenschule.«

»Jawohl, Herr Kaleu!«

Der Wachwechsel vollzog sich rasch, die abgelösten Männer verschwanden unter Deck. Die neue Wache hob bereits die Gläser an die Augen. In einer halben Stunde würde das Dunkel der Nacht langsam dem Licht des neuen Tages weichen.

»Es wird bald hell«, stellte der Kommandant entsprechend fest. »Irgendetwas von den anderen Booten zu sehen?«

»Keine Kontakte, Herr Kaleu«, kam die Meldung.

»Hm.«

Der IIWO sah auf seine Armbanduhr. »Darf ich eine Horchrunde vorschlagen, Herr Kaleu?«

»Es ist Ihre Wache, Herr Dahlen.«

Der IIWO hob die Stimme: »Dieselmaschine Stopp! Horchrunde! Brücke an Horchraum: Was erzählen die Fische?«

Dieses Mal hatte Maat Lüttke Dienst. »Schraubengeräusch in eins-vier-null! Sehr weit entfernt und sehr schwach. Entfernung etwa... zwölf bis 14 Seemeilen.«

»Brücke an Funkraum: irgendwelche FuMB-Kontakte?«

»Keine... belege das! Kontakt in eins-vier-zwei! Peilung konstant! Scheint näher zu kommen!«, rasselte Funkgast Voß seine Meldung hervor.

»Die zweite U-Jagdgruppe«, konstatierte Wegener. »Sie haben bis zur Küste kein einlaufendes U-Boot aufspüren können und die Suche auf die hohe See ausgedehnt. Ist ja kein Wunder.«

Stefan Köhler

»Nicht wirklich«, stimmte Dahlen zu. »Die Tommys sind wahrscheinlich ganz schön angesäuert.«
»Horchraum an Brücke: E-Maschine in eins-eins-fünf! Entfernung unter fünf Seemeilen!«
»Neuer Kurs eins-eins-fünf! Vorfluten! Alles klar zum Alarmtauchen!«, ordnete Dahlen sofort an.
Wegener sah ihn nur an, ohne einen Kommentar abzugeben, während die Alarmklingel schrillte und die Besatzung auf Station eilte. Aber durch den wortlosen Blick schien sich der Fähnrich zu einer Erklärung genötigt: »Es sind wahrscheinlich nur die anderen Boote unseres Rudels, aber man kann ja nie wissen.«
Der Kommandant griente und nickte zustimmend. »Kein Widerspruch, IIWO. Vorsicht ist nun einmal die Mutter der Porzellankiste.«
Dahlen wirkte für einen Moment erleichtert, als er sich umdrehte und mit dem Glas die Oberfläche absuchte. Inzwischen hatte der LI vorfluten lassen. Nur noch der Turm ragte aus dem Wasser empor, was die Silhouette des Bootes erheblich reduzierte und einem potenziellen Gegner die Entdeckung erschwerte. Die Spannung auf der Brücke stieg langsam an, auch wenn man mit den anderen Booten rechnete, konnte es sich immer noch um einen Briten handeln, der ihnen in den letzten Stunden nachgestellt hatte.
Im Osten verfärbte sich der Himmel langsam orange.
»Flakmannschaft auf Station!«, befahl Dahlen. »Haltet ja die Augen offen, Männer! Bei unserer letzten Fahrt haben die britischen Mistbienen auch niemand kommen sehen, bis es fast zu spät war.«
Wegener gefiel die Umsicht des Fähnrichs. »Ein Fehlalarm ist immer noch besser, als von einem wütenden Tommys auf die Hörner genommen zu werden, also Obacht, Männer!«
Die Deutschen mussten die Zeit nutzen, um sich über das weitere Vorgehen abzusprechen, aber jetzt, wo der neue Tag heranzog, stieg mit jeder Minute an der Oberfläche auch die Gefahr von Luftangriffen.
»Irgendwelche Vorschläge für unser weiteres Vorgehen, wenn wir die anderen Boote getroffen haben?«, wollte Wegener von seinem IIWO wissen.
Dahlen senkte kurz sein Glas, um nachzudenken. »Sobald uns die Tommys auf ihrem Radarschirm entdecken, werden sie auf uns eindrehen. An der Oberfläche haben wir keine Chance, also müssen wir tauchen. Sie werden in Kiellinie anlaufen, um uns alle der Reihe nach mit ihren Wasserbomben eindecken zu können. Wir könnten ihnen einen Bold vor die Nase legen und auf Tiefe gehen, um uns dem ASDIC zu entziehen.«
Die beiden Ausgucke neben den Offizieren – es waren Jost und Zander – spitzten die Ohren, wie der Kommandant bemerkte. Natürlich wollten

auch die Männer wissen, wie es um ihre neuen Offiziere bestellt war. Über den IWO hatten sich viele der alten Hasen schon eine vorläufige Meinung gebildet.

»Sie wollen fliehen?«

»Wenn die Briten in Kiellinie auffahren, sind sie den Angriffen der anderen Boote des Rudels ausgesetzt, aber das gilt natürlich nur, wenn die in Schussposition gelangen können, bevor wir angegriffen werden.«

»Sehr schön, Herr Dahlen. Ich sehe, Sie haben gut von Oberleutnant Kreienbaum gelernt.«

»Ich hoffe es, Herr Kaleu«, sagte Dahlen.

»Auftauchendes U-Boot, zwei Dez an Backbord!«, rief der Ausguck.

Wasser schäumte kurz weiß auf, als der Turm des anderen Bootes an die Oberfläche kam.

»Eins von unseren«, stellte Wegener fest. »Das ist Ihr vormaliger Kommandant, Herr Dahlen. Mal sehen, was der von ihrem Vorschlag hält.«

*

Oberleutnant Kreienbaum von *U 136* gefiel der Vorschlag. »Da kannst du mal sehen, das ist meine Schule, Hans!«, rief Kreienbaum geradezu fröhlich von seiner Brücke herüber. »Wenn du den Köder spielst, dann kriegen wir die Tommys an den Haken!«

Alle vier Boote lagen so dicht beieinander, dass die Wachhabenden aufpassen mussten, dass es nicht zu einer Kollision kam. Ihren Bug hatten sie der sich nähernden U-Jagdgruppe zugedreht, damit die Briten auf ihren Radargeräten nicht erkennen konnten, mit wie vielen Gegnern sie es zu tun bekamen.

»Wir zählen auf euch, Günther! Wartet nicht zu lange!«, rief Wegener über das Aufbrüllen der Diesel von *U 136* hinweg.

Kreienbaum hob grüßend die Hand, während sein Boot abdrehte.

Die drei anderen Kommandanten waren erfahrene Männer. Jeder wusste, was zu tun war, weshalb eine kurze Erklärung völlig ausreichend gewesen war. Nacheinander verschwanden die anderen drei Boote wieder unter den Wellen, während *U 139* den Kurs änderte, um den Tommys ein einzelnes in den Atlantik durchgebrochenes U-Boot vorzuspielen.

Der IIWO sah auf seine Uhr. »In zehn, spätestens 15 Minuten haben wir sie am Hals. Brücke an Horchraum: Was erzählen denn die Fische?«

»Horchraum an Brücke: Kontakt in eins-vier-zwo. Entfernung acht Seemeilen. Den Umdrehungen ihrer Schrauben nach, sind es drei Fregatten oder Korvetten.«

»Funkraum: Haben die uns schon auf ihrem Radar?«, rief Wegener.

Stefan Köhler

»Funkraum an Brücke: FuMB meldet gerade Radarkontakt. Wir wurden geortet«, meldete Maat Kleinschmidt.

Wegener schlug auf dem Alarmknopf. »Klar zum Alarmtauchen!« Die Flakbedienung und die Ausgucke verschwanden durch das Turmluk, nur Wegener und der IIWO blieben zurück. Der Kaleu sah auf seine eigene Armbanduhr. »Die sollten jetzt eine schöne Peilung von uns haben! Ab in den Keller!«

Dahlen rutschte nach unten. Wegener stieg in den Turm und schlug den Lukendeckel zu. »Turmluk ist dicht! Fluuuten! AK voraus!«

»Fluuuten! Äußerste Kraft voraus!«, gab der LI die Order weiter.

Während Wegener die Leitersprossen hinunterrutschte, entwich die Druckluft aus den Tauchzellen und Meerwasser brodelte hinein. Mit Hilfe der Tiefenruder und dem Vortrieb der beiden Schrauben gewann *U 139* schnell an Tiefe.

»Auf 50 Meter gehen!«

»50 Meter!«

»Horchraum an Zentrale: Gegner läuft an! Entfernung drei Seemeilen, schnell abnehmend!«

Nun würde sich zeigen, ob der Plan klappte oder nicht. Noch war das Boot nicht vom ASDIC erfasst worden, aber das würde sich jeden Moment ändern können.

»Achterer Torpedoraum, Rohr Fünf und Sechs klar zum Unterwasserschuss. Klar bei Bold!«

Dies war der gefährlichste Moment des ganzen Manövers; in dieser geringen Tiefe gab es keine Chance, den Wasserbomben der Briten zu entkommen.

»Boot ist auf 50 Meter eingependelt, Herr Kaleu«, informierte Leutnant Stollenberg und kaum eine Sekunde später kam auch die Klarmeldung von Obermaat Schütter aus dem Heckraum: »Rohr Fünf, Rohr Sechs und Boldschleuse sind klar!«

»Horchraum: Wo bleiben die verdammten Meldungen?«, schnarrte Pauli und leckte sich nervös die Lippen. Schweiß glänzte auf seiner Stirn. »Wollen Sie wohl antworten!«

Wegener öffnete schon den Mund, aber die Antwort von Lüttke kam ihm dazwischen: »Horchraum an Zentrale: Verband peilt jetzt in eins-vier-vier. Entfernung weniger als eine Seemeile.«

Ein ASDIC-Strahl glitt über die Außenhülle, wanderte weiter und kam dann sofort wieder zurück.

»Da haben sie uns! Achterer Torpedoraum, klar bei Bold!«, rief Wegener. »Bold raus!«

»Bold ist raus!«

Auf Feindfahrt mit U 139

»Ruder hart Backbord! Auf Tiefe eins-acht-null Meter gehen! AK voraus!«

»Hart Backbord, Tiefe eins-acht-null, AK voraus!«

Während *U 139* weiter in die Tiefe glitt, breitete sich der Bold hinter dem Boot aus.

Ein Bold bestand aus einem etwa 10 Zentimeter breiten Schwimmkörper, der mit einer Mischung aus grob gemahlenem Calciumhydrid befüllt war. Nach dem Ausstoßen löste das Meerwasser den dünnen Lacküberzug auf, und es entstanden Wasserstoff-Gasblasen. Diese dichte Blasenwolke erschien im ASDIC-Strahl wie ein U-Boot und spielte dem Beobachter an Bord des feindlichen Kriegsschiffes einen Kontakt vor, wo gar keiner war. Während die Fregatte nun mit hochdrehenden Schrauben heranjagte, wich *U 139* nach Backbord aus und tauchte tiefer.

»Auf Schleichfahrt gehen! Festhalten, Männer! Gleich knallt´s!«, sagte Wegener.

Die Besatzung klammerte sich fest, achtete jedoch darauf, den Kontakt mit dem inneren Rumpf zu vermeiden. Der durch die Explosionen in Schwingungen versetzte Bootkörper konnte einem glatt das Rückgrat zertrümmern. Da krepierte auch schon die erste Lage aus mehreren Wasserbomben im Kielwasser des Bootes. Noch bevor die ersten Druckwellen den Druckkörper durchschüttelten, folgte schon die nächste Lage.

Wegener krallte sich an der Leiter fest, als das U-Boot von den schweren Detonationen immer wieder heftig durchgeschüttelt wurde. Das Licht begann zu flackern und die schweren Schläge brachten den Rumpf ins Schwingen wie eine Glocke. Die Briten ließen immer neue Wasserbomben von ihren Abrolltischen in die See gleiten, sie schienen über einen schier unerschöpflichen Vorrat dieser Teufelsdinger zu verfügen.

Leutnant Pauli hatte die Arme fest um den Kartentisch geschlungen und starrte mit aufgerissenen Augen zur Decke, während er sich nervös die Lippen leckte

»Die Tommys machen gerade nur den Bold zur Sau«, rief Dahlen, der sich an den Druckleitungen an der Decke über ihm festhielt. »Die Wabos liegen weit ab!«

»Das weiß ich selber!«, schnappte Pauli aufgebracht zurück und wischte sich mit dem Ärmel über die glänzende Stirn.

Dann ließ das Bombardement nach. Wahrscheinlich suchten die Briten nun die Wasseroberfläche nach Trümmern oder einem Ölfleck ab – Anzeichen für ein versenktes U-Boot.

Im nächsten Augenblick erfasste eine gewaltige Erschütterung *U 139*. Das Licht flackerte noch einmal auf und erlosch, während das ohrenbetäubende Krachen einer Explosion durch die enge Stahlröhre hallte. Der ganze Bootskörper wurde in Bewegung versetzt, mehrere Männer verloren den Halt und stürzten auf die Deckplatten.

»Verdammt, jetzt kriegen sie uns doch noch!«, entfuhr es Steuermann Wahl.

»Nein!« Wegener dröhnten die Ohren von dem schrecklichen Donnern und so sprach er viel zu laut. »Das waren zwei oder drei Torpedotreffer auf der Fregatte!«

»Wir brauchen Licht, verdammt!«, schimpfte Stollenberg. »Möller! Die defekte Sicherung suchen und austauschen! Los doch!«

»Jawohl, Herr Leutnant!«

Seine Leute durchsuchten in den dünnen Lichtkegeln ihrer Taschenlampen die Sicherungskästen nach der defekten Schaltung. »Gefunden!«

Einer der Techniker tauschte die Sicherung aus und Licht flutete durch das Boot.

»Ah, so ist das schon besser! Gut gemacht, Möller! – Nanu, was ist denn mit Ihnen passiert, Herr Pauli?«, wunderte sich der LI, denn der IWO lag auf dem Deck und schüttelte nun wie benommen den Kopf. Stollenberg reichte ihm die Hand, um ihn wieder auf die Beine zu helfen.

»Äh... der letzte Stoß hat mich irgendwie vom Kartentisch gefegt«, gab Pauli zu.

»Schadensmeldungen in die Zentrale!«, ordnete der Kommandant an.

Einige Schaugläser und Glühbirnen waren zerbrochen, schlimmeres wurde jedoch nicht festgestellt.

»Lässt sich alles leicht mit Bordmitteln beheben, keine große Sache«, fasste Stollenberg zusammen. »Meine Leute machen sich sofort an die Arbeit.«

»Gut, LI. Ich weiß, ich kann auf Sie und die Männer zählen«, sagte Wegener. »Horchraum: Was erzählen die Fische?«

»Horchraum an Zentrale: Brechende Schotten auf der Fregatte in unserer Nähe.«

»AK voraus!«, reagierte der Kommandant sofort. »Das fehlte uns gerade noch, dass uns der Kerl mit seinen Wabos auf die Birne fällt.«

Das war die große Gefahr bei einem U-Boot-Jäger: sank das Schiff mit den scharfen Wasserbomben an Bord, gingen die Teufelsdinger in der vorher eingestellten Tiefe hoch. Die Explosionen zerrissen alles, was sich in ihrem Wirkungserbreich aufhielt, egal ob es sich dabei um ein deutsches U-Boot oder britische Seeleute im Wasser handelte.

U 139 drehte ab, um den Abstand zu vergrößern, aber die Entfernung zur sinkenden Fregatte schien wegen ihrer geringen Geschwindigkeit von sieben Knoten zuerst gar nicht wachsen zu wollen. Einige Minuten später rollte das Bullern von Unterwasserexplosionen durch den Rumpf des Bootes, aber dieses Mal waren die Erschütterungen weit weniger heftig als bei den Torpedotreffern.

»Das war's dann für die Fregatte«, stellte Wegener fest. »Die wurde gerade von den eigenen Wabos zerrissen.«

Dahlen sah auf die Karte, wo alle Kontakte eingetragen worden waren. »Wir könnten nach Süden ablaufen und versuchen, den Tommys auszuweichen, Herr Kaleu.«

»Wieso denn Ausweichen?«, wollte Pauli wissen und bohrte einen düsteren Blick in den IIWO. »Wir sollten die Tommys sofort wieder angreifen!«

»Hm. Mir gefällt der Gedanke eigentlich ganz gut«, gestand Wegener ein. »Die Mannschaft ist schon seit Stunden im Alarmzustand. Sie könnte etwas Ruhe und was zu essen gebrauchen.«

»Natürlich, Herr Kommandant!«, schwenkte Pauli sofort herum, was ihm einen verächtlichen Blick des LI einbrachte.

»Wir gehen auf Schleichfahrt. Neuer Kurs zwo-zwo-null.«

»Jawohl, Herr Kaleu! Schleichfahrt, Kurs zwo-zwo-null.«

»Lüttke, was machen die Tommys?«, fragte Wegener nach.

»Eine Fregatte hat gestoppt, wahrscheinlich bergen sie ihre Leute aus dem Wasser. Die andere wurde eindeutig getroffen, aber ich vernehme keine Berstgeräusche. Sie schwimmt also noch.«

»Auf jeden Fall haben die Tommys alle Hände voll zu tun«, meinte Wegener zufrieden. »Dann können wir hoffentlich ungestört verschwinden.«

Die Briten kümmerten sich in der Tat um ihre schiffbrüchigen Kameraden und nahmen danach die zweite Fregatte in den Schlepp, die manövrierunfähig geschossen worden war. Sie vertrauten darauf, dass die Deutschen ihnen während der Rettungsaktion nicht noch einen Aal verpassen würden. Es gab Kommandanten, die hätten angesichts der Lage wohl nicht gezögert und die Gegner versenkt, aber Wegener war kein Mann dieses Schlages. Zudem hatten sie einen Auftrag zu erfüllen.

U 139 lief nach Süden ab, um den Treffpunkt mit dem Rest des Rudels anzusteuern.

*

Der Smutje stellte den Teller vor dem Kommandanten ab. »Schweinebraten mit feiner Sauce und Kartoffeln. Guten Appetit wünsche ich, Herr Kaleu.«

»Danke, Smut. Wenn es so gut schmeckt, wie es aussieht und riecht, haben Sie sich wieder einmal selbst übertroffen.«

Das ging Martin Ott, dem Smutje, natürlich runter wie Öl, denn irgendjemand hatte immer etwas am Speiseplan zu meckern. »Sehen Sie, Herr Leutnant: Dem Herrn Kaleu schmeckt mein Essen.«

Leutnant Stollenberg, die Gabel mit Bratenfleisch auf halbem Wege zum Mund, hielt mitten in der Bewegung inne. »Mir schmeckt Ihr Essen doch ebenfalls, Ott. Nur die Portionen sind zu klein.«

»Es ist halt nicht jeder Mensch mit Ihrem Magen gesegnet, Herr Leutnant«, griente Ott. »Wenn Sie fertig sind, bringe ich Ihnen noch den Nachtisch.«

»Danke, Ott«

Der Smutje verließ die Offiziersmesse.

Wegener versuchte ebenfalls den Schweinebraten. »Mhm, sehr gut. Ich frage mich, wie der Ott das immer wieder hinbekommt. Seine Küche ist kleiner als das Sofa meiner Eltern.«

Der LI lachte leise. »Der gute Ott hat das eben von der Pike auf gelernt. Seine Eltern haben da ein Gasthaus, irgendwo im Badischen.«

»Müsste man bei Gelegenheit mal besuchen.« Wegener spießte mit der Gabel ein Stück Kartoffel auf und schob es in den Mund.

»Müssen wir noch lange getaucht bleiben? Wir sollten so bald wie möglich auftauchen und die Batterien wieder aufladen«, merkte Stollenberg an.

Nun war es an Wegener zu grinsen. Jeden LI trieben die Sorgen um den Ladezustand der Batterien und den Treibstoffverbrauch um. Das galt aber auch für jeden Kommandanten, denn der Zustand der gewaltigen Batterieanordnung im Bauch des Bootes setzte jedem Fahr- und Tauchmanöver enge Grenzen. Über Wasser konnte *U 139* bei zehn Knoten rund 12.000 Seemeilen zurücklegen, also knapp 22.000 Kilometer. Getaucht hingegen betrug die Reichweite nur noch 64 Seemeilen oder 118 Kilometer und das bei gerade einmal jämmerlichen vier Knoten. Und selbst bei dieser geringen Geschwindigkeit schmolz die Ladung der Batterien so schnell dahin wie ein Schneeball in einem Hochofen. Kein Wunder also, dass der LI jede Gelegenheit nutzen wollte, wieder aufzuladen.

»Sobald wir etwas weiter im Süden stehen«, sagte Wegener und schob etwas Braten auf dem Teller hin und her. »Wir sind noch nicht weit genug von den Briten entfernt, um aufzutauchen.«

Der LI stieß ein Seufzen aus. »Ich musste es einfach versuchen, Herr Kaleu. So, wie die Dinge im Augenblick stehen, schaffen wir nämlich höchstens noch 30 bis 35 Seemeilen.«

»Na, dann haben wir ja noch etwas Spielraum, oder etwa nicht, LI?«, bohrte Wegener nach.

»Ein klein wenig, ja«, musste Stollenberg einräumen und sah auf seinen leeren Teller. »Verdammt! Ich sagte ja, der Ott gibt mir immer zu kleine Portionen!«

Wegener lachte in sich hinein. »Es kommt ja noch der Nachtisch.«

»Zum Glück.« Der LI griff in die Brusttasche seines Hemdes, zog kurz sein altes, abgegriffenes Notizbuch hervor und klappte es auf. »Aber unsere Diesel bereiten mir etwas Sorgen.«

»Wieso das? Die wurden doch gerade erst in der Werft überholt und laufen prächtig.«

»Jaaa, noch«, sagte Stollenberg langgezogen und steckte sein Büchlein weg. »Aber in der Werft gibt es keinen Einzigen, der richtig mit unseren Aggregaten umgehen kann. Die Werftheinis reißen meine ganzen Maschinen auseinander, begutachten sie kurz und pfuschen sie irgendwie wieder zusammen. Dabei hätten die Diesel auch dringend komplett überholt werden müssen.«

Auch dieses Klagelied kannte der Kommandant schon zu Genüge. »So schlimm wird es ja wohl schon nicht sein, LI. Immerhin machen wir gute Fahrt, oder?«

»Stimmt schon. Aber egal, wie gut der Zustand der Maschinen auch sein mag, mir wären komplett neue Aggregate am liebsten. Immerhin hat unser Boot schon seine Jährchen auf dem Buckel, und geschont haben wir es in dieser Zeit bestimmt nicht.«

»Tja, woher nehmen und nicht stehlen, was, LI?«

An dem, was der LI bemängelte, war schon etwas dran. *U 139* war im März 1940 in Dienst gestellt worden und hatte unter seinem vorherigen Kommandanten zwei Einsätze absolviert; unter Wegener waren fünf weitere Feindfahrten hinzugekommen. Dazwischen lagen mehrere Wertaufenthalte, in denen man die Maschinen und sonstigen Einrichtungen der nötigen Überholung unterzogen hatte. Die elektronische Ausrüstung und vor allem die so wichtigen Horchgeräte waren dabei auf den neusten Stand gebracht worden. Aber auch all diese Maßnahmen konnten nicht darüber hinwegtäuschen, dass man bei *U 139* so langsam die harte Zeit im Kampfeinsatz zu spüren begann.

Einige Minuten später hatte auch der Kommandant seine Mahlzeit beendet. Entweder verfügte Ott über einen sehr guten Instinkt oder er hatte die Offiziere irgendwie im Blick behalten, jedenfalls brachte er genau in dem Moment den Nachtisch, als Wegener die Gabel beiseitelegte.

»Hier kommt der Nachtisch, meine Herren«, kündigte der Smutje an. »Apfelkompott. Und sogar eine extra große Portion für unseren geschätzten LI.«

Die Ankündigung zauberte ein Lächeln in Stollenbergs Gesicht.

»Danke sehr, Ott.«

»Aber gerne, Herr Leutnant.«

Wegener sah zu, wie Stollenberg seine nun wirklich nicht geizig bemessene Portion in Windeseile verputzte. »Haben Sie vielleicht ein Loch im Magen, Reinhold?«

»Nee, Herr Kaleu.« Stollenberg lehnte sich satt und zufrieden zurück und klopfte sich auf seinen beneidenswert flachen Bauch. »Aber bei meiner Arbeit verbrauche ich nun einmal ungeheuer viel Energie. So, wie unser Boot das Treiböl braucht, benötige ich ebenfalls Treibstoff, um in Fahrt zu kommen.«

Der Kommandant musste lachen. »Aha, so ist das also.«

»Na klar doch«, griente der LI.

Es klopfte am Schott neben der Offiziersmesse.

»Fähnrich Dahlen«, kündigte sich der IIWO an. »Darf man eintreten?«

»Sicher, IIWO. Kommen Sie rein.«

Dahlen quetschte sich hinein und pflanzte sich auf die Backskiste. Dann legte er einen Schreibblock auf den Tisch und begann, etwas zu notieren. Dann und wann legte er eine Pause ein und klopfte sich gedankenverloren mit dem Bleistift gegen die Lippe.

Der Smutje tauchte auf, räumte das Gedeck ab und ließ eine Kanne mit frischen Kaffee auf den Tisch. Zuerst schenkte er dem Kommandanten ein, dann dem LI.

»Möchten Sie auch eine Muck voll Kaffee, Fähnrich?«, fragte Ott dann. Dahlen sah auf. »Ja, vielen Dank, Ott.«

»Wenn Sie sonst noch etwas wünschen, sagen Sie es bitte, Herr Kaleu.«

»Danke, Ott.«

Dahlen spielte ein wenig mit seiner Tasse herum, widmete sich wieder seiner Schreibarbeit, notierte etwas und verharrte dann erneut.

»So gedankenverloren, Fähnrich? Schreiben Sie etwa einen Brief an Ihr Mädchen, das nun ganz allein daheimsitzt und sich vor Sehnsucht die Augen ausheult? Da werden Sie aber noch eine ganze Weile warten müssen, bis Sie den Brief zur Poststelle geben können«, nahm der LI den IIWO ein wenig auf den Arm.

»Das Problem stellt sich mir gar nicht erst, Herr Leutnant«, erwiderte Dahlen. »Daheim wartet kein Mädchen auf mich.«

»Nicht? Nun, dagegen werden wir dringend etwas unternehmen müssen, wenn wir erst wieder in Brest sind, oder, Herr Kaleu?«, meinte Stollenberg und grinste seinen Kommandanten fröhlich an, wobei er ihm ein Auge kniff. »Wir können ja schließlich nicht zulassen, dass Herr Dahlen den Ruf der U-Bootwaffe ruiniert, gell?«

»Das geht nun wirklich nicht an, LI«, stimmte Wegener sofort zu. »Der Ruf der deutschen U-Bootfahrer muss gewahrt werden.«

Dahlen blickte vom LI zum Kommandanten und lächelte, stieg jedoch nicht auf das scherzhafte Geplänkel ein.

»Woran schreiben Sie denn dann?«, hakte Stollenberg nach.

»An meiner ersten Fassung des Gefechtsberichts für das Kriegstagebuch. Ich wollte ihn erst einmal auf dem Schreibblock festhalten, bevor ich ihn ins Buch übertrage, damit ich meine Gedanken sammeln kann. Das gelingt mir aber nicht besonders gut.«

»Woran liegt es?«

»Ich muss dauernd an die britischen Seeleute denken.« Der Adamsapfel des Fähnrichs hüpfte auf und ab, als er schluckte. »Oberleutnant Kreienbaum hat mir einmal attestiert, dass ich immer zu viel nachdenken würde und gemeint, das schade bei einem Seeoffizier nur.«

»Nun«, sagte Wegener gedehnt, »Nachdenken hat noch niemandem geschadet. Zumindest nicht, wenn es zum richtigen Zeitpunkt erfolgt.«

»Das sagte Oberleutnant Kreienbaum ebenfalls, Herr Kaleu.« Dahlen drehte den Bleistift zwischen den Fingern. »Verstehen Sie mich bitte nicht falsch, Herr Kaleu: Ich werde auch weiterhin alles tun, um meine Pflicht zu erfüllen. Aber das Schicksal der Briten geht mir sehr nahe.«

»Sie haben sich doch wohl im Kampf um Narvik gut gehalten, Fähnrich?«, fragte Stollenberg nach. »Ich meine, Sie wurden doch ausgezeichnet, oder?«

»Schon, Herr Leutnant. Aber ich kann die Gesichter der Männer, die ich dort getötet habe, einfach nicht vergessen.«

»Viel mehr als die offizielle Version kennen wir leider nicht«, merkte Wegener an. »Wenn Sie vielleicht darüber reden möchten ...«

Der Fähnrich nahm einen Schluck Kaffee. »Da gibt es nicht viel zu berichten. Die überlebenden Besatzungsmitglieder unserer Zerstörer wurden notgedrungen im sogenannten »Marineregiment Narvik« zusammengefasst. Wir waren etwa 2.600 Mann, dazu kamen noch knapp 2.000 Gebirgsjäger unter General Dietl. Ich wurde einem MG-Trupp als Schütze zugewiesen. Wie man so hört, sollen die Landungstruppen der Alliierten um die 24.500 Mann gezählt haben. Auf jeden Fall waren wir ihnen zahlenmäßig weit unterlegen. Glauben Sie mir, es gibt kaum etwas Schlimmeres als den Häuserkampf. Rings um einen herum knallt es, überall Granaten und Querschläger. Man ist sich nicht einmal sicher, ob es nun feindlicher oder eigener Beschuss ist, der da nach einem greift.«

Der Fähnrich nahm einen weiteren Schluck Kaffee zu sich, bevor er fortfuhr: »Der Kamerad neben einem fällt einfach um und ist tot. Manchmal schießt man auch nur aus Verdacht mit dem MG in den Qualm und Rauch hinein und steht plötzlich vor einem toten Briten, Franzosen oder Norweger, der auch nicht älter ist als man selbst. Dann wird man selber getroffen und liegt die ganze Zeit zwischen den Toten, die einen aus leeren Augen anstarren. Daran musste ich denken, als ich die Tommys im Wasser sah. Es ist… nicht einfach.«

Wegener und Stollenberg wechselten einen knappen Blick.

»Lassen Sie mich Ihnen versichern, dass wir dafür vollstes Verständnis haben, Herr Dahlen«, sagte der Kommandant leise. »Ich erklärte Ihnen ja schon, dass wir alle Seeleute sind, und natürlich fühlen wir auch mit den Seeleuten der anderen Seite. Wir könnten uns ebenso gut an ihrer Stelle wiederfinden und vielleicht geschieht das auch eines Tages. Wir alle tun unsere Pflicht. Aber wir sind eben auch nur Menschen. Und das sollten wir meiner Ansicht nach auch bleiben.«

Ein dünnes Lächeln erschien im Gesicht des Fähnrichs. »Das klingt nun aber ganz anders als die Worte von Leutnant Pauli, Herr Kaleu.«

»Wieso das?«, wunderte sich Stollenberg.

Dahlen suchte nach einer möglichst unbedenklichen Umschreibung, denn trotz der offenen Worte seines Kommandanten wusste er schließlich nichts über dessen politische Ansichten oder die des Leitenden Ingenieurs. »Ich bin kein Freund von diesen… nun, sagen wir… politischen Phrasen, die Leutnant Pauli immer zum Besten gibt.«

Ein Verdacht reifte in Wegener heran. »Ist Leutnant Pauli etwa ein Napola-Absolvent?«

»Ja, das hat er mir gegenüber gleich erwähnt«, sagte Dahlen.

Das erklärte so einiges an Paulis Verhalten. Napola, das war die Kurzform für Nationalpolitische Erziehungsanstalt, in denen die zukünftige Führungselite der NSDAP herangezogen wurde. Dort predigten fanatische Parteianhänger den jungen Leuten nationalpolitisches Gedankengut, germanische Heldenverehrung, Treue zu Führer, Volk und Vaterland und verherrlichten den glorreichen Heldentod, der Niederlage oder Gefangenschaft jederzeit vorzuziehen sei. Viele Napola-Absolventen gingen nach Ende ihrer Ausbildung zur Waffen-SS, aber Pauli hatte sich offenbar aus Prestigegründen für die Kriegsmarine und die U-Bootwaffe entschieden.

»Waren Sie auch in der HJ?«, versuchte Stollenberg eine harmlose Frage zu stellen.

»Nun, ich war in der Marine-HJ, aber nur, weil ich unbedingt zur Kriegsmarine wollte. Dort war man aber nicht sonderlich zufrieden mit mir. Unsere HJ-Führer bemängelten des Öfteren meine politische Einstellung«, gab Dahlen unumwunden zu.

Stollenberg klopfte ihm kameradschaftlich auf die Schulter. »Sie werden mir immer sympathischer, Herr Dahlen! Bei mir war es genau das Gleiche!«

Der Fähnrich sah überrascht zum LI. »Ernsthaft?«

»Na klar! Sie befinden sich sozusagen in guter Gesellschaft«, deutete Stollenberg an und zeigte auf Wegener.

Dahlen hob beide Augenbrauen an und Wegener nickte bestätigend. »Das behalten Sie aber bitte für sich, Herr Dahlen!«

»Natürlich, Herr Kaleu!«, sicherte der IIWO zu.

Der Kommandant erhob sich. »Ich bin in der Zentrale. Sehen Sie zu, dass Sie den Eintrag für das Kriegstagebuch fertigbekommen, Herr Dahlen.«

»Jawohl, Herr Kaleu. Und... danke.«

*

»Anblasen! Auf Sehrohrtiefe gehen!«, befahl Wegener.

»Anblasen, auf Sehrohrtiefe gehen«, wiederholte Stollenberg. Der LI und seine Tiefenrudergänger brachten das Boot langsam nach oben. Das dauerte einige Minuten, denn immerhin mussten sie aus einer Tiefe von 150 Meter auf knapp sechs Meter steigen.

»Zentrale an Horchraum: Irgendwelche Kontakte?«

»Hier Horchraum. Keine Kontakte, Herr Kaleu!«

»Sehr schön.«

Der Zentralmaat sang die passierte Tiefe heraus: »Tiefe 100 Meter, gehen durch... Tiefe 50 Meter, gehen durch... Tiefe 25 Meter, gehen durch!«

»Herr Pauli! Die Brückenmannschaft soll sich fertig machen!«

»Jawohl, Herr Kaleu!«, gab Pauli seinen schnarrenden Kommandoton zum Besten. »Brückenwache fertig machen!«

Langsam und vorsichtig stieg U 139 auf Sehrohrtiefe, wobei der LI und seine Rudergänger peinlich genau darauf achteten, dass sie nicht zu hoch aufstiegen und unter Umständen die Wasseroberfläche durchbrachen.

»Boot ist auf Sehrohrtiefe eingependelt, Herr Kaleu!«, meldete Stollenberg.

»Sehr schön.« Wegener trat einen Schritt beiseite, um die Männer der Brückenwache passieren zu lassen, die in ihrem Ölzeug zur Turmleiter eilten. »Sehrohr ausfahren!«

Stefan Köhler

»Sehrohr ausfahren!«
Das Rohr glitt nach oben und Wegener trat an die Optik heran. Der Kommandant schob den Schirm seiner Mütze nach hinten und presste die Augen gegen die Gummiwulst. Zuerst sah er nur den weißen Schaum der auf- und abgehenden Wellen. Also fuhr er das Sehrohr etwas weiter aus und schaltete auf das Luftzielfernrohr. Er entdeckte einige weißgraue Wolkenbänke, sah jedoch keine Flugzeuge. Er koppelte wieder auf das Seezielfernrohr um und nahm einen weiteren Rundblick.
»Nichts zu entdecken, weder Flugzeuge noch Schiffe. Auftauchen!«
»Auftauchen!«
Die Pressluft raste mit einem Bullern in die Tauchtanks, erzeugte mehr Auftrieb und ließ das Boot endgültig an die Oberfläche kommen. Die Wellen donnerten gegen den Turm und ließen *U 139* schlingern.
»Scheint ja eine lustige Seepartie zu werden, Herr Kaleu«, meinte Stollenberg launig.
»Wo bliebe denn sonst auch der Spaß, LI?«, gab Wegener zurück.
»Turmluk ist frei!«
»Brückenwache auf den Turm!«
Pauli stieg als erster hinauf und öffnete das Turmluk. Frische Seeluft und ein großer Schwall eiskaltes Meerwasser stürzten auf ihn herab.
»Sauerei das!«
»Nun, jetzt sind Sie wenigstens hellwach«, versuchte Wegener einen kleinen Scherz, aber der IWO war anscheinend kein besonders humorvoller Mensch. Der Kommandant zuckte nur mit den Schultern und ließ sich vom Zentralmaat in sein Ölzeug helfen. Dann stieg er hinter den anderen Männern der Wache in den Turm hinauf. Die Wogen des aufgewühlten Atlantiks kamen aus westlicher Richtung; da *U 139* nach Südwesten steuerte, vollführte das Boot einen munteren Tanz auf den weißen Schaumkronen.
»Es ist zwar ein unschöner Ritt, aber vorerst müssen wir den Kurs halten, IWO«, sagte Kaleu Wegener. »Wir müssen unseren Treffpunkt mit dem Rudel ansteuern, bevor wir über den Atlantik fahren können.«
»Die Männer werden damit schon fertig werden, Herr Kommandant!«, gab Pauli pathetisch zurück. »Unsere bisher erzielten Erfolge werden ihren Kampfgeist und Einsatzwillen sicherlich beflügeln!«
»Hm«, brummte der Kommandant unwillig. »Ich weiß ja nicht, wie das bei Ihren vorherigen Bordkommandos war, Herr Pauli, aber unsere Männer sind erfahrene Seeleute. An ihrem Kampfgeist und Einsatzwillen gab es auf fünf Feindfahrten zu keinem Zeitpunkt irgendetwas auszusetzen. Solche Sprüche mögen bei der Hitlerjugend angebracht sein, bei unserer Mannschaft sind sie es jedoch nicht.«

Mit einer solchen Aussage hatte Pauli offenbar nicht gerechnet, denn er starrte Wegener völlig bestürzt an. »Herr Kaleu… ich wollte doch nur…«
»Genug davon, Herr Pauli«, schnitt ihm Wegener das Wort ab, denn er bemerkte, dass die Männer der Brückenwache schon wieder Ohren wie die Luchse machten. »Das Thema ist erledigt.«
»Jawohl, Herr Kaleu«, sagte Pauli und dieses Mal lag da kein schnarrender Ton in seiner Stimme.
»Und ihr haltet gefälligst die Augen offen!«, rief Wegener, an die Brückenwache gerichtet. »Das fehlt uns gerade noch, dass uns hier so eine Mistbiene der Tommys erwischt!«
»Jawohl, Herr Kaleu«, bestätigten Kubelsky und Franke.
Die restliche Zeit auf der Brücke verhielt sich Pauli wie ein verprügelter Hund. Er warf Wegener immer wieder Blicke zu, die der Kommandant jedoch ignorierte.

Trotz der lebhaften See kam *U 139* gut voran. Jedes Mal, wenn der Bug in die Wellen eintauchte, überzog die hochspritzende Gischt die Männer mit einem Schwall Seewasser. Die meisten waren jedoch bereit, dass in Kauf zu nehmen, wenn sie dafür zumindest eine Zeitlang aus der engen, muffigen und nach Diesel stinkenden Röhre an die frische Luft kommen konnten.

Wenn Kaleu Wegener jedoch seinen eigenen Zustand als Beispiel nahm, dann mussten inzwischen alle nass bis auf die Haut sein. »Ah, was soll´s? IWO! Die Mannschaft der 3,7 kann das Deck räumen! Die 2 cm-Flak im Wintergarten bleibt aber besetzt!«
»Jawohl, Herr… Fliegeralarm!«, brüllte Pauli. »Flugzeug aus Nordost!«
Wegener fuhr herum, konnte jedoch nichts entdecken. Aber wenn sich dort wirklich ein Flugzeug im Anflug befand, blieb ihnen keine Zeit mehr.
»Alles unter Deck! Alarmtauchen! Los doch, runter, Männer!«
Die Brückenmannschaft raste die Leiter hinunter. Wegener blickte noch kurz nach Nordosten, sah immer noch nichts, stieg dann in den Turm und schlug das Luk zu.
»Turmluk ist dicht! Fluuten!«
»Fluuten!«
Der Kommandant rutschte die Leiterholme herunter und landete mit einem Krachen auf den Decksplatten. »Auf E Maschine umkuppeln! Ruder hart Backbord! AK voraus!«
»Hart Backbord, AK voraus!«
Die Sekunden rannen zäh dahin. *U 139* war ein sehr großes Boot, dass immerhin fast 1.200 Tonnen verdrängte. Da dauerte es seine Zeit, bis es endlich unter Wasser verschwunden war.
»Wir müssen sofort tiefer runter! Alle Mann voraus!«

Stefan Köhler

»Alle Mann voraus!«

In wilder Jagd hasteten die Männer aus dem Heck durch die Zentrale in den Torpedoraum im Bug, um mit ihrem zusätzlichen Gewicht ein schnelleres Abtauchen zu ermöglichen.

Obermaat Brandes sah fragend zur Decke hoch. »Bisher gab´s keine Wasserbomben.«

Das Boot ging nun steil in die Tiefe.

»100 Meter… gehen durch«, sang der Zentralmaat aus.

»Stopp Tiefe! Auf 100 Meter einpendeln!«, befahl Wegener.

»Auf 100 Meter einpendeln!«

»Keine Wasserbomben?«, wunderte sich auch der Kommandant. »Hat irgendjemand das Flugzeug gesehen?«

»Nein, Herr Kaleu«, sagte Kubelsky. »Ich habe nur den Ruf des IWO gehört.«

Auch Franke konnte nur mit den Schultern zucken.

»Herr Pauli?«, wandte sich Wegener an den IWO. »Was für eine Maschine haben Sie gesehen?«

»Ähm… also… Herr Kommandant, ich bin mir nicht einmal mehr sicher, ob ich tatsächlich ein Flugzeug gesehen habe … Vielleicht war es auch nur eine Möwe«, druckste Pauli herum. »Ich… ich glaubte nur, einen dunklen Punkt vor den Wolken entdeckt zu haben.«

»Ein Fehlalarm also?«

Die Männer in der Zentrale lachten erleichtert auf, während Pauli vor Scham rot anlief.

»Machen Sie sich nichts daraus, Herr Pauli«, sagte Wegener. »So etwas ist uns allen schon passiert. Ein falscher Alarm ist mir allemal lieber, als wenn plötzlich wirklich Bomben fallen. Vorsicht ist eben die Mutter der Porzellankiste, wie ich immer sage.«

»Bitte einen Vorschlag machen zu dürfen, Herr Kaleu«, meldete sich Stollenberg zu Wort.

»Was denn, LI?«

»Wenn wir jetzt schon mal getaucht sind, dann kann der Ott doch auch gleich das Essen zubereiten, oder?«

»Da hör sich doch einer diese siebenköpfige Raupe an«, flachste Wegener, sehr zum Gaudi der Männer in der Zentrale. Die Mannschaft liebte solche Späße zwischen den Offizieren und es half, den Schreck über den falschen Fliegeralarm zu vergessen. »Denkt der Kerl schon wieder nur ans Essen! Aber stimmt schon, das können wir machen. Ott! Ott!«

Der Smutje kam durch den Kugelschott in die Zentrale. Wie immer trug er das Handtuch vor dem Bauch, dass er zur Kochschürze umfunktioniert hatte. »Schon zur Stelle, Herr Kaleu!«

»Unser LI ist schon wieder am Verhungern! Tischen Sie rasch was auf, und das nicht zu knapp! Wir können auf Herrn Stollenberg nicht verzichten.«

»Kein Problem, Herr Kaleu! Es gibt Rinderbrühe, danach Heringe mit Pellkartoffeln, gefolgt von Büchsenobst als Nachspeise. Das sollte selbst Herrn Stollenberg zufriedenstellen. In zehn Minuten ist alles fertig.«

»So schnell, Smut?«, wunderte sich Brandes.

»So schnell«, bekräftigte Ott und grinste breit. »Man kennt ja seine Pappenheimer. Ich habe schon vor einer halben Stunde mit den Vorbereitungen angefangen.«

*

Wegener gelangte bereits zu einem sehr frühen Zeitpunkt seiner Kommandantenlaufbahn zu der Erkenntnis, dass ein guter Smutje der entscheidende Faktor für die Moral einer Mannschaft war: Stellte sich der Koch als Niete heraus, war auch die beste Crew verratzt. Matrosenobergefreiter Ott verstand jedoch sein Handwerk und der Kommandant nahm sich fest vor, bei der nächsten Gelegenheit wirklich das Gasthaus von dessen Familie aufzusuchen. Eine gute Mahlzeit hob die Stimmung und darauf kam es bei den langen Einsätzen an.

Der Anblick der genüsslich futternden Mannschaft zauberte auch ein Lächeln auf das Gesicht des Smutjes. »Erstaunlich, Herr Kaleu, diesmal meckert keiner rum.«

»Dazu besteht ja auch überhaupt kein Grund, Smut. Es war wunderbar.«

»Danke vielmals, Herr Kaleu«, freute sich Ott über das Lob und räumte die leeren Teller ab.

»Ich mache dann mal eine Runde durch das Boot«, kündigte der Kommandant an und setzte seine alte, speckige Schirmmütze auf.

Wegener sah kurz bei der Freiwache hinein, die in ihren Kojen lag und schlief, las, Karten spielte oder Briefe an die Familie schrieb. Kurioserweise würden die Männer aller Wahrscheinlichkeit nach früher wieder bei ihren Angehörigen sein als die Briefe; diese konnten ja erst zur Post gegeben werden, wenn das Boot wieder im heimischen Hafen lag.

Der LI war ein schnellerer Esser als der Kaleu, und schon längst wieder im Maschinenraum, als Wegener durch den Kugelschott stieg.

»Alles in Ordnung bei Ihnen, LI?«

»So weit, so gut«, meinte Stollenberg und rieb sich die Hände an einem öligen Lappen ab. Dann schüttelte er den Kopf. »Ich weiß nicht so recht ... Irgendetwas am Klang der Diesel gefällt mir ganz und gar nicht.«

»Am Klang?«

Stefan Köhler

»Seit die Werftheinis meine Maschinen auseinandergerissen haben, kommt es mir manchmal so vor, als stimme damit etwas nicht. – Lachen Sie nicht, Herr Kaleu!«, ergänzte Stollenberg bittend, als Wegener grinste.
»Auch meine Maschinisten sind meiner Meinung!«, legte der LI nach.
»Es ist wie verhext! Wir wissen, dass etwas nicht stimmt, aber wir kommen nicht dahinter, was es sein könnte!«
»Na, Sie werden das schon hinbekommen«, gab sich Wegener optimistisch.
»Oh, sicher, das werden wir.«
Im Hecktorpedoraum war alles in bester Ordnung, darauf achtete Maat Schütter. »Keine Probleme hier, Herr Kaleu. Die beiden Heckrohre und die Boldschleuse sind klar.«
»Gut zu hören, Schütter.«
Im Bugtorpedoraum waren Maat Timmler, ein stets gut gelaunter Ostpreuße, und der IIWO dabei, die Minen und Sprengladungen zu überprüfen, die in der Karibik zum Einsatz kommen sollten.
»Jagen Sie mir ja nicht mein Boot in die Luft!«, meinte Wegener nur halb im Scherz.
»Da kann nichts passieren, Herr Kaleu«, gab Timmler heiter zurück. »Das Zeug ist gesichert.«
»Da will ich doch mal stark hoffen, dass das keine der berühmten letzten Worte sind!«
Die Männer lachten kurz und widmeten sich dann wieder ihrer Arbeit. Wegener sah zu, wie der IIWO die Segeltuchtasche mit einer Sprengladung verstaute. »Kann da wirklich nichts passieren?«
»Nee, nee, Herr Kaleu«, versicherte der Maat. »Unserer IIWO hat alles überprüft und ich ebenfalls noch einmal. Herr Dahlen ist sogar recht versiert im Umgang mit Sprengstoff ... Ich meine für einen Fähnrich.«
Der IIWO grinste nur und band das Transportnetz zu, in welchem der Sprengstoff und die Haftminen lagerten. »Mancher würde Ihnen so einen Spruch übelnehmen, Timmler.«
»Aber Sie doch nicht, Herr Dahlen«, lachte der Maat.
»Stimmt schon.« Der IIWO ließ den Blick über die Minen wandern. »Ich weiß nicht so recht, Herr Kaleu ... Die Basis der Amerikaner auf Puerto Rico soll doch recht groß sein. Um den Stützpunkt zu sperren, reichen die paar Minen doch nicht aus. Vielleicht, wenn alle vier Boote ihre Eier in ein Nest legen würden, aber jeder Kommandant hat doch ein eigenes Ziel erhalten, oder nicht?«
»Das hat schon was für sich, was der Herr Dahlen sagt«, merkte Timmler an. »Man gewinnt den Eindruck, dass diese ganze Operation mit heißer Nadel gestrickt wurde.«

Wegener kratzte sich unter der Schirmmütze am Kopf. »Tja, wie auch immer. Zumindest werden wir die Operationen der Amis stören. Sie werden einige Zeit brauchen, um alle Minen aufzuspüren und zu räumen. Und achten Sie bitte auch weiterhin darauf, mein Boot nicht in die Luft zu jagen.«

»Jawohl, Herr Kaleu!«

Wegener ging in seine Kammer. Die Worte von Dahlen und Timmler hallten in seinen Gedanken nach. Die übertriebene Hast, mit der Busch und Herzfeld sie in Brest abgefertigt hatten... wollte der FdU West etwa nach dem gelungenen Start von Operation »Paukenschlag« möglichst schnell mit einer weiteren Erfolgsmeldung aufwarten, um bei Admiral Dönitz gut dazustehen? Der »Löwe«, wie Dönitz von seinen U-Bootfahrern auch genannt wurde, war ein Pragmatiker, der die Lage auf See sehr realistisch beurteilen konnte. Ja, man hatte den Amerikanern einen gehörigen Schock versetzt, aber der würde gewiss nicht mehr lange anhalten. Realistisch betrachtet reichten vier Boote nicht aus, um die Nachschubwege der Alliierten durch die Karibik zu sperren. Aber was nutzte es, wenn er sich den Kopf darüber zerbrach? Wegener legte die Jacke ab, streckte sich auf seiner Koje aus und schloss die Augen.

*

Brandes weckte den Kommandanten einige Stunden später. »Riese, riese, Herr Kaleu!«

»Mhm«, brummte Wegener, unwillig, schon wieder die Augen öffnen zu müssen. »Was wollen Sie denn, Brandes? Ich hab´ mich doch gerade erst hingelegt.«

»Nicht ganz, Herr Kaleu. Sie haben fünf Stunden geschlafen.«

Ganze fünf Stunden, das war für einen U-Boot-Kommandanten schon recht beachtlich. Wegener gähnte. »Verzeihung. Was liegt denn an?«

»Der Felmy hat vermutlich die anderen Boote unseres Rudels im Horchgerät.«

»Vermutlich?«

»Könnten natürlich auch Tommys sein, aber sonderlich wahrscheinlich ist das nicht, Herr Kaleu.«

»Ich komme sofort, Brandes.«

Der Kaleu zog die Jacke über und ging in die Zentrale.

»Guten Morgen, Herr Kaleu«, begrüßte ihn Dahlen.

»Was gibt es, IIWO?«

Leutnant Pauli kam durch den Kugelschott und eilte zum Kartentisch. »Herr Kaleu.«

»Sie kommen gerade richtig, IWO«, sagte Wegener und nickte dem Leutnant zu. »Der IIWO wollte gerade Meldung erstatten.«

Der Fähnrich deutete auf die Seekarte, wo Navigationsgast Wisbar die neuen Kontakte bereits eingetragen hatte. »Das GHG meldet zwei, möglicherweise auch drei Kontakte. Einer peilt null-acht-drei, der andere in eins-zwo-sieben. Der dritte Kontakt ist sehr schwach und steht in eins-null-acht. Alle befinden sich laut Felmy im Umkreis von sechs bis acht Seemeilen.«

Pauli beugte sich tiefer über den Kartentisch. »Hmm, sollten diese Peilungen wirklich stimmen, Fähnrich?«

»Davon ist wohl auszugehen«, erwiderte Dahlen umgehend. »Maat Wisbar ist ein sehr erfahrener Navigationsgast.«

Pauli bemerkte, dass er ins Fettnäpfchen getreten war und ruderte prompt zurück: »Ja, Wisbar ist ein guter Mann. Wird also alles seine Richtigkeit haben.«

Wegener nahm sich vor, noch einmal mit Pauli zu reden; der Mann ließ ja keine Gelegenheit aus, sich vor der Mannschaft in ein schlechtes Licht zu stellen. Aber das musste warten. »Gehen wir mal nach oben und sehen uns um. Auf Sehrohrtiefe anblasen!«

»Auf Sehrohrtiefe anblasen!«

Das Boot steuerte eine Tiefe von knapp sechs Meter an.

»Sehrohr ausfahren!«, befahl Wegener und wartete ab, bis das Rohr aus seinem Schacht nach oben geglitten war. Dann drehte er seine Kommandantenmütze herum und spähte durch die Optik.

»Alles grau in grau«, berichtete der Kaleu nach einem Rundblick. »Nur mäßiger Wellengang, aber es sieht nach Regen aus. Dafür sind weder Schiffe noch Flugzeuge zu entdecken. Sehen wir uns also die Kontakte mal an. Auftauchen! Brückenwache in den Turm!«

»Turmluk ist frei! Boot ist aufgetaucht, Herr Kaleu!«

Die Männer hasteten die Leite hinauf und bezogen ihre Posten. Wegener zog die Öljacke über und folgte ihnen nach oben. Mit einem lauten Donnern sprangen die Dieselaggregate an. Die Maschinen waren so laut, dass das Heulen der Entlüftungsanlage darin unterging; diese sorgte nicht nur für frische Luft im Boot, sie sog auch Luft für die Diesel an.

»Die Diesel machen Umdrehungen für eins bis zwo Knoten. Kurs eins-acht-null liegt an. Das Boot ist klar zum Alarmtauchen, Herr Kaleu!«, rasselte Pauli seine Meldung herunter.

»Danke, IWO. Schon was von den anderen Booten?«

»Noch nicht, Herr...«

Die Meldung von Zander, dem Steuerbordausguck, kam dem IWO dazwischen: »Auftauchendes U-Boot in null-acht-null!«

Ein schneller Blick bestätigte die Vermutung: Es handelte sich um eines der anderen Boote ihres Rudels, genauer um *U 136* von Oberleutnant Kreienbaum. Das Schwester-U-Boot schob sich an die Steuerbordseite von *U 139* heran.

»Hallo, Hans!«, rief Kreienbaum hinüber. »Das hat ja alles hervorragend geklappt! Ist bei dir alles in Ordnung?«

»Alles bestens!«, antwortete Wegener. »Wie steht es bei dir?«

»Könnte nicht besser sein! Da sind die anderen!«

U 142 und *U 147* kamen schäumend an die Oberfläche. Die Wachen und die Flakmannschaften zogen blitzschnell auf.

»Sind wir also alle wieder beisammen, was?«, fragte Oberleutnant Petersen, der seine Hände als Schalltrichter benutzte.

»Auf zu den Azoren! Und von da heißt es: Kurs West!«, gab Wegener zurück.

Petersen winkte.

Die vier Boote gingen wieder auf ihren alten Kurs. Alle zwei Stunden wechselten die Wachen. Reine Routine. Erst am Nachmittag riss der Warnruf eines Ausgucks die Männer aus ihrer Ruhe.

»Fliegeralarm! Flugzeug aus null-vier-fünf!«, rief Franke.

Dahlen hob sofort das Fernglas an die Augen. »Ein dicker Brocken! Eine Sunderland!«

Wegeners Gedanken rasten. Der Brite war in etwa fünf Seemeilen Entfernung durch die Wolken gestoßen und drehte nun auf die Deutschen ein. Normalerweise tauchten die deutschen U-Boote sofort ab, wenn feindliche Flieger am Himmel erschienen. Das galt natürlich erst recht, wenn es sich um mehrere Gegner handelte. Aber dieses Mal waren die Briten diejenigen, die sich in der Unterzahl befanden. Auch wenn es sich um eines der riesigen Short Sunderland-Flugboote handelte, so stand es doch allein gegen die Flugabwehrwaffen aller vier U-Boote.

»Geben Sie mit dem Signalhorn Fliegeralarm, IIWO! Nur für den Fall, das die anderen den Tommy noch nicht gesehen haben!«

Dahlen drückte rasch auf den Knopf; das Signalhorn blökte laut los und warnte die anderen Besatzungen vor dem Tommy.

»Nach Backbord abdrehen, IIWO! Feuer frei für alle Maschinenwaffen!«

Die mächtigen 10,5 cm-Geschütze vor den Türmen waren wegen des unruhigen Seegangs nicht besetzt, aber die 3,7 cm-Flak und die 2 cm-Schnellfeuerkanonen aller vier Boote sollten mehr als ausreichend sein, um der Flugzeugbesatzung den Tag zu vermiesen.

Die Short Sunderland begann mit zornig dröhnenden Motoren ihren Zielanflug. Wie ein riesiger, beutegieriger Raubvogel stürzte sich die Maschine auf *U 139*. Der Schütze im Bug des Flugbootes eröffnete mit

Stefan Köhler

seinen vier Browning-Maschinengewehren das Feuer, um die Deutschen unten auf dem U-Boot einzuschüchtern. Seine 7,7 mm-Geschosse ließen im Wasser neben dem Bootkörper gezackte, weiße Linien emporspringen. Doch die Flakbedienung antwortete den Briten umgehend, indem sie ihre Maschinenwaffen sprechen ließ. Die dunklen Sprengwölkchen der 3,7 zerplatzten direkt vor dem Bug der Sunderland. Der britische Bordschütze schien darüber so zu erschrecken, dass er sein Feuer prompt wieder einstellte. Währenddessen tasteten die hellen Leuchtspuren der 2 cm-Flak nach Kanzel und Motorgondeln des Wasserflugzeugs.

Das massive Sperrfeuer der vier U-Boote schien auch die Piloten zu überraschen; vielleicht hatten sie auch gar nicht alle der von ihnen als »Nazi-Röhren« bezeichneten deutschen Unterseeboote entdeckt, sondern sich nur auf ihr erkanntes Ziel konzentriert.

Jedenfalls zog die Sunderland den Bug schwerfällig nach oben und drehte nach rechts ab. Dabei bot sie den Flakmannschaften jedoch ihre verwundbare Unterseite dar. Die ließen sich die Gelegenheit natürlich nicht entgehen und jagten dem Flugboot mehrere Garben in Bauch und Tragflächen. Die hell aufleuchtenden Einschläge am Rumpf waren sogar für das bloße Auge zu erkennen. Eine Motorverkleidung wirbelte davon, Flammen und Rauch stoben aus dem äußeren Triebwerk am linken Flügel und Teile der Klappen an der Hinterkante der Tragfläche wurden abgerissen.

Die getroffene Maschine stellte die Flügel wieder gerade und eine Reihe schwarzer Objekte löste sich von den Tragflächen – die Piloten entledigten sich ihrer Wasserbomben im Notabwurf. Sie hofften wahrscheinlich, ihr Flugzeug doch noch retten zu können. Eine Notlandung mit scharfen Bomben an Bord war so gut wie immer das Todesurteil für die Besatzung, denn die Teufelseier gingen sehr leicht los.

Haushohe Wasserpilze schossen hinter dem Heck der Sunderland aus der See, als die Bomben mit einem gewaltigen Donnern krepierten.

Für einen Moment sah es so aus, als würde das Flugboot die Wellenkämme streifen. Doch die Piloten verstanden sich hervorragend auf ihr Handwerk; es gelang ihnen, die schwer angeschlagene Maschine abzufangen und sogar wieder etwas an Höhe zu gewinnen. Die Flammenzungen am linken Triebwerk erloschen nun, aber nach wie vor quoll dichter Rauch aus der aufgerissenen Motorgondel hervor.

Eine lange Schleppe aus fettem, dunklem Qualme hinter sich her ziehend, drehte die Sunderland behäbig nach Norden ab.

»Feuer einstellen! Bereitschaftsmunition ergänzen!«, rief Wegener und die Flak auf allen U-Booten verstummten nacheinander. »Tja, da gehen sie hin. Gut für die Tommys, aber trotzdem schade.«

»Zumindest haben wir ihnen einen gehörigen Schrecken eingejagt, Herr Kaleu«, meinte Dahlen grinsend. »Und wenn sie wieder zu Hause sind, brauchen die Tommys auf jeden Fall eine Ladung frischer Unterhosen.«

Die Brückenwache grölte vor Lachen.

Sogar Wegener lachte mit. »Auch wieder wahr, IIWO. Damit wollen wir uns fürs erste zufriedengeben. Aber Scherz beiseite: Die werden über Funk Alarm schlagen. Verlieren wir also keine Zeit. Signalmaat: Blinkspruch an die anderen U-Boote. Volle Kraft voraus, Generalkurs zwo-zwo-null. Wir sehen uns am Treffpunkt CX12 vor den Azoren wieder. Mast- und Schotbruch.«

Die anderen Kommandanten bestätigten den Blinkspruch und das Rudel löste sich vorerst auf.

*

Stefan Köhler

Die Hauptsorge von Kapitänleutnant Wegener blieben die feindlichen Flugzeuge. Die britischen Jagdbomber deckten inzwischen die gesamte Biskaya ab und die Bomber und Flugboote reichten bis weit in den Atlantik hinein. Wann immer möglich, blieb *U 139* also an der Oberfläche, um die Höchstgeschwindigkeit von 18 Knoten ausnutzen zu können. Das fraß zwar Unmengen ihres Treibstoffvorrats, aber Wegener hielt das für vertretbar.

Der LI sah das naturgemäß anders und sprang aufgeregt von einem Treibölbunker zum nächsten, um die Füllmenge zu peilen. Mit einer von Sorgen durchfurchten Miene kam er dann ins Quartier des Kommandanten.

»Ich weiß nicht, Herr Kaleu«, meinte Stoltenberg und tippte mit dem Finger auf seine Notizen. »Bei dieser Geschwindigkeit geht unser Treibölvorrat ganz rapide in die Knie. Auf dem Rückweg werden wir arge Probleme bekommen, wenn wir in der Karibik nicht äußerst sparsam unterwegs sind.«

»Keine Sorge, LI«, versuchte Wegener ihn zu besänftigen. »Auf dem Rückweg werden wir auf hoher See aufgetankt.«

»Ich hoffe es, Herr Kaleu. Sollten wir später nur noch auf dem Zahnfleisch herumkriechen können, möchte ich mir nicht anhören müssen, dass ich nicht rechtzeitig etwas gesagt habe.«

»Da besteht wohl keine Sorge, LI«, grinste Wegener. »Die Hauptsache ist doch, dass Sie vor Kummer nicht den Appetit verlieren.«

Stollenberg lachte auf. »Ich glaube, das wird nicht passieren!«

Das Bullern der Diesel verstummte und der Kommandant legte den Kopf schief, um zu lauschen.

»Ah, der IIWO legt mal wieder eine Horchpause ein.«

Bei Überwasserfahrt legten die eigenen Diesel das Horchgerät praktisch komplett lahm, weshalb in mehr oder weniger regelmäßigen Abständen die Maschinen abgestellt wurden, damit die diensthabenden Sonarleute ungestört nach Kontakten lauschen konnten. Auf ihrer zweiten Feindfahrt war ihnen tatsächlich das Unwahrscheinliche passiert. Ein Brite hatte *U 139* aufgespürt und sich an das deutsche Boot gehängt. Als sie dann zu einer Horchrunde die Maschinen stoppten, schoss der Gegner zwei Aale auf sie ab. Nur der schnellen Reaktion von Leutnant Engelmann war es zu verdanken, dass sie damals noch einmal knapp davongekommen waren. Aber nun war ihr ehemaliger IWO tot und der IIWO, Leutnant Schneider, lag im Lazarett in Brest.

Die Diesel sprangen wieder an und erfüllten das Innere des Druckkörpers mit dem ebenso lästigen wie vertrauten Lärmpegel.

Stollenberg strich mit den Fingern über sein Notizbuch und schloss das soeben besprochene Thema mit seiner nächsten Bemerkung ab: »Sie erwähnten, dass wir auf dem Rückweg betankt werden?«

»Ja.« Wegener zog eine Seekarte aus dem Fach über seinem Kopf hervor. »Hier, irgendwo im östlichen Atlantik. Planquadrat XJ41.«

»Klingt ja nett. Wie soll die schwimmende Tankstelle denn aussehen? Ist das eine Milchkuh oder ein Versorger?«

Mit »Milchkuh« bezog sich der LI auf die großen U-Boote vom Typ XIV, eine Abwandlung ihres eigenen Typ IX. Den Spitznamen verdankten sie der Tatsache, dass sie dazu entworfen worden waren, andere Boote auf See mit Treibstoff, Lebensmitteln und Munition zu versorgen. Diese Spezialboote waren sehr dünn gesät, denn es existierte nur eine Handvoll von ihnen.

»Eine Milchkuh, vermute ich. Für einen Versorger wäre das ein sehr riskantes Unternehmen.«

»Sonderlich viel Treibstoff können wir dann aber nicht nachbunkern«, sah der LI schon wieder schwarz. »Wir werden ja mit den anderen drei Booten teilen müssen.«

»Auch eine kleinere Teilmenge bringt uns wieder nach Brest«, sagte Wegener und verstaute die Seekarte. »Und wenn die Milchkuh noch volle Tanks hat, kommen wir damit vielleicht sogar bis Norwegen, wenn es sein muss.«

»Ihr Wort in Gottes Gehörgang, Herr Kaleu.« Stollenberg steckte sein Notizbuch wieder in die Brusttasche. »Ich werde meine Burschen alles prüfen lassen, damit wir sowohl auf eine Milchkuh als auch auf einen Versorger vorbereitet sind. Nur Schade, dass wir derzeit das Nachtanken auf See nicht üben können.«

»Aber alles andere können wir üben«, meint Wegener und erlaubte sich ein listiges Grinsen. »Sagen wir, zu Beginn von Leutnant Paulis Wache? Vielleicht kann der IWO dann ja Punkte gutmachen.«

»Ihren Glauben möchte ich haben, Herr Kaleu.«

»Na, schauen wir mal.«

Der LI kehrte in den Maschinenraum zurück, während der Kommandant bis zum Wachwechsel seine Eintragungen ins Logbuch vornahm. Anschließend schnappte er sich Jacke und Mütze und stieg durch den Kugelschott in die Zentrale.

»Sie sind aber früh dran, Herr Kaleu«, begrüßte ihn Brandes. »Keine besonderen Vorkommnisse. Kurs zwo-zwo-null liegt an, Geschwindigkeit eins-acht Knoten.«

»Danke, Herr Brandes.« Dann beugte er sich näher an das Ohr des Oberbootsmanns heran und raunte: »Zum Wachwechsel gibt es einen kleinen Rollenschwoof.«

Stefan Köhler

Brandes lächelte leicht. »Gut zu wissen, Herr Kaleu.«
Leutnant Pauli kam in die Zentrale.
»Herr Kaleu!«
»Leutnant.«
»Wachwechsel!«, verkündete Brandes mit Blick auf die Uhr.
Die neue Brückenwache enterte die Leiter hinauf in den Turm und kurz darauf kamen die abgelösten Männer in die Zentrale hinab.
»Herr Kaleu«, grüßten einige, bevor sie zum Bug oder Heck strebten.
Pauli starrte zur Leiter hinauf. »Wo bleibt denn der Dahlen?«
»Warschau! Ein Mann Zentrale!«, tönte es durchs offene Turmluk und Leutnant Pauli sprang gerade noch rechtzeitig zurück, bevor der IIWO die Leiterholme heruntergesaust kam. Mit einem dumpfen Knall landeten seine Stiefel auf den Deckplatten.
»Sie wären mir fast auf den Kopf gesprungen, Fähnrich!«, beschwerte sich Pauli.
»Herr Pauli, Sie wissen doch, dass man nicht unter dem Turmluk stehen darf, wenn Wachablösung ist«, warf Wegener ein.
Dahlen wandte sich dem Kommandanten zu. »Herr Kaleu.«
»IIWO.«
»Keine Besonderen…«, begann Dahlen, doch Wegener winkte ab.
»Lassen Sie´s gut sein, Fähnrich. Brandes hat mit schon berichtet.«
»Jawohl, Herr Kaleu.«
Da er immer noch der Wachhabende war, drehte sich Dahlen nun dem ihn ablösenden Leutnant Pauli zu. »Keine besonderen Vorkommnisse während der Wache. Unser Kurs ist zwo-zwo-null, die Geschwindigkeit beträgt eins-acht Knoten.«
»Hm«, brummte Pauli. »Ich löse Sie ab.«
»Bin abgelöst«, bestätigte der IIWO und tippte sich mit zwei Fingern lässig grüßend an die Mütze.
»Sollte das etwa ein Gruß gewesen sein, Fähnrich?«, grollte Pauli. »In meinen HJ-Gruppen wäre so etwas nicht als Gruß durchgegangen!«
»Was für ein Glück, dass wir nun bei der U-Bootwaffe sind, nicht wahr, Herr Leutnant?«, meinte Dahlen trocken. »Da geht es wesentlich formloser zu. Herr Kaleu.«
Der Fähnrich nickte dem Kommandanten zu und verschwand durch den Schott.
»Auf ein Wort, Herr Kaleu?«, fragte Pauli an.
»Sicher, IWO.« Wegener bewegte sich zum Kartentisch. Navigationsgast Wisbar trat diskret beiseite. Der Kaleu bezweifelte jedoch nicht, dass der Maat aufmerksam die Ohren spitzte. »Was haben Sie denn auf dem Herzen?«
»Fähnrich Dahlen!«, schnappte Pauli.

»Sie wollen mir doch nicht etwa beichten, dass Sie den Fähnrich ganz fest in ihr Herz geschlossen haben, oder?«, scherzte Wegener, doch Pauli ging jeder Sinn für Humor ab.

»Ich bin kein Anwärter für ein rosafarbenes Dreieck«, empörte sich der Leutnant.

Damit bezog sich Pauli auf die Häftlinge in den Konzentrationslagern, die aufgrund ihrer Homosexualität verhaftet worden waren und nun gezwungen wurden, auf der Brust ihrer Häftlingskleidung ein rosafarbenes Dreieck zu tragen.

Wegener sah ein, dass sein Versuch, der angespannten Lage mit einem Scherz die Schärfe zu nehmen, völlig fehlgeschlagen war.

»Das sollte nur ein Scherz sein, Leutnant«, erklärte er, wobei er den Rang von Pauli betonte.

Der Leutnant biss sich kurz auf die Unterlippe, bevor er wesentlich ruhiger erwiderte: »Der Sinn dieses Scherzes erschließt sich mir offen gesagt nicht, Herr Kaleu.«

»Vergessen Sie es einfach, Leutnant«, sagte Wegener und winkte ab. »Sie wollten etwas über Fähnrich Dahlen sagen?«

»Jawohl, Herr Kaleu«, bekräftigte Pauli mit vorgeschobenem Unterkiefer. »Der Herr Kommandant hat doch selbst miterlebt, wie respektlos sich der Fähnrich mir gegenüber verhalten hat.«

»Sie meinen, wegen des Grußes?«, vergewisserte sich Wegener. »Zugegeben, der war etwas lässig, aber ich empfand ihn nicht als respektlos.«

»Aber auf *U 69*, da...«

»Herr Pauli!«, unterbrach ihn Wegener. »Falls es Ihrer Aufmerksamkeit entgangen sein sollte: Sie befinden sich nicht mehr an Bord von *U 69*.«

Daran musste Leutnant Pauli erst einmal schlucken, wie der Kommandant sah.

»Ich kann verstehen, dass Sie in Ihren HJ-Gruppen großen Wert auf Disziplin gelegt haben, und so mag es auch an Bord von *U 69* gewesen sein. Auf meinem Boot geht die Mannschaft etwas anders miteinander um. Hier kommt es während des Einsatzes auf wichtigere Dinge an. Ich hoffe, wir verstehen uns, Leutnant?«

»Jawohl, Herr Kaleu«, gab Pauli klein bei. Aber was blieb ihm auch anderes übrig?

Wegener nickte ihm zu und beobachtete, wie der Leutnant in den Turm hinaufkletterte. Dann winkte er Oberbootsmann Brandes zu sich.

»Brandes, Sie kennen doch Gott und die Welt.«

»Womit kann ich denn zu Diensten sein, Herr Kaleu?«

»Kennen Sie zufällig auch den Kommandanten von *U 69*?«

Stefan Köhler

»Kennen wäre zu viel gesagt«, meinte Brandes nachdenklich. »Aber ich habe so einiges über den Kommandanten, Oberleutnant Röll, gehört.«
»Als da wäre?«
»Er soll ein ehemaliger HJ-Führer sein, der sich gerne mit seinesgleichen umgibt und ein ganz strenges Regiment führt.« Brandes hob abwehrend die Hände. »Ich meine damit nicht, streng im Sinne von Herrn Oberleutnant Kreienbaum; der baut darauf, seine Mannschaft richtig auszubilden. Ich meine, dass Oberleutnant Röll einen Ton und Umgang wie in der Rekrutenkompanie bevorzugt.«
»Sie meinen, er legt äußert großen Wert auf Disziplin und militärische Umgangsformen?«, hakte Wegener nach. »Etwa auch im Einsatz?«
»So habe ich es jedenfalls gehört, Herr Kaleu. Und nicht alle sollen mit diesem Führungsstil gut zurechtgekommen sein. Nach der letzten Fahrt von *U 69* haben neun Männer um ihre Versetzung gebeten.«
»Hm. Danke, Brandes. Jetzt sehe ich das Problem etwas klarer.«
»Herr Kaleu.«
Wegener dachte über das soeben Gehörte nach. Wenn gleich neun Männer um ihre Versetzung baten, dann musste an Bord von *U 69* wirklich etwas im Argen liegen, denn dergleichen kam so gut wie nie vor. Oberleutnant Röll war also auch ein ehemaliger HJ-Führer und strenger Zuchtmeister, der Männer bevorzugte, die den gleichen Hintergrund wie er vorweisen konnten. Fähnrich Dahlen mochte auf *U 136* zwar auch ein steifer Wind ins Gesicht geweht haben, aber wie Brandes schon gesagt hatte, drillte Kreienbaum seine Leute, damit sie eine Chance hatten, den harten Kriegsalltag auf See zu überstehen. Im Einsatz kam es Oberleutnant Kreienbaum dabei ebenso wenig auf korrekte Umgangsformen an wie Wegener selbst. Kein Wunder also, wenn sich Pauli an der eher lax gehandhabten Disziplin auf seinem neuen Boot störte.
Der Kommandant sah auf seine Armbanduhr. »Oberbootsmann Brandes? Geben Sie Alarm! Feuer im Maschinenraum! Das ist eine Übung!«
Die Alarmklingel schrillte los.
»Feuer im Maschinenraum! Das ist eine Übung!«
Die Männer legten ihre Tauchretter an und eilten in den Maschinenraum. Der Smutje, der zugleich als Sanitäter in Erscheinung trat, wenn einer benötigt wurde, eilte sofort hinterher.
»Rollenschwoof«, also die Übungen, waren bei den Männern verhasst. Allerdings sah jeder ein, dass die Schulungen notwendig waren, denn es gab Dutzende von Situationen, die immer wieder geübt werden mussten. Von Fliegeralarm und Gefechtsübungen über Lecksicherung, Versorgung von Verwundeten, Feuerbekämpfung, Maschinenschäden und der

Rettung aus einem sinkenden U-Boot musste alles durchgespielt werden, damit im Ernstfall jeder einzelne Handgriff saß. Die Mannschaft von *U 139* bestand aus alten Hasen, die sich auskannten und diese Trainingseinheiten im Schlaf beherrschten.

Leutnant Pauli schien zwischenzeitlich von der Situation etwas überfordert zu sein und brüllte die Mannschaft an, während Fähnrich Dahlen die Männer ohne Beanstandungen durch die Übungen führte. Im Endergebnis hatte der IWO bei den Männern nicht unbedingt an Ansehen gewonnen.

*

Abgesehen von den scheinbar endlosen Übungen verlief die Weiterfahrt zu den Azoren eher ruhig. *U 139* schipperte tagsüber, wann immer es möglich war, an der Oberfläche, tauchte jedoch sofort ab, sobald sich ein Schiff oder Flugzeug am Horizont zeigte. Während der Nachtstunden gelang es in der Regel, die durch die Tauchmanöver verlorene Zeit wieder wettzumachen.

»Wir kommen gut voran«, stellte Wisbar fest, als er ihre aktuelle Position auf der Seekarte eintrug.

»Nur nichts beschreien«, meinte Obersteuermann Wahl. »Damit lockt man nur Probleme an.«

Die Probleme kamen am nächsten Abend, als Leutnant Stollenberg den Maschinenraum betrat. Als er den Kugelschott hinter sich ließ, fiel ihm als erstes wieder das merkwürdige Geräusch auf, dass ihn und seine Maschinenraumcrew bereits seit Brest beschäftigte. Der Leutnant legte den Kopf zur Seite und lauschte angestrengt in den Lärm der Diesel hinein.

»Sie hören es also auch, Herr Leutnant?«, sprach ihn Obermaat Lutz Jahnen an, sein Stellvertreter. »Das Geräusch hat sich seit der letzten Wache verändert.«

»Das ist doch zum Haareraufen!«, schimpfte der LI. »Wir wissen, dass wir ein Problem am Steuerborddiesel haben, aber wir kommen einfach nicht dahinter, was es ist!«

»Und so langsam gehen uns auch die Ideen aus«, bemerkte Jahnen. »Wir haben schon wieder die Bunker gepeilt und überprüft, ob wir vielleicht Seewasser im Treiböl finden, aber da war nichts. Es ist wirklich zum Verzweifeln!«

Nachdenklich blickten sie zum wuchtigen Aggregat hinüber. Jeder der beiden MAN-9-Zylinder-Dieselmotoren lieferte rund 2.200 PS Leistung. Während die Diesel liefen, luden sie auch zugleich die großen Batterien auf, die in zwei Blöcken zu jeweils 62 Zellen im Bauch des Bootes lagen.

Stefan Köhler

Über die Batterien wurden bei Unterwasserfahrt die Elektromotoren angetrieben, die dann jeweils mit einer Leistung von 500 PS wirken konnten.

Stollenberg stutze mit einem Male. »Siehst du den Dampfschleier über den Zylinderköpfen auch?«

»Verdammt, ja! Frisst sich die Maschine etwa fest?«

»Sofort die Maschine abstellen!«, befahl Stollenberg.

Jahnen eilte zur Schalttafel und stoppte das Aggregat.

Der LI beugte sich durch den Schott und brüllte: »Meldung an Zentrale: Steuerborddiesel unklar.«

Dann drehte er sich wieder um. »Lutz! Alles noch einmal kontrollieren! Dieses Mal aber auch das Schmieröl auf Seewasser überprüfen!«

»Das Schmieröl? Das Schmieröl!«, rief der Obermaat aus, als der Groschen bei ihm fiel.

»Ja! Das verdammte Schmieröl!«

Wegener kam, noch verschlafen und übermüdet, in den Maschinenraum geeilt. Pauli und Dahlen folgten ihm auf dem Fuße.

»Was ist denn los, LI?«

»Ich weiß es nicht genau, Herr Kaleu. Wir haben einen merkwürdigen Dunst über dem Aggregat festgestellt und befürchteten, dass sich der Diesel festfressen könnte, deshalb haben wir ihn lieber vorsorglich abgestellt. Ich tippe auf Seewasser im Schmieröl des Motors.«

Jahnen nahm ein paar Proben des Schmieröls und fing sofort deftig an zu fluchen. Er brauchte die Probe gar nicht erst großartig untersuchen, denn den Boden des Messgerätes bedeckte eine trübe Brühe, die schwerer war als das Treiböl.

»Ich hab´s ja geahnt«, knurrte Stollenberg ungehalten. »Salzwasser im Schmieröl!«

»Wie kann denn das da hineingelangen?« wollte Wegener wissen.

»Sabotage!«, stieß Leutnant Pauli aus.

»Von wegen Sabotage!«, explodierte der LI. »Mit solchen Äußerungen sollten Sie verdammt noch mal vorsichtiger sein! Meine Leute sind alle hundertprozentig zuverlässig!«

»Langsam, langsam! Immer mit der Ruhe, LI«, versuchte ihn Wegener zu beschwichtigen. »Der Leutnant hat das sicher nicht auf Sie und Ihre Maschinenraumcrew bezogen. Könnte sich vielleicht einer der französischen Arbeiter am Diesel zu schaffen gemacht haben?«

Die französischen Werftarbeiter wurden dazu gezwungen, in den großen U-Bootbunkern zu arbeiten und kamen bei Reparaturen oder Überholungen natürlich auch an Bord der Boote zum Einsatz. So mancher Kommandant hatte auf See feststellen müssen, dass ihm die Franzosen diverse Kuckuckseier hinterlassen hatten. So waren zum Beispiel einige elektrische Kabel für die Rudersteueranlage gerade so weit durchgescheuert worden, dass sie erst nach Wochen oder Monaten einen Kurzschluss auslösten. Auch die härtesten Strafen schreckten die Werftarbeiter nicht vor derartigen Sabotageaktionen ab, weshalb die Marine immer mehr dazu überging, den Franzosen den Zutritt zu den Booten zu verwehren. Aufgrund der zu geringen Zahl an vertrauenswürdigen Arbeitskräften verlängerte das dann wiederum den Aufenthalt im Dock. Es war ein Teufelskreis. Wegener vertrat den Standpunkt, dass es sowieso Wahnsinn sei, die Franzosen zur Arbeit fürs Reich zu zwingen, aber ihn hatte ja niemand nach seiner Meinung gefragt.

»Das denke ich eher nicht«, meinte Stollenberg, ohne zu zögern. »Wir haben ja nur ein paar der Franzosen an Bord gelassen, und die waren praktisch nie unbeaufsichtigt. Nein, ich vermute, wir haben es hier mit einem Fall von Materialermüdung zu tun. Das eindringende Seewasser hat eine der Laufbuchsen zerfressen, und bei der Überholung hat es niemand bemerkt.«

Ein U-Bootrumpf war niemals ganz dicht. Die Außenbordverschlüsse und die Stopfbuchsen zu den Rudern ließen stets eine geringe Menge Salzwasser eindringen, weshalb die Bilge, wo sich das Wasser sammelte, ja auch regelmäßig gelenzt werden mussten. Das Wasser konnte zu Kurzschlüssen und anderen Schäden führen, auch ganz ohne Sabotage.

Jahnen und zwei weitere Männer überprüften den Diesel und kamen mit langen Gesichtern zurück.

»Ist tatsächlich eine der Laufbuchsen, Herr Leutnant«, sagte der Obermaat zerknirscht. »Da muss man erst mal drauf kommen!«

»Wir haben es alle nicht bemerkt, bis es fast zu spät gewesen ist«, gab Stollenberg zurück.

»Kriegen Sie das wieder hin?«, stellte der Kommandant die naheliegende Frage.

»Das *müssen* wir wieder hinkriegen«, stellte der LI fest. »Mit nur einem Diesel sind wir ganz und gar am Arsch!«

»Tun Sie, was Sie können, LI«, sagte Wegener mit sorgenvoll verzogenem Gesicht. Mit nur einem Diesel war *U 139* kaum noch einsatzfähig und musste eventuell nach Brest zurückkehren. Aber vor dem Kriegshafen lauerten die britischen U Jagd Gruppen und ohne volle Maschinenleistung wäre ein versuchter Durchbruch so gut wie sicher ihr Todesurteil.

»Kann ich irgendwie behilflich sein, LI? Mit Dieselmotoren kenne ich mich ein wenig aus«, bot Dahlen seine Dienste an.

Stollenberg zögerte nur kurz. »Jede zupackende Hand ist uns willkommen.«

Stefan Köhler

»In Ordnung, LI. Wenn er Ihnen nützlich sein kann, dann können Sie den IIWO für die Arbeiten im Maschinenraum haben«, stimmte Wegener zu. »Der IWO und ich werden solange abwechselnd auf Wache gehen. Viel Glück.«

»Danke, Herr Kaleu.«

Wegener und der IWO verschwanden durch den Schott und kehrten in die Zentrale zurück.

»Kennen Sie sich wirklich mit Dieselmotoren aus?«, fragte Stollenberg.

»Ein wenig«, antwortete Dahlen offen. »Oberleutnant Kreienbaum legt sehr großen Wert auf eine allumfassende Ausbildung bei seinen Offizieren. Und während der Zeit beim Reichsarbeitsdienst habe ich auf einem Bauernhof gearbeitet und oft zusammen mit dem Bauer an seinem alten Traktor herumgeschraubt.«

»Ah, ein Fachmann also«, flachste Stollenberg und wurde sofort wieder ernst. »Das wird eine höllische Plackerei. Wir benötigen einen Flaschenzug, dann müssen die Zylinderkopfschrauben gelöst und die Laufbuchsen ausgebaut und überprüft werden.«

U 139 quälte sich mit mageren fünf Knoten Fahrt durch die Dünung; mehr Geschwindigkeit war mit nur einer Maschine einfach nicht möglich. Zum Glück war es Nacht, also war die Gefahr, von feindlichen Flugzeugen entdeckt zu werden, wesentlich geringer. Wegener ließ die Ausgucke dennoch verstärken. Die Männer auf der Brücke sahen sich unbehaglich an. Sie konnten rein gar nichts tun; nun lag alles bei den Kameraden im Maschinenraum.

Dort stellte Dahlen fest, dass das wuchtige Dieselaggregat so dicht an der gerundeten Hülle platziert war, dass er mit seinen breiten Schultern kaum dazwischen passte. Aber nur an dieser Stelle kam er überhaupt an die Laufbuchsen heran.

»Das ist aber ganz schön eng hier«, stellte der Fähnrich fest.

»Deshalb kann ich Jahnen hier auch nicht gebrauchen«, tönte die dumpfe Stimme des LI vor ihm durch die Engstelle. »Seine Frau kocht einfach zu gut!«

»Es hat halt nicht jeder Ihren Magen, Herr Leutnant!«, rief der Obermaat zurück.

»Tja, in diesem Fall hast du Glück gehabt«, brummelte Stollenberg und warf einen Blick auf die als defekt gemeldete Laufbuchse.

»Völlig zerfressen!«, rief der LI aus und hätte am liebsten die Hände über dem Kopf zusammengeschlagen, aber dafür gab es einfach nicht genug Platz. »Diese elenden Pfuscher in der Werft soll der Teufel holen!«

Er rückte beiseite und winkte Dahlen heran, damit dieser die Laufbuchse ebenfalls ansehen konnte. Darin befanden sich so große

Löcher, dass der IIWO mühelos einen Finger hätte hindurch stecken können.

»Und diese Schäden kommen nur durch das Salzwasser zustande?«, fragte der Fähnrich.

»Aber sicher doch. Salzwasser kann alles zersetzen. Geben Sie ihm genug Zeit, löst es sogar ein komplettes Schlachtschiff auf.«

Zum Glück befanden sich Ersatzbuchsen an Bord, denn *U 139* war nicht das erste Boot, bei dem das Salzwasser die Buchsen zerfressen hatte. Zunächst aber mussten sie alle anderen Zylinder auch noch auf schadhafte Buchsen überprüfen. Wenn das Salzwasser durch die zersetzten Buchsen ins Schmieröl eindrang, hielt das auch der beste Motor nicht lange aus und fraß sich irgendwann fest. Dieser Schaden war dann mit Bordmitteln nicht mehr zu beheben, da half nur noch das Dock. Aber da mussten sie erst einmal hinkommen. Erschwerend kam hinzu, dass der verfügbare Platz im Maschinenraum nicht in Quadratmetern gemessen wurde, sondern in Quadratzentimetern! Jeder noch so kleine Fleck im Maschinenraum eines U-Bootes war für die ganzen technischen Anlagen vorgesehen, sodass freie Stellen so gut wie gar nicht vorhanden waren. Und jetzt musste die Crew Millimeterarbeit leisten, wenn es darum ging, einen der Kolben mit seinem Zentnergewicht aus dem noch heißen Diesel auszubauen. Erfreulicherweise befand sich eine Hebevorrichtung an Bord, mit der man die Kolben hydraulisch aus den Zylindern drücken konnte. Die Männer klemmten sich dabei die Finger, es hagelte viele böse Flüche und Verwünschungen.

»Wer auch immer sich diese Aufteilung ausgedacht hat, sollte man mit dem nackten Arsch auf einen glühend heißen Diesel setzen«, wetterte Jahnen und schüttelte die Hand, an er sich eben den dritten Finger gequetscht hatte.

»Das wäre doch mal ein Anblick«, meinte einer der anderen Männer. »Ein Weißkittel, der auf dem Diesel hockt wie der Affe auf dem Schleifstein!«

Nach einer weiteren Stunde übler Schinderei hatten sie den Kolben endlich mit dem Flaschenzug aus dem Diesel ziehen können. Nun schwebte er nur wenige Zentimeter über dem Aggregat. Jetzt aber machte sich die Dünung bemerkbar und der Kolben begann, hin und her zu pendeln. Und genau neben dem schwingenden Kolben verliefen die Rohrleitungen der Trimmtanks und die Treibölbehälter. Ein einziger Treffer des schweren Kolbens würde genügen, um den Behälter leck zu schlagen und den Maschinenraum knietief mit Treiböl zu fluten. Würde der Kolben hingegen die Trimmrohre zerschlagen, war das Boot unter Umständen nicht mehr tauchfähig.

Stefan Köhler

Stollenberg und Dahlen sprangen herbei, um den hin und her pendelnden Kolben unter Kontrolle zu bringen. Beide Männer schlangen die Arme um den Kolben wie ein besorgter Vater, der sein Kind umarmte. Denn der Kolben war ungeheuer wertvoll; Ersatzbuchsen hatten sie an Bord, einen Ersatzkolben jedoch nicht. Einmal, zweimal, dreimal rutschte der Kolben den beiden fluchenden Männern aus den ölverschmierten Fingern, ehe sie das bockige Ding endlich einigermaßen unter Kontrolle bekamen.

»Mann, Mann, Mann!«, knurrte Stollenberg und drückte das Gesicht gegen den Oberarm, um sich am Hemd den Schweiß aus den Augen zu wischen. »So ein launiges Luder!«

»Mit Weibsbildern kennt sich der Herr Leutnant doch so gut aus«, griente Jahnen. »Wie können Sie da jetzt Probleme haben?«

»Wollen Sie den Platz mit mir tauschen, Lutz?«, brummelte der LI.

»Nee, lieber nicht. Ich fühle mich da, wo ich bin, ganz wohl«, erwiderte der Obermaat und zog die schadhafte Buchse aus dem Motor. »Da haben wir ja den Übeltäter.«

In diesem Moment ertönte die Alarmklingel – Fliegeralarm!

»Das ist doch wohl ein schlechter Witz«, stieß der LI ungläubig hervor. Leider war es das nicht. Einige Augenblicke zuvor war einer der Ausgucke auf dem Turm für eine halbe Sekunde erstarrt, als er einen dunklen Punkt am Horizont ausgemacht hatte. »Flugzeug in eins-fünf-fünf!«, warnte Zander.

Leutnant Pauli fuhr auf dem Absatz herum und riss das Glas vor die Augen. Da war kein Zweifel möglich, eine weitere Sunderland hielt genau auf sie zu! Kam sie von Gibraltar? Wer vermochte es zu sagen?

»Fliegeralarm! Alles unter Deck! Klar zum Alarmtauchen!«

Wie vom Teufel gehetzt, verschwanden die Männer durch die Luke. Pauli schlug das Turmluk zu und kurbelte am Vortreiber. »Turmluk ist dicht! Fluuten!«

Im Maschinenraum erstarb das Donnern des Backborddiesels und die E-Maschinen sprangen mit einem Surren an.

»Alarmtauchen! Auf 100 Meter gehen!«

Das Boot schoss steil in die Tiefe. Der Kommandant hatte keine andere Wahl, er musste *U 139* aus dem Wirkungsbereich der Wasserbomben bringen, die der Brite jeden Augenblick abwerfen konnte.

Im Maschinenraum bewegte sich der Kolben nun in Richtung Bug und drohte, die Rohre der Trimmtanks zu treffen. Stollenberg klammerte sich eisern am Kolben fest und wurde von diesem gegen die Rohrleitungen gepresst. Ein schmerzhaftes Stöhnen entwand sich seinen Lippen.

Da erfasste auch Dahlen die Lage und stemmte sich mit aller Kraft gegen den vermaledeiten Kolben, der den LI einquetschte.

Stollenberg glaubte schon, der Kolben zerdrücke ihm die Rippen, als es Dahlen gelang, den auf dem LI lastenden Druck etwas zu vermindern. Dicke Schweißtropfen standen auf dem Gesicht des Fähnrichs und er keuchte vor Anstrengung.

Eine Kette von heftigen Erschütterungen lief durch den Bootskörper, dann folgte das Grollen der Unterwasserexplosionen – die Wabos des Flugbootes gingen zwar weit ab von *U 139* hoch, aber das Boot bewegte sich trotzdem wie ein bockendes Pferd hin und her, auf und nieder. Das versetzte den Kolben im Maschinenraum wieder in Bewegung. Aber er durfte sich nicht bewegen!

An den zusammengebissenen Zähnen von Stollenberg und Dahlen vorbei, brach sich ein gequältes Stöhnen seinen Weg hervor. Mit aller noch vorhandenen Kraft hielten sie den Kolben umklammert.

Eine Minute verrann und das Boot erreichte eine Tiefe von 100 Meter. Langsam pendelte sich *U 139* ein und der Kolben bewegte sich wieder in eine neutrale Stellung zurück.

Kaleu Wegener kam in den Maschinenraum geeilt und blieb erst einmal perplex stehen, als er die keuchenden und verschrammten Männer am Kolben erblickte.

»Um Himmels Willen! Wie seht ihr denn aus?«, entfuhr es ihm erschrocken.

»Wir mussten doch den Kolben sichern, damit er uns hier hinten nicht alles kurz und klein schlägt«, presste Stollenberg mühsam hervor.

»Menschenskinder! Los, zum Sani mit euch!«

»Geht jetzt nicht, Herr Kaleu«, warf der LI ein. »Ich werde hier gebraucht. Der Ott soll sich hierhin auf den Weg machen!«

Der Smutje, der ja auch als Sanitäter fungierte, eilte sofort in den Maschinenraum und untersuchte den LI. »Gebrochen scheinen die Rippen nicht zu sein, aber womöglich geprellt.«

»Das weiß ich selber!«, fuhr ihn Stollenberg genervt an. »Machen Sie was dagegen!«

Ott bandagierte dem LI die Rippen, mehr konnte er im Augenblick nicht tun.

Leider war die schadhafte Laufbuchse nicht die einzige, die vom Seewasser zerfressen worden war; vier andere Buchsen des Steuerborddiesels wiesen ähnliche Defekte auf.

»Na, Mahlzeit«, kommentierte Jahnen diese Entdeckung etwas launig. »Wir haben jetzt nur noch eine einzige Buchse in Reserve.«

»Hoffen wir, dass wir die nicht auch noch brauchen«, meinte Stollenberg und rieb sich die schmerzenden Rippen. »So, Jungs! Dann bauen wir die Maschine mal wieder zusammen!«

Stefan Köhler

Vier weitere Stunden plagten sich die Männer im Maschinenraum ab, dann kamen Stollenberg und Dahlen mit müden, steifen Bewegungen, aber mit einem Lächeln, in die Zentrale gestiegen.

»Der Leitende Ingenieur, Leutnant zur See Stollenberg, meldet: Der Steuerbord-Diesel ist wieder klar, Herr Kaleu«, sagte der LI salutierend. Wegener schüttelte den Kopf. »Das ist zwar gut zu hören, LI, aber sind Sie sicher, dass Sie sich nur die Rippen und nicht auch den Kopf gestoßen haben?«

»Da bin ich mir relativ sicher, Herr Kaleu.«

»Sehr schön«, griente Wegener. »Der Diesel ist also wieder klar?«

»Jawohl, Herr Kaleu. Das heißt…«, stockte der LI mitten im Satz und runzelte die Stirn.

»Das heißt… was?«, fragte Wegener misstrauisch nach.

»Na ja, die hier haben wir irgendwie übrigbehalten«, meinte Stollenberg und zog einige Schrauben aus der Tasche. »Wir wissen einfach nicht mehr, wo wir die ausgebaut haben.«

»Was? Ihr habt Teile des Diesels überbehalten? Wie sollen wir dann jetzt…«, begann Wegener, unterbrach sich aber, als er das breite Grinsen im Gesicht des LI und des IIWO erblickte. »Oh…«

In der Zentrale brauch lautes Gelächter aus, in dem sich die Anspannung der letzten Stunden löste; einzig Leutnant Pauli stand mit saurer Miene hinter dem Kommandanten und lachte nicht mit.

»Keine Sorge, Herr Kaleu! Der Diesel ist völlig in Ordnung!«, versicherte Stollenberg. »Wir wollten Sie nur ein wenig auf die Rolle nehmen.«

»Das wusste ich natürlich, LI«, behauptete Wegener trocken. »Ich wollte Ihnen ja auch nur nicht den Spaß vermiesen.«

»Selbstverständlich, Herr Kaleu!«

»Also dann!« Endlich konnte Wegener das so lange herbeigesehnte Kommando geben: »Anblasen. Auf Sehrohrtiefe gehen!«

»Auf Sehrohrtiefe gehen!«

Langsam und weich schwebte *U 139* wieder aus den dunklen Tiefen empor, in denen sich das Boot verborgen hatte.

»Sehrohr ausfahren!«

»Sehrohr fährt aus!«

Wegener klappte die Handgriffe herunter und nahm einen schnellen Rundblick.

»Keine Flugzeuge. Keine Schiffe. Auftauchen! Brückenwache in den Turm!«

Das Boot brach durch die Wasseroberfläche, das Luk flog auf und die Männer hasteten nach oben, um ihre Positionen einzunehmen.

»E-Maschine Stopp! Auf Diesel umkuppeln!«

Obermaat Jahnen betätigte den Starter und grinste breit, als beide Diesel donnernd ansprangen und dann mit einem ruhigen, gleichmäßigen Hämmern ihren Dienst aufnahmen.

»Gute Arbeit, LI. Und auch von Ihnen, IIWO«, lobte Wegener in der Zentrale. »Sie dürfen sich was wünschen.«

»Na, dann würde ich doch für die Maschinenraumcrew einen ›Besanschot an‹ vorschlagen«, meinte Stollenberg prompt.

»Sie wollen sich einen Schnaps hinter die Binde gießen, Herr Stollenberg?«, tat Wegener gespielt verwundert.

»Wer möchte das denn nicht, Herr Kaleu?«, fragte der LI mit einem ebenso unschuldigen wie falschen Gesichtsausdruck.

Wegener sah, wie die Männer in der Zentrale die Zähne zeigten.

»Na gut, ist hochverdient und damit genehmigt. ›Besanschot an‹ für die gesamte Besatzung, Herr Brandes. Das sollte allen helfen, den Schrecken wegen des kaputten Diesels zu vergessen.«

*

Auch wenn der »Besanschot an« die Moral der Besatzung natürlich gewaltig hob, blieben einige Bedenken zurück. Sollten noch mehr Laufbuchsen ausfallen, würden sie wieder vor dem gleichen Problem wie zuvor stehen. Obermaat Jahnen und die Maschinenraumcrew beobachteten die Diesel mit Argusaugen und lauschten auf jede noch so kleine Veränderung im Geräuschpegel der stampfenden Maschinen. Selten zuvor wurden an Bord eines U-Bootes die beiden Dieselaggregate so sehr gehegt und gepflegt worden wie in diesen Tagen auf *U 139*. Der LI wurde dabei gesehen, wie er persönlich mit dem Ölkännchen in der Hand bei den Maschinen das Schmieröl nachfüllte und dabei beruhigend auf die Diesel einredete.

Schließlich trafen sie weit vor den Azoren wieder mit dem Rest des Rudels zusammen.

»Horchraum an Zentrale: Schraubengeräusch in zwo-zwo-null, zwo-zwo-vier und zwo-zwo-sieben. Entfernung sechs bis acht Seemeilen. Klingt nach U-Booten«, meldete Sonargast Felmy.

»Zentrale an Horchraum: Was soll diese ungenaue Meldung? Sind es nun U Boote oder nicht?«, gab Pauli als Wachhabender zurück. Dessen Stimmung hatte sich die letzten Tage auch weiterhin verschlechtert.

»Die Kontakte machen kleine Fahrt, aber die Schraubenumdrehungen sind typisch für U-Boote. Sie kreuzen genau in Planquadrat CX12, deshalb vermute ich, dass wir auf den Rest unseres Rudels gestoßen sind.«

Stefan Köhler

»Sie sollen klare und genaue Meldungen abliefern, keine Vermutungen«, schnarrte Pauli.

»Jawohl, Herr Leutnant.«

»Wisbar! Sind die Kontakte schon eingetragen? Kreuzen sie wirklich in Quadrat CX12?«

Der Navigationsgast tippte mit dem Bleistift auf die Seekarte. »Jawohl, Herr Leutnant. Die drei Kontakte befinden sich genau am Treffpunkt CX12.«

»Lassen Sie mal sehen!« Pauli beugte sich über die Karte. »Hmm. Könnte sogar stimmen.«

Die Äußerung gefiel Wisbar nun gar nicht. »Die Angaben sind wie stets peinlich genau, Herr Leutnant.«

Pauli richtete sich drohend auf und blaffte: »Wollen Sie sich etwa mit mir anlegen, Wisbar?«

Der Kommandant schwang sich durch den Kugelschott in die Zentrale. »Na, was ist denn los, Herr Pauli?«

»Gar nichts, Herr Kaleu«, sagte der Leutnant und salutierte hastig. »Wir haben lediglich die drei Kontakte besprochen, die der Horchraum erfasst hat.«

»Drei Kontakte? Der Rest unseres Rudels?«

»Scheint so, Herr Kaleu. Ich würde bei der Annäherung dennoch größte Vorsicht empfehlen.«

»Wir sind doch immer vorsichtig, IWO. Die Mutter der Porzellankiste«, meinte Wegener gut gelaunt. »Also: auf Sehrohrtiefe anblasen! Brückenwache in Bereitschaft!«

»Auf Sehrohrtiefe! Brückenwache in Bereitschaft!«

U 139 stieg auf eine Tiefe von sechs Meter auf.

»Sehrohr ausfahren!«

»Sehrohr fährt aus!«

Der Kommandant drehte seine alte, speckige Mütze nach hinten, während das Periskop aus seinem Schacht nach oben glitt, und trat dann an die Optik.

»Der Luftraum ist frei ... Keine Schiffe in Sicht .... Aha! Da kommt ein U-Boot an die Oberfläche! Das ist *U 142*! Wir haben unser Rudel wiedergefunden! Auftauchen! Brückenwache in den Turm! Sehrohr einfahren!«

Das Boot tauchte auf und die Brückenwache enterte sofort in den Turm, darunter war auch Leutnant Pauli. Der Kommandant schlüpfte in seine Jacke und winkte den Navigationsgast zu sich heran.

»Was gab es denn da mit Leutnant Pauli?«, fragte er.

»Nichts, Herr Kaleu.«

»Nun reden Sie schon, Wisbar!«

»Der Herr Leutnant glaubte, dass meine Eintragungen auf der Seekarte nicht stimmen würden, Herr Kaleu.«

»Ich habe noch nie erlebt, dass Sie eine falsche Eintragung vorgenommen hätten, Otto«, sagte Wegener und klopfte dem Navigationsgast auf die Schulter. »Nehmen Sie es sich nicht zu Herzen. Der Leutnant ist noch im Lernen begriffen.«

Wegener stieg die Leiter hinauf.

»Von wegen im Lernen begriffen«, moserte Obersteuermann Wahl. »Der Pauli ist ein Arsch und sonst gar nichts.«

»Vorsicht, Stefan«, warnte ihn Wisbar. »Wenn unser kleiner Hitlerjunge dich hört, dann bringt der dich glatt vors Kriegsgericht.«

»Hitlerjunge, das ist gut!«, gluckste Wahl. »Das passt doch!«

Oberleutnant Petersen von *U 142* war erleichtert, Wegener zu sehen. »Was hat euch denn so lange aufgehalten, Hans? Wir dachten schon, es hätte euch erwischt!«, rief er herüber, als dessen U-Boot auf Parallelkurs eingeschwenkt war. Hinter ihm waren nun auch *U 136* und *U 147* an die Oberfläche gekommen.

»Wir hatten Probleme mit unseren Dieselmaschinen und mussten sie erst reparieren!«, gab Kaleu Wegener zurück, holte tief Luft und fügte lautstark hinzu: »Thomas, könnt ihr uns mit ein paar Laufbuchsen aushelfen?«

»Einen Moment!« Petersen beugte sich über den Befehlsübermittler und fragte bei seinem LI nach. »Ja, wir haben noch alle sechs Buchsen in Reserve! Du kannst zwei davon haben! Schickt euer Schlauchboot rüber!«

»Danke, Thomas! Kommt sofort!« Wegener rief die Zentrale: »Das Schlauchboot fertig machen!«

Die Luke auf dem Achterdeck klappte auf und Brandes erschien zusammen mit dem IIWO und einigen Männern. Rasch bereiteten sie das Schlauchboot vor, indem sie es mit einer Pressluftflasche aufbliesen.

»Schlauchboot ist klar!«, meldete Brandes dann.

»Nanu, Brandes! Wo haben Sie denn das Schlauchboot her?«, wunderte sich Wegener. »So ein Modell habe ich aber noch nie gesehen.«

»Ist ja auch ein amerikanisches Modell, Herr Kaleu«, antwortete der Oberbootsmann. »Wurde in Brest erbeutet. Ist viel stabiler als unsere eigenen, möchte ich meinen. Und es verfügt sogar über einen kleinen Benzinmotor.«

»Aha.« Wegener sah, wie die Männer versuchten, das Schlauchboot zu Wasser zu bringen. »Stopp, Brandes! So wird das nichts! Wir fluten das Achterschiff, dann kann die Mannschaft einfach vom Deck wegpaddeln! Wenn es klappt, haben wir etwas für den Einsatz vor Puerto Rico gelernt.«

Stefan Köhler

»Jawohl, Herr Kaleu! Das Achterschiff räumen!«, trieb Brandes die nicht benötigten Männer unter Deck.

»Achterschiff vorfluten!«

»Achterschiff wird vorgeflutet!«

Das Heck des Bootes sackte nach unten und Wellen spülten darüber hinweg. Brandes, der IIWO sowie Möller und Kubelsky konnten ohne Probleme zu *U 142* hinübersteuern. Petersen hatte sein Achterschiff ebenfalls geflutet und so konnte sie die Ersatz-Buchsen einfach entgegennehmen, die ihnen vom Turm aus heruntergereicht wurden. Danach tuckerten sie zu ihren beiden anderen Schwesterbooten, wo sie jeweils eine weitere Buchse erhielten.

»Haltet ja die Augen offen, Männer«, ermahnte Wegener die Ausgucke.
»Wenn uns jetzt ein Flieger erwischt, müssen wir ganz schnell in den Keller.«

Aber der Feind war an diesem Tag wohl zu Hause geblieben, aß Crumpets und trank Tee dazu.

Nach einigen Minuten kam das Schlauchboot zurück und rutschte mit dem Gummiboden auf das Achterdeck.

»Achterschiff anblasen!«

U 139 richtete sich wieder auf und sofort kamen die Männer an Deck. Der IIWO und Brandes hielten die Ersatzbuchsen in den Armen, als handelte es sich um Neugeborene.

»Vier neue Buchsen, Herr Kaleu!«, rief Brandes vom Heck zum Turm hinauf.

»Sehr schön, Brandes! Bringen Sie die Dinger gleich unter Deck. Der LI freut sich schon!«

»Jawohl, Herr Kaleu!«

Rasch wurden die Buchsen unter Deck gebracht, während die Decksmannschaft die Luft aus dem Schlauchboot entweichen ließ und es wieder in ein handliches Päckchen verwandelte. Auch dieses Paket wurde unter Deck verstaut und die Männer stiegen wieder ein.

»Hat doch alles gut geklappt«, zeigte sich Wegener erfreut. »In dem Stil kann es meinetwegen ruhig weitergehen.«

*

Obwohl ihn die Neugierde trieb, verzichtete Wegener darauf, sich die zum neutralen Portugal zählenden Azoren durch das Periskop anzusehen. Die Azoren lagen rund 740 Seemeilen westlich des europäischen Festlands und bestanden aus neun größeren und kleineren Inseln. Laut B-Dienst, also der für die Funkaufklärung zuständigen Abteilung des Marinenachrichtendienstes, hatten die Alliierten den Portugiesen irgendwie die Erlaubnis abgerungen, auf den Inseln Stützpunkte für ihre Luft- und Seestreitkräfte errichten zu dürfen. Auf eine Art hätte Wegener gerne selbst einmal einen Blick auf den Fortschritt dieser Arbeiten geworfen, auf der anderen Seite ging sein Auftrag jedoch vor. Sicher war jedoch bereits jetzt, dass die neuen alliierten Stützpunkte auf den Azoren den Einsatz der deutschen U-Bootwaffe weiter erschweren würden.

Der Kommandant lauschte einem Moment lang auf die gleichmäßig hämmernden Diesel, nickte dann zufrieden und zog sich in seine Kammer zurück. An der Wand glänzte Schwitzwasser, denn der Entlüfter kam gegen die hohe Luftfeuchtigkeit an Bord nicht mehr an. Eine bekannte Folge davon war, dass sich an der Ersatzkleidung »Masern« bildeten. So nannten die U-Bootfahrer die Schimmelflecke, die sich auf ihren Klamotten zeigten. Der Schimmel steuerte sodann eine weitere Note zum allgegenwärtigen Mief an Bord bei, die im Gestank nach Diesel und ungewaschenen Männerkörpern jedoch fast unterging. Wasser zum Waschen war so gut wie gar nicht vorhanden, und bei den Besatzungsmitgliedern gereichten die Bärte inzwischen zu wucherndem Gestrüpp.

Wegener rieb sich den juckenden Kinnbart, während er in seine Notizen blickte. Der Kaleu beschäftigte sich intensiv mit dem Einsatzort, den Missionszielen sowie mit der Stärke der dort vermuteten Feindkräfte. Er zog die Seekarte aus dem Fach über sich und rollte sie auf dem kleinen Klapptisch seiner Kabine aus. Mit seiner Kaffeetasse und seinem Notizbuch verhinderte der Kaleu dann, dass sich die Karte wieder von allein aufrollte. Die Karibik war in den Gedanken der meisten Menschen mit sonnenbeschienen Inseln verbunden, tatsächlich aber wurde das Gebiet regelmäßig von tropischen Wirbelstürmen heimgesucht und bot auch navigatorisch einige Herausforderungen.

Die Briten bezogen einen großen Teil ihrer kriegswichtigen Rohstoffe aus Südamerika. Von den südamerikanischen Häfen aus steuerten die zahllosen Frachtschiffe und Tanker so schnell wie möglich die nordamerikanische Ostküste an. Ihr Weg führte sie dann hinauf in die kanadischen Häfen, wo sie sich zu großen Geleitzügen sammelten, die später den Atlantik überquerten.

Die einzige Waffe im deutschen Arsenal, die die notwendige Reichweite aufwies, um in der Karibik oder vor der Ostküste der Vereinigten Staaten zu operieren, waren nun einmal die großen U-Boote der Kriegsmarine. Und natürlich war es viel erfolgversprechender, die Einzelfahrer in der Karibik zu stellen als die schwer gesicherten Geleite im Nordatlantik anzugreifen. Zu viele ihrer Kameraden waren inzwischen von der Feindfahrt nicht zurückgekehrt und die Verlustliste wurde aller Propaganda zum Trotz immer länger. Sogar Männer wie Günther Prien, der Held von Scapa Flow und mit 32 Versenkungen einer von Deutschlands besten U-Bootkommandanten, war inzwischen mit seinem Boot ins nasse Seegrab gefahren. Wegener fragte sich im Stillen, ob dieser Kampf, den sie tagtäglich führten, überhaupt noch einen Sinn ergab. Er verwarf den Gedanken jedoch rasch wieder; sollte die Gestapo – die Geheime Staatspolizei – jemals von diesen Überlegungen erfahren, wären die Folgen mehr als nur unangenehm.

Der Kaleu zog seine Unterlagen zu Rate: *U 139* sollte den im Aufbau begriffenen Stützpunkt der US Navy in Puerto Rico verminen und – falls möglich – die Radarstation an Land außer Gefecht setzen. Die Chancen für den zweiten Teil des Unternehmens bewertete Wegener jedoch als sehr gering, denn ihnen fehlten einfach zu viele Informationen über die Stärke der dort stationierten US-Truppen und die Einstellung der Bevölkerung von Puerto Rico. Diese war zwar bestimmt nicht sonderlich erbaut darüber, dass die USA ihr Land seit 1898 faktisch besetzt hielten, aber der Marineführung war unbekannt, ob sie den US-Soldaten eher freundlich oder feindlich gesonnen waren. Wegener musste wieder an die Äußerungen von Timmler und Dahlen denken. Für jeden von Bord gegebenen Torpedo konnten zwei Minen mitgeführt werden. Im Bug lagerten immerhin 16 dieser Teufelsdinger, aber um einen so großen Stützpunkt auszuschalten, wurden einfach weit mehr benötigt. Irgendetwas störte ihn bei diesem Auftrag, aber er konnte nicht den Finger darauflegen.

Der Kommandant atmete tief durch und beschäftigte sich wieder mit der Seekarte. Die Annäherung von Norden und bei Nacht erschien ihm am praktikabelsten, aber man würde vor Ort sehen müssen, wie es um die Patrouillentätigkeit der US Navy bestellt war. Über wie viele Flugzeuge und welche Flugzeugtypen verfügte die amerikanische Marine? Wie stand es um deren Armee? Besaß die US Army dort überhaupt Flugzeuge? Lauter Fragen, auf die es keine befriedigenden Antworten gab. Als eine gesicherte Information galt jedoch, dass die Amerikaner im Tausch gegen 50 veraltete Zerstörer von den Briten das Recht eingeräumt bekommen hatten, überall in der Karibik neue Stützpunkte errichten zu dürfen.

»Wahrscheinlich hat sich das Oberkommando einfach gedacht, der Versuch macht klug«, brummte Wegener missmutig in seinen Bart. Wenigstens hatten die vier Kommandanten des Rudels im Hinblick auf ihren Zeitplan relativ freie Hand. Nur das Datum, an dem sie sich mit der Milchkuh treffen sollten, war ihnen vorgeschrieben. Wann sie ihren Angriff in der Karibik starteten, stand ihnen hingegen frei. Natürlich ergab es mehr Sinn, zuerst die Häfen zu verminen und erst dann die feindlichen Schifffahrtsrouten anzugehen, denn sobald sie angreifen würden, würden sämtliche alliierte Stützpunkte in der Karibik in höchste Alarmbereitschaft versetzt werden. Das Minenlegen musste also heimlich, still und leise erfolgen.

Der Kommandant griff nach dem Bleistift und begann, einen Angriffsplan auszuarbeiten.

*

So qualvoll lang die Überfahrt über den Atlantik auch war, so ereignislos verlief sie. Einzig die Routinearbeiten im Boot und die immer wieder abgehaltenen Übungseinheiten brachten etwas Abwechslung in die ansonsten stets gleich verlaufende Eintönigkeit. Die Männer

Stefan Köhler

langweilten sich zusehends während ihrer Freiwachen, was gelegentlich zu Spannungen führte.

Aber Kaleu Wegener war dann doch sehr verwundert, als er den Matrosenobergefreiten Lange mit einem Veilchen am rechten Auge zu Gesicht bekam. Lange arbeitete im Bugtorpedoraum unter Maat Timmler, war ein sehr erfahrenen Torpedomixer und bisher noch nie irgendwie negativ aufgefallen.

»Nanu, Lange, was ist denn mit Ihrem Auge passiert?«, fragte der Kommandant nach.

»Ähm... ich habe mich am Handrad von einem Torpedorohr gestoßen, Herr Kaleu«, antwortete Lange ausweichend.

Wegener zog die Augenbraue hoch. »So, so. Am Handrad also? Kommen Sie mal mit in meine Kammer.«

Gehorsam trottete der Obergefreite hinter dem Kapitänleutnant her und folgte ihm in dessen Quartier.

»So, und nun mal Butter bei die Fische! Was ist vorgefallen, Lange?«, machte Wegener dem Torpedomixer Druck.

»Wie ich dem Herrn Kaleu schon gesagt habe...«, begann Lange, doch Wegener würgte ihn sofort ab.

»Schluss mit dem Unfug, Lange!« Wegener lehnte sich nach hinten, bis er mit dem Rücken an der Wand angelangt war. »Menschenkind! Setzten Sie sich hin. Sie dienen schon so lange unter mir, haben noch nie Ärger gemacht und immer zuverlässig ihre Pflicht erfüllt. Sie sind kein Raufbold, und wenn Sie jetzt ein blaues Auge haben, dann möchte ich wissen, warum. Also raus mit der Sprache!«

Lange hing wie ein Häuflein Elend auf der Backskiste und fühlte sich sichtlich unwohl in seiner Haut. »Herr Kaleu... ich bin mit dem Karst aneinandergeraten.«

»Gefreiter Karst, der bei ihrer Crew im Bugraum arbeitet?«

»Jawohl, Herr Kaleu«, bestätigte Lange und schien bei den Worten zusammenzusinken. »Es war eine wirklich ganz dumme Sache, wegen der wir uns in die Wolle gekriegt haben.«

»War´s wegen eines Mädchens in Brest?«

»Nein, Herr Kaleu«, schüttelte Lange verneinend den Kopf. »Es waren... politische Gründe...«

»Politische Gründe? Wie soll ich das verstehen?«

»Nun, Herr Kaleu, der IWO hat sich mit dem Karst unterhalten. Beide sind ja ehemalige HJ-Führer und da hatten sie halt einiges zu bereden, von früher und so. Leutnant Pauli hat sich dann beim Karst darüber beschwert, wie lax die Disziplin hier bei uns an Bord doch sei, und hat sie mit der unter Oberleutnant Röll an Bord von *U 69* verglichen. Der IWO hat sich dann richtig für das Thema erwärmt und Karst sprang ihm bei ...«

Auf Feindfahrt mit U 139

»Einen Moment mal!«, unterbrach Wegener ungläubig. »Der IWO hat sich bei Karst über meinen Führungsstil mokiert?«

»Nun… Ja, Herr Kaleu… So kann man das sagen«, druckste Lange herum. »Jedenfalls haben sie dann noch eine Weile über die HJ gefachsimpelt und am Ende gefolgert, dass der U-Bootwaffe eine vergleichbare Haltung zu Führer, Volk und Vaterland guttun würde, wie sie die SS hat. Dann ist Leutnant Pauli gegangen und der Karst fing an, uns einen Vortrag darüber zu halten, wie sehr nun alle Kräfte für den Kampf mobilisiert werden müssten. So markige HJ-Sprüche halt. Sie verstehen, was ich meine, Herr Kaleu?«

Wegener nickte nur bestätigend.

»Da bin ich zu ihm hin und habe gemeint, dass er sich die Sprüche schenken könne, da wir alle schon wissen würden, wie der Krieg in Wirklichkeit aussehe, und er nicht mehr in der HJ sei. Ich hab´s ja nicht mal böse gemeint, Herr Kaleu, aber der Karst hat sich gleich furchtbar aufgeregt und mir dann eine aufs Auge gegeben …«

Da der Kommandant schwieg, breitete Lange die Arme aus. »Der Karst ist ja an sich kein übler Kerl, Herr Kaleu. Aber was die HJ angeht, da ist er etwas eigen. Er ist ja auch erst auf seiner zweiten Fahrt bei uns und gerade mal 19, der glaubt noch an diesen ganzen HJ-Kram …«

»Schon gut, Lange. Ich denke, ich kann mir ein Bild von der Situation machen.« Wegener blickte dem Obergefreiten an. »Danke, dass Sie mir die Wahrheit gesagt haben, Lange. Sie können wieder auf Station wegtreten.«

»Jawohl, Herr Kaleu.« Erleichtert machte sich Lange davon. Wegener bat den LI und Brandes zu sich in die Kammer. In knappen Worten machte er sie mit der Lage vertraut.

»Das ist doch wohl die Höhe!«, empörte sich Stollenberg. »Den eigenen Kommandanten vor der Mannschaft schlecht zu machen, da hört doch alles auf!«

»Ich werde mich um Leutnant Pauli kümmern«, verkündete Wegener. »Sie, Brandes, regeln das mit Karst, in Ordnung? Aber möglichst ohne Papierkram, ja? Denn in einem Punkt hat Lange recht: So ein übler Kerl ist er nicht.«

»Keine Sorge, Herr Kaleu«, versicherte der Oberbootsmann. »Ich benötige ohnehin noch jemanden, der die Bilge sauber macht. Dazu noch zwei Tage Ausgangsverbot, sobald wir wieder im Hafen sind und die Angelegenheit ist geregelt.«

»Sehr schön, Brandes. Sie können dann gehen. Schicken Sie bitte Leutnant Pauli zu mir.«

Stefan Köhler

»Dem Pauli sollten Sie den Arsch quer aufreißen, Herr Kaleu!«, meinte Stollenberg zum Abschied. »So für Unfrieden in der Mannschaft zu sorgen…«

»Keine Sorge, den werde ich schon auf Linie bringen, Reinhold.« Wegener nahm sich Bleistift und Notizblock und notierte sich etwas, während er auf seinen IWO wartete.

Kurz darauf klopfte es am Schott neben seiner Kammer. »Leutnant Pauli. Der Herr Kaleu wollte mich sprechen?«

»Kommen Sie rein, IWO. Setzen Sie sich.«

»Danke, Herr Kaleu.« Pauli nahm Platz.

»Es gab da eine Auseinandersetzung im Bugtorpedoraum«, eröffnete Wegener das Gespräch.

Pauli plusterte sich in seiner Lederjacke auf, an der er seine HJ-Auszeichnungen trug, wie Wegener wieder einmal auffiel. »Ich werde mich sofort darum kümmern, Herr Kaleu! Denen werde ich schon die richtigen Umgangsformen beibringen!«

»Eine interessante Formulierung. Das Problem bei der ganzen Angelegenheit ist nur, dass Sie für diesen Streit verantwortlich sind, Herr Pauli.«

Der IWO öffnete den Mund und blieb erst einmal sprach- und regungslos sitzen.

»Sie haben nicht zufällig meinen Führungsstil und die zu laxe Disziplin auf meinen Boot gerügt, Herr Pauli? Noch dazu vor einem einfachen Gefreiten? Ist das vielleicht Ihre Vorstellung von Führung und Disziplin? Den eigenen Kommandanten vor der Mannschaft zu kritisieren?«

Pauli wurde blass.

»Sie waren doch HJ-Führer und sind lange genug bei der Kriegsmarine, um zu wissen, dass ich Sie jetzt in ernste Schwierigkeiten bringen könnte, oder, Leutnant?«

Der IWO schluckte und leckte sich nervös über die Lippe, bevor er sich zu einem knappen Nicken überwinden konnte.

»Lassen Sie mich hier mal Klartext reden, Herr Pauli! Ich habe Sie bereits gebeten, Ihre Phrasen hier an Bord zu unterlassen, aber jetzt befehle ich es Ihnen! Wenn Sie etwas an meiner Führung kritisieren möchten, so steht Ihnen das selbstverständlich frei, aber nur hier in meiner Kammer und unter vier Augen, jedoch nicht vor der ganzen Mannschaft! Haben Sie das jetzt ein und für allemal verstanden, Herr Pauli?«

Der IWO zuckte vor dem scharfen Tonfall des Kommandanten zurück, schien förmlich in sich zusammenzusacken und sagte dann kleinlaut: »Jawohl, Herr Kaleu.«

»Gut. Reißen Sie sich am Riemen, das rate ich Ihnen, oder Sie werden feststellen müssen, dass ich in gewissen Punkten genau so viel Wert auf Disziplin legen kann wie Oberleutnant Röll.«

Wegener stand auf und der IWO sprang ebenfalls auf die Füße.

»Ich bitte um Verzeihung, Herr Kaleu«, rang sich Pauli eine Entschuldigung ab. »Es wird nicht wieder vorkommen.«

»Sehr schön, Herr Pauli. Das Thema ist dann damit abgeschlossen.«

»Jawohl, Herr Kaleu.«

*

Ott stellte den Teller mit drei Spiegeleiern, gebratenem Speck sowie einer Scheibe Weißbrot vor dem Kommandanten ab. »Wünsche guten Appetit, Herr Kaleu.«

»Danke, Smut«, sagte Wegener, erfreut über das herzhafte Frühstück. »Was ist denn der Anlass? Geburtstag habe ich doch noch gar nicht.«

»Das sind leider die letzten frischen Eier, Herr Kaleu«, meinte Ott bedauernd. »Ab sofort gibt es nur noch Eipulver aus der Dose. Da hat der Herr Leutnant wieder etwas zu meckern.«

Der LI sah kurz von seinem eigenen Frühstücksteller auf. »Ich gelobe Besserung, Smut.«

»Daran werde ich Sie bei Gelegenheit noch einmal erinnern, Herr Leutnant.« Ott legte dem Kommandanten sein Haushaltsbuch zur Unterschrift vor, in dem die noch vorhandenen Lebensmittel aufgeführt waren.

»Wenn Sie bitte gegenzeichnen würden, Herr Kaleu.«

Wegener legte kurz die Gabel beiseite und unterschrieb. »Wie steht es denn mit unseren Vorräten?«

»Die reichen noch für gut dreieinhalb Wochen, Herr Kaleu, aber ich habe halt ab jetzt nur noch Büchsenfutter zur Verfügung«, antwortete Ott und nahm sein Haushaltsbuch wieder an sich.

Wegener tunkte ein Stück Speck in sein Eigelb und führte es in den Mund, kaute genussvoll und schluckte es schließlich herunter, bevor er sagte: »So, wie ich Sie kenne, werden Sie trotzdem wieder Erstaunliches auftischen, Ott.«

»Oh, da habe ich schon ein paar Ideen, Herr Kaleu«, bestätigte der Smutje prompt. »Wenn Sie den Speiseplan einsehen wollen…«

»Ah, das überlasse ich mal lieber dem LI«, grinste Wegener. »Der ist doch unser kulinarischer Fachmann.«

»Wie Sie meinen, Herr Kaleu«, sagte Ott und feixte beide Männer an, ehe er sich aus der O-Messe zurückzog.

Stefan Köhler

Der LI wischte seinen bereits leeren Teller mit dem letzten Rest Weißbrot sauber und schob ihn dann von sich. »Abgesehen von den wie immer zu kleinen Portionen kann ich mich diesmal wirklich nicht über das Frühstück beschweren.«

Der Kommandant lachte kurz und wurde dann wieder ernst. »Eine Frage, LI: Wir haben ja nun schon fünf Fahrten zusammen unternommen und Sie wissen, ich schätze sowohl Ihren Rat als auch Ihre Freundschaft ...«

»Das klingt bedenklich, Herr Kaleu«, meinte Stollenberg etwas ausweichend.

»Vielleicht ist es das ja auch«, gab Wegener zu und sah dem LI fest in die Augen. »Ich hätte gerne Ihre Ansicht zu unseren neuen Wachoffizieren gehört.«

Stollenberg fühlte sich erkennbar unbehaglich. »Herr Kaleu...«

»Im Ernst, Reinhold. Wir haben eine schwierige Aufgabe zu erfüllen und ich muss wissen, ob ich die mit unseren Offizieren angehen kann oder nicht. Deshalb bitte ich Sie um Ihre Meinung, ganz ohne Kniffe und Knoten.«

Der LI starrte einen Moment lag auf seinen leeren Teller und sortierte seine Gedanken. Die Position eines U-Bootkommandanten war nicht einfach auszufüllen; man war Vorgesetzter und Vorbild für die Männer, musste zugleich jedoch eine gewisse Distanz zu den Untergebenen wahren. Umso wichtiger war es für Wegener, wenigstens einige Bezugspersonen in der Mannschaft zu haben. Aber Engelmann und Schneider, ihre Wachoffiziere auf allen fünf vorangegangenen Fahrten, waren nicht mehr an Bord. Somit blieb dem Kaleu von den alten Hasen unter den Offizieren nur der LI.

Stollenberg hob den Blick wieder. »Gemessen an dem, was ich bisher von ihm zu sehen bekomme habe, würde ich meinen, dass auf unseren neuen IIWO verlass ist. Fähnrich Dahlen ist zwar noch etwas unerfahren, aber er hat auf jeden Fall den richtigen Riecher. Hinzu kommt, dass er sich auch nicht zu schade dafür ist, bei seinen Untergebenen um Rat zu ersuchen, und er kommt prima mit den Männern zurecht. Als persönliche Anmerkung bliebe mir noch zu sagen, dass mir seine Einstellung sehr zusagt.«

»Sie können ihn also gut leiden?«, fragte Wegener nach.

Der LI nickte zustimmend. »Ja, ich würde sagen, ich mag ihn.«

Das Gesagte deckte sich weitgehend mit Wegeners eigener Einschätzung. Der IIWO schien das Herz tatsächlich am rechten Fleck zu tragen, und das war beruhigend zu wissen.

»Was unseren IWO angeht«, sagte Stollenberg gedehnt, »da bin ich mir nach seiner letzten Aktion nicht mehr so sicher. Die hat sich nämlich in der Mannschaft herumgesprochen, und da hilft es auch nicht, dass er die letzten paar Tage nur noch auf Samtpfoten herumgeschlichen ist. Auf jeden Fall hat Pauli bisher keine sonderlich gute Vorstellung abgeliefert. Er wird sich noch ganz erheblich steigern müssen, wenn er es sich mit den Männern nicht endgültig verscherzen möchte.«

»Danke, Reinhold.«

»Keine Ursache, Herr Kaleu.«

Wegener stand auf und zog sich die Lederjacke über. »Ich gehe in die Zentrale.«

»Dann kann ich ja unseren Smut besuchen und den Speiseplan für die kommenden Wochen mit ihm durchgehen ...«, begann Stollenberg und grinste breit, als er den Blick des Kommandanten auffing. »War nur ein kleiner Scherz!«

»Das will ich auch hoffen, Sie Vielfraß! Wenn Sie den Speiseplan erstellen würden, würden wir hier in einer Woche ohne Lebensmittel sitzen und auf unseren Stiefelsohlen kauen!«

Der LI verschwand lachend in Richtung Maschinenraum.

Wegener glitt durch den Kugelschott in die Zentrale und sah den IIWO neben dem Obersteuermann und dem Navigationsgast am Kartentisch stehen. Sie übertrugen gerade den aktuellen Standort und die Uhrzeit auf die Seekarte.

Der IIWO sah Wegener zuerst. »Guten Morgen, Herr Kaleu. Das Boot läuft auf Kurs zwo-vier-null, die Maschinen machen Umdrehungen für sechs Knoten. Keine besonderen Vorkommnisse während der Wache.«

»Danke, Herr Dahlen.«

Leutnant Pauli kam ebenfalls durch den Schott. »Herr Kaleu. Fähnrich.«

»IWO.« Wegener sah interessiert auf die Karte. »Sie haben ja sogar die Positionen einiger britischer Kriegsschiffe in der Karibik eingetragen, Wisbar. Gute Arbeit.«

»Danke, Herr Kaleu«, sagte der Navigationsgast erfreut.

»Wo haben Sie denn die Positionen der Tommys hergezaubert?«, zeigte sich Pauli verwundert.

»Die Amis haben ganz offen im Radio gemeldet, dass zwei britische Zerstörer nach Antigua verlegt wurden.«

»Hm. Das ist ja sehr interessant.«

Der Tonfall des IWO brachte etwas im Inneren von Wegener zum Klingeln. Auf allen deutschen U-Booten wurden fast schon routinemäßig die gegnerischen Radiosendungen abgehört, denn die eigenen Sender hatten zum einen nicht die Reichweite und wurden zum anderen von den alliierten Störsendern überlagert. Wie also sonst hätte man an so nützliche Daten wie etwa Wettermeldungen kommen sollen? In diesem Fall erbrachte das Fischen im Äther sogar die Information, dass zwei britische Zerstörer in die Karibik verlegt worden waren. Für manchen Schreibtischtäter an der Heimatfront hingegen klang das Abhören von Feindsendern jedoch schon fast wie Verrat an Führer, Volk und Vaterland. Sollte Pauli nach der Abreibung durch seinen Kommandanten nun auf Rache sinnen, käme ihm so ein Vorwurf gerade recht. Bei Anschuldigungen wie Verrat schützte auch kein Ritterkreuz vor der Gestapo.

Vielleicht interpretierte Wegener aber auch einfach zu viel in die Antwort des IWO hinein, denn immerhin verhielt sich Pauli seit einigen Tagen sehr manierlich. Der Kommandant schüttelte den Gedankengang ab; es gab Wichtigeres zu besprechen.

»War im Radio zufällig auch etwas über die Stärke der Amis in Puerto Rico zu erfahren?«

»Leider nicht, Herr Kaleu.«

»Ich kann mir nicht vorstellen, dass die Amis dort sehr stark vertreten sind, Herr Kaleu«, warf Pauli ein.

»Oh? Und warum, IWO?«

»Nun, die Amis und die Tommys kassieren doch im Pazifik gegen die Japaner eine Niederlage nach der anderen. Die werden dort jedes einzelne Schiff brauchen, und können es sich wohl kaum leisten, eine größere Abteilung untätig in der Karibik herumhocken zu lassen.«

»Mag sein, mag nicht sein«, schaltete sich Dahlen hinzu. »Die enorme Bedeutung dieses Gebietes wird den Amerikanern aber durchaus bewusst sein, immerhin beziehen sie einen großen Teil ihres Öls aus Venezuela. Irgendeine Sicherung wird auf jeden Fall vorhanden sein.«

»Schon«, gestand ihm der IWO zu. »Aber die wird wohl kaum besonders umfangreich ausfallen.«

»Wir werden es in ein paar Tagen erleben«, meinte Wegener und tippe mit dem Finger auf die vor ihm liegende Seekarte, genauer auf den östlichen Teil von Puerto Rico. »Was unseren Auftrag angeht: Unser Ziel ist der im Bau befindliche Navy-Stützpunkt in Ceiba. Mein Plan ist es, des Nachts von Norden herkommend östlich an der Isla Palorninos entlangzulaufen und den Stützpunkt zu erkunden. Dann ziehen wir uns vorläufig zurück und legen uns irgendwo im flachen Wasser auf Grund. In der folgenden Nacht verminen wir die Hafeneinfahrt und versuchen dann, die Radarstation zu sprengen.«

Dahlen rieb sich das Kinn mit dem stoppeligen Bart. »Das ist ziemlich flaches Wasser, Herr Kaleu. Wenn uns ein Flugzeug entdeckt, bekommen wir Probleme.«

»Wir gehen natürlich in einem Gebiet auf Grund, das weitab aller bekannten Schifffahrtsrouten liegt. Dort sollten wir relativ sich vor Patrouillenflugzeugen sein.«

»Verzeihung, Herr Kaleu«, sagte Pauli. »Aber wenn die Sicherungsmaßnahmen der Amis nicht stärker sind als bisher angenommen, sollten wir dann nicht sofort angreifen?«

»Das entscheiden wir, wenn es so weit ist.« Wegener richtete sich wieder auf. »Außerdem müssen wir den Zeitplan der anderen Boote bedenken. Wir müssen alle möglichst gleichzeitig zuschlagen, damit die anderen nicht den aufgeschreckten Amis oder Briten in die Arme laufen. Aber zuerst einmal benötigen wir mehr Informationen. Deshalb möchte ich, dass der Funkraum auch weiterhin die feindlichen Sendungen abhört. Vielleicht gelingt es Kleinschmidt und Voß ja, noch mehr nützliches aus dem Äther zu fischen. Sie sind mit diesem Vorgehen doch einverstanden, oder, IIWO?«

»Natürlich, Herr Kaleu.«

»IWO?«

Pauli sah auf. »Nun, ich denke, wenn die Alliierten schon so unvorsichtig sind und solche wichtigen Informationen einfach ausplaudern, dann sollten wir diese Quelle auf jeden Fall nutzen.«

»Sehr schön, meine Herren.« Damit hatte Wegener den IWO vor Zeugen dazu gebracht, das Abhören von Feindsendern gutzuheißen. Man konnte ja schließlich nie wissen ...

*

Das Wetter lieferte eine günstige Ausgangsstellung für ihr Vorhaben. Am Abend zog eine dichte, geschlossene Wolkendecke auf und es regnete leicht.

»Das passt aber nicht zu dem Bild, dass ich mir von der Karibik gemacht habe«, moserte Kubelsky, der Backbordausguck. »Sonnenschein, Palmen, weiße Sandstrände...«

»Hübsche Mädchen«, warf Franke ein, sein Kamerad auf der Steuerbordseite.

Das Wort Mädchen animierte die restliche Wache sofort dazu, die berühmtberüchtigten Verse anzustimmen: »Frau Wirtin hatte 'nen...«

»Schluss!«, ging der IIWO sofort dazwischen. »Lasst Frau Wirtin heute Nacht mal lieber in Ruhe und haltet die Augen offen. Sonst übersieht ihr vor lauter Träumereien noch ein Wachboot der Amis und dann ist ein für alle Mal Feierabend mit den Schweinereien.«

Wegener grinste stumm in sich hinein. Wenn die Männer erst mal richtig in Fahrt kamen, konnten sie sich stundenlang über die sexuellen

Stefan Köhler

Fähigkeiten der Bordellbetreiberin im sagenhaften Wirtshaus an der Lahn unterhalten. Aber der IIWO hatte recht, es gab für alles den richtigen Zeitpunkt.

»Blinklicht in eins-null-fünf«, meldete Kubelsky prompt.

»Das müsste der Leuchtturm auf der Isla de Culebra sein«, meinte Wegener. »An Steuerbord liegt dann die Isla de Palorninos und im Süden die Isla de Vieques. Kurswechsel! Neuer Kurs zwo-zwo-fünf. Umdrehungen für acht Knoten.«

»Kurs zwo-zwo-fünf, Geschwindigkeit acht Knoten.«

Einige Minuten später meldeten die Ausgucke die verschiedenen Navigationslichter mehrerer anderer Seefahrzeuge.

»Ganz schön viel los hier«, brummte Wegener. »Sind das Kriegsschiffe oder Frachter?«

»Ich kann ein Fischerboot ausmachen, Herr Kaleu«, meldete Franke an Steuerbord. »Ein Kutter in zwo-sieben-fünf. Entfernung etwa vier Seemeilen.«

»Behalten Sie ihn im Auge, Franke.« Wegener fragte im Horchraum nach: »Haben Sie was in zwo-sieben-fünf?«

»Klingt wie ein Fischkutter, Her Kaleu. Ein ganz alter Zossen.«

»Danke.« Wegener kam ein Gedanke und er gab die Anweisung, die Topplichter einzuschalten. Die roten und grünen Lichter des Bootes gingen an.

»Warum die Topplichter, Herr Kaleu?«, fragte Dahlen zögernd.

»Mit eingeschalteten Lichtern wird man uns nur für einen weiteren Fischkutter halten, der seinen Heimathafen anläuft. Inmitten dieses Lichtermeers fallen wir so weniger auf, als wenn wir weiter abgedunkelt fahren würden.«

»Frechheit siegt, was, Herr Kaleu?«, meinte der Fähnrich.

»Meistens schon. Niemand wird annehmen, dass hier ein deutsches U-Boot herumschippert, und dann auch noch mit voller Beleuchtung«, sagte Wegener und zog mit dem Finger die Unterseite seines rechten Augenlids herunter. »Trotzdem, Holzauge sei wachsam. Wenn es nicht klappt, können wir ja immer noch in den Keller verschwinden. Wie ich immer sage: Vorsicht ist eben die Mutter der Porzellankiste.«

Sie fuhren behutsam weiter in Richtung Ceiba. Die List schien zu funktionieren, mitten in diesem Meer aus Navigationslichtern fiel *U 139* überhaupt nicht auf.

Aber nicht nur die Fischerboote waren unterwegs, auch einige Fähren und Schoner kreuzten zwischen den vorgelagerten Inseln und der Hauptinsel.

Da meldete sich der Horchraum: »Horchraum an Brücke. Maschinengeräusch aus ein-sieben-acht, Entfernung weniger als sieben Seemeilen.«

»Ein Zerstörer?«, fragte Wegener alarmiert nach.

»Kein Zerstörer, Herr Kaleu. Klingt mehr nach Kohleantrieb.«

»Vorfluten! Klar zum Alarmtauchen!«, ordnete der Kaleu an. »Frage an den Funkraum: Empfängt unser FuMB etwas?«

»Funkraum an Brücke: Negativ, keine Anzeige«, meldete Kleinschmidt.

»Sichtkontakt in eins-sieben-acht. Aber ich erkenne den Schiffstyp nicht«, gab Kubelsky an.

Wegener hob das Nachtglas an die Augen. »Das ist ein Minensuchboot, aber ein ganz alter Kasten! Ein richtiges Museumsstück! Der muss noch aus der Zeit um die Jahrhundertwende stammen!«

»Das würde erklären, warum der Funkraum keine Radarabstrahlung auffängt. Der alte Kahn hat überhaupt kein Radar an Bord«, meinte Dahlen.

»Wollen wir's mal hoffen, IIWO. Ich kann mir jedenfalls nicht vorstellen, dass die Amis kein einziges modernes Schiff in einem so wichtigen Gebiet einsetzen«, dämpfte Wegener den Optimismus des Fähnrichs. »Das Boot bleibt klar zum Alarmtauchen.«

Der alte Minensucher schnaufte mit einer dichten Rauchwolke heran, ignorierte alles und jeden um sich herum und passierte *U 139* im Abstand von weniger als drei Seemeilen.

»Da dampft der Bursche einfach so blind und in voller Beleuchtung durch die Gegend«, sagte Wegener mehr zu sich selbst. »Ob der schon gehört hat, dass Krieg herrscht?«

»Seine Kameraden an der Ostküste und im Nordatlantik dürften das inzwischen gelernt haben«, meinte Dahlen und beobachtete den alten Kasten durch sein Nachtglas. »Von denen im Pazifik ganz zu schweigen.«

Der IIWO setzte das Glas ab. »Verstehen kann ich es trotzdem nicht so ganz. Vor drei Monaten haben unsere Boote hier einen ganz schönen Rabatz veranstaltet. Das kann doch nicht folgenlos geblieben sein.«

»Meine ich auch.« Wegener rieb sich den kribbelnden Nacken. »Ich spüre förmlich, dass da etwas nicht stimmt. Laufen wir für eine Weile auf Parallelkurs. Wenn der Kahn nach Ceiba will, erfahren wir vielleicht etwas.«

Einige Minuten vergingen schweigend, dann sagte Dahlen: »Herr Kaleu, ich habe noch einmal über den Sprengtrupp nachgedacht, der an Land gehen soll. Ich möchte mich freiwillig dafür melden.«

»So?«, fragte Wegener und zog eine Augenbraue hoch.

Stefan Köhler

»Ohne angeben zu wollen, Herr Kaleu, aber ich denke, ich habe hier an Bord die meiste Erfahrung, was den Nahkampf angeht. Nicht, dass das besonders viel Erfahrung wäre.«

Wegener musste grinsen. »Das könnte man Ihnen auch anders auslegen, IIWO.«

Dahlen stutzte kurz, dann lachte er leise. »Da haben Sie mich aber fein erwischt, Herr Kaleu! Wenn Sie Wert auf große Erfahrung in diesem *speziellen* Gebiet legen, dann sollten wir vielleicht doch lieber Herrn Stollenberg losschicken. Der gibt ja immer damit an, wie sehr die Marinehelferinnen auf ihn fliegen. Vielleicht kann er seinen Charme auch bei den Inselschönheiten wirken lassen.«

»Wäre ihm glatt zuzutrauen«, feixte Wegener. »Aber nein, lassen wir den LI mal lieber bei seinen Maschinen. Da ist er besser aufgehoben.«

Der Kommandant rieb für einen Moment gedankenverloren mit dem Daumen über den Rand der Brückenreling. »Was, wenn ich den IWO hätte schicken wollen?«

»Der IWO wird an Bord gebraucht.« Dahlen lächelte. »Und dann hätten Sie nicht *hätte* gesagt, Herr Kaleu. Und wenn Sie ehrlich sind, dann würden Sie am liebsten selbst gehen.«

»Sie kommen sich sehr schlau vor, wie?«, merkte Wegener launig an, doch der IIWO behielt sein Grinsen bei. »Also schön. Sie übernehmen das Kommando über den Sprengtrupp. Haben Sie schon eine Vorstellung, wen von den Männern Sie mitnehmen wollen?«

»Als erstes den Obergefreiten Lange, den Gefreiten Karst…«

»Was? Lange und Karst?«, wunderte sich Wegener. »Unsere beiden Streithähne?«

»Die haben sich längst wieder zusammengerauft, Herr Kaleu. Als ich neulich mit ihnen gesprochen habe, waren sie richtig verlegen, dass sie sich wegen so einer dummen Sache überhaupt erst in die Wolle bekommen haben.«

»Ach, Sie haben also schon mit Lange und Karst gesprochen? So, so«, sagte Wegener gedehnt und fasste den IIWO ins Auge. »Nur weiter. Mit wem haben Sie sonst noch alles gesprochen?«

»Mit dem Möller und unserem guten Kubelsky hier. Die beiden haben ja bereits gezeigt, dass sie sehr gut mit dem Schlauchboot zurechtkommen, Herr Kaleu.«

»Hm«, brummte Wegener nachdenklich. »Das wären dann zusammen mit Ihnen nur fünf Mann. Im Schlauchboot ist aber Platz für acht.«

»Manchmal ist weniger mehr, Herr Kaleu. Wir müssen ja auch noch die Sprengladungen und die Waffen mitnehmen. Alle von mir genannten Männer würden sich freiwillig für den Sprengtrupp melden.«

Wegener überlegte. Der IIWO hatte nicht nur gute Argumente vorgebracht, sondern sich offenbar auch schon eine geeignete Mannschaft für das Unternehmen zusammengestellt. Eigeninitiative war eine Eigenschaft, die der Kommandant sehr zu schätzen wusste. Und es sprach auch für den IIWO, dass sich die Männer alle freiwillig für den riskanten Einsatz gemeldet hatten.

»Hat Ihnen noch nie jemand erklärt, dass man sich nicht freiwillig melden soll? Aber gut, ich bin einverstanden, Herr Dahlen. Den Sprengtrupp führen Sie.«

»Danke, Herr Kaleu.«

»Danken Sie mir nicht, IIWO. Sorgen Sie nur dafür, dass Sie und die Männer wieder heil zurückkommen«, sagte Wegener eindringlich.

»Ich werde mein Möglichstes tun, Herr Kaleu.«

Immer noch einen harmlosen Fischkutter imitierend, begleitete das deutsche U-Boot den alten M-Bock eine weitere halbe Stunde lang. Inzwischen wechselte die Wache und Pauli tauschte den Platz mit Dahlen. Wegener zog es angesichts der Situation vor, auf der Brücke zu bleiben.

»Da juckt es einen schon in den Fingern, was Herr Kaleu?«, meinte Pauli und rieb sich in froher Erwartung die Hände. »Der gondelt einfach so herum, als herrschte tiefster Frieden. Es wäre ein leichtes, ihm mit einem Aal ein Paar Flügel verpassen. Anderseits lohnt dieser morsche Kasten noch nicht mal einen Torpedo …«

»Ich bezweifle, dass der Kahn überhaupt drei Meter Tiefgang hat.« Wegener richtete das Glas auf die näherkommende Küstenlinie von Puerto Rico. »Da laufen unsere Aale glatt unter ihm durch.«

»Mag sein. Ist trotzdem eine verdammte Schande, den Kerl einfach so ziehen zu lassen. Aber vielleicht erwischen wir ihn ja im Hafen.«

Der IWO sah Wegener an. »Herr Kaleu… Haben Sie schon entschieden, wen von den Männern Sie meinem Sprengtrupp zuteilen wollen?«

»Ihrem Sprengtrupp, Herr Pauli?«, fragte Wegener.

»Natürlich werde ich den Sprengtrupp anführen, Herr Kaleu. Sie müssen ja an Bord bleiben und nur ich habe den nötigen Rang. Außerdem halte ich es für meine Pflicht als Offizier des deutschen Reiches, diese Mission auszuführen!«, erklärte der IWO mit stolz geschwellter Brust, auf der er wie üblich seine HJ-Orden trug.

Wieder einmal wurde sich Wegener den Unterschieden zwischen seinen beiden Wachoffizieren bewusst. Pauli erwartete aufgrund seines Ranges, den Kommandotrupp führen zu können; Dahlen hatte sich freiwillig gemeldet und auch längst eine Mannschaft parat.

»Herr Dahlen hat sich schon freiwillig für den Kommandotrupp gemeldet, IWO«, sagte Wegener.

Stefan Köhler

Pauli presste angespannt die Lippen zusammen. »Der Herr Kaleu hat sich bereits entschieden?«

»Ich kann auf Sie hier an Bord nicht verzichten, Herr Pauli«, sagte Wegener, der sich um einen neutralen Tonfall bemühte. »Und der Fähnrich hat nun einmal eine gewisse Erfahrung, was den infanteristischen Teil des Auftrags angeht. Die geht uns beiden ab.«

Pauli war nicht sonderlich erbaut über diese Auskunft, aber er behielt sich eisern unter Kontrolle. »Ich denke, ich verstehe, Herr Kaleu.«

Wegener klopfte ihm ermunternd auf die linke Schulter. »Keine Sorge, IWO! Sie bekommen Ihre Chance, wenn wir erst einmal auf die alliierten Schiffe in diesem Gebiet losgehen.«

»Jawohl, Herr Kaleu«, antwortete Pauli wenig überzeugend.

»Herr Kaleu!«, rief Jost. Warnend deutete er nach Steuerbord. »Kontakt in drei-drei-fünf! Es ist nur schwierig zu erkennen, weil sich die Lichter der Stadt auf dem Wasser spiegeln, aber ich denke, da ist ein kleines Kriegsschiff bei der Halbzunge, die ins Küstenvorfeld ragt. Sehen Sie die Stelle? Und den dunklen Schatten auf dem Wasser?«

Wegener blickte angestrengt durch das Nachtglas. Vor dem Hintergrund der hell erleuchteten Stadt und des Hafens, waren eindeutig die schnittigen Konturen eines Kriegsschiffes auszumachen.

»Ja... da ist etwas! Klar zum Alarmtauchen!«

»Klar zum Alarmtauchen!«

Auch Pauli versuchte, den dunklen Schatten zu identifizieren. »Ziemlich klein der Pott... ist das vielleicht ein Schnellboot?«

»Die Umrisse passen nicht zu einem Schnellboot«, meinte Wegener kopfschüttelnd. »Kurswechsel! Neuer Kurs ist zwo-null-null! Halten wir lieber Abstand zu dem Kunden, bis wir mehr wissen.«

»Funkraum an Brücke«, meldete sich Voß aus dem Funkraum. »Radarsignal aus drei-drei-fünf.«

»Brücke an Funkraum: Hat man uns erfasst?«

»Ein Radarimpuls hat uns zumindest gestreift. Die Signalquelle scheint sich jedoch mehr auf den M-Bock zu konzentrieren.«

»Der lauert dem Minensucher auf?« Pauli konnte sich keinen Reim darauf machen. »Warum nur?«

»Horchraum an Brücke: Maschinenanlage in drei-drei-fünf wird hochgefahren. Sehr schnelle Schraube! Er rast mit AK los!«

Der unbekannte Kontakt beschleunigte und nahm Kurs auf den M-Bock. Dadurch wurden die Umrisse des unbekannten Kontakts im Lichtschein von der Küste nun zum ersten Mal klar bestimmbar. Am Bug befand sich eine Kanone, jedoch keine kleine Schnellfeuerkanone, sondern ein richtiges Geschütz. Hinzu kamen schnittige Aufbauten mit einem hohen Mast sowie zahlreiche Maschinengewehre und auf dem Achterschiff befanden sich Gestelle für Wasserbomben.

»Ach, du Schande!«, entfuhr es Wegener entgeistert. »Das ist eine amerikanische Korvette! Ein ganz moderner Entwurf!«

»Eine Korvette!« Vor Schreck erklang Paulis Stimme eine ganze Oktave höher. »Hat der uns etwa ausgemacht?«

»Dann würde er uns schon mit seinem Geschütz beharken«, knurrte Wegener grimmig.

»Sollten... sollten wir nicht sofort tauchen?«, fragte Pauli etwas kläglich.

»Wenn der Kommandant der Korvette mitbekommt, dass ein Kontakt einfach so von seinem Radar verschwindet, wird er erst recht misstrauisch werden und nachsehen. Nein, wir spielen weiter das harmlose Fischerboot.«

Die Korvette raste auf den Minensucher zu und schaltete ihre Scheinwerfer ein. Der alte M-Bock wurde in gleißendes Licht getaucht.

»Den Burschen auf dem alten Kasten wird im Augenblick ganz schön die Düse gehen«, vermutete Wegener. »Die haben glatt verpennt, dass hier ein Wachboot liegt.«

Das Klingeln der Alarmglocke des M-Bocks hallte über das Wasser zu *U 139* herüber.

»Sagte ich doch, IWO«, meinte Wegener zufrieden. »Die sind tatsächlich wie in Friedenszeiten durch die Gegend gezuckelt. Der Kommandant der Korvette hat sich offenbar entschieden, dem M-Bock eins auszuwischen.«

Die Scheinwerfer an Bord der Korvette erloschen und der Minensucher verschwand wieder in der Dunkelheit. Offensichtlich zufrieden mit seiner Tat, ließ der Kommandant der Korvette beidrehen und setzte sich neben den M-Bock.

»Ja, zeig dich in all deiner Pracht«, murmelte Wegener, der sein Nachtglas auf die schnittigen Aufbauten des kleinen Kriegsschiffs richtete. »Die Amis haben Radar auf ihren Korvetten. Wetten, dass sie auch ASDIC an Bord haben? Diese Schiffe sind für die U-Bootjagd gebaut, IWO!«

»Scheint so, dass die Amis doch nicht nur alten Schrott in der Karibik haben, Herr Kaleu«, meinte Pauli zerknirscht.

»Tja, immerhin sind wir nun wesentlich klüger als zuvor«, zeigte sich Wegener optimistisch und aktivierte den Befehlsübermittler. »Brücke an Funkraum: Hat die Korvette ihre Radaranlage noch eingeschaltet?«

»Funkraum an Brücke. Keine Anzeige mehr. Er muss entweder abgeschaltet haben oder er kann uns aus diesem Winkel nicht mehr erfassen«, verkündete Funkgast Voß.

»Danke.« Wegener schaltete ab. »Der Kommandant der Korvette hat sich nicht nur einen Spaß mit dem M-Bock erlaubt, er hat seine Leute gedrillt. Das ist wahrscheinlich ein nagelneues Schiff mit einer noch unerfahrenen Besatzung und da hat er die Chance zum Üben genutzt. Ich frage mich nur, wie viele von diesen Einheiten sich noch hier herumtreiben?«

»Sie denken an den Plan, die Radaranlage in Ceiba zu sprengen?«, fragte Pauli.

»Nicht nur. Ich denke an die anderen drei Boote unseres Rudels. Nicht, dass die Kameraden einer dieser Korvetten vor die Rohre laufen.«

»Daran habe ich gar nicht gedacht, Herr Kaleu«, gab Pauli zu.

Wegener lehnte sich zurück und betrachtete den Himmel. »Es klart langsam auf. Wir sollten uns besser ein schönes und ruhiges Plätzchen suchen, von wo aus wir den Hafen gut sehen können.«

*

Einen geeigneten Ort fanden sie eine Stunde später. Südlich von Ceiba ragten mehrere kleine Inseln aus dem Wasser, die alle unbewohnt schienen. Zwischen zwei dieser Inseln lag eine Stelle, die bis auf eine Wassertiefe von 50 Meter abfiel. Bis in die frühen Morgenstunden blieben sie an der Oberfläche und gingen dann auf Tauchstation. Durch die Inselgruppe hindurch blieb ihnen zwar nur ein sehr schmaler Streifen, durch den sie den amerikanischen Kriegshafen beobachten konnten, aber es reichte aus, um sich ein Bild von den Aktivitäten und den Verteidigungseinrichtungen zu machen.

»Die Abwehrstellungen sind noch nicht mal zur Hälfte ausgebaut, würde ich sagen«, gab Pauli seine Einschätzung bekannt. »Sicher, die Maschinengewehrnester sind so gut wie fertig, aber mit den ganzen Bunkern für die schweren Geschütze haben sie gerade erst angefangen.«

»Für unser Boot brauchen sie auch keine schweren Geschütze«, meinte Dahlen, der mit Wisbar am Kartentisch stand und die Beobachtungen des IWO in die Karte übertrug. »Vom Schlauchboot ganz zu schweigen.«

»Aber Sie wollten doch unbedingt das Kommando über den Sprengtrupp«, meinte Pauli ein wenig zu schnippisch und sah herüber. »Haben Sie nun etwa kalte Füße bekommen, Fähnrich?«

»Nein, Herr Leutnant«, gab Dahlen etwas frostig zurück. »Ich werde mein Möglichstes tun, um diesen Auftrag ausführen.«

»Wenn Sie das sagen, Fähnrich.«

»Sind zwischen der Küste und den Radaranlagen irgendwelche Fußstreifen unterwegs?«, kam Dahlen wieder zum Thema zurück.

Pauli drehte das Periskop ein Stück nach links. »Ja, da ist eine Zwei-Mann-Streife am Ufer.«

Der Leutnant konnte zwei Soldaten erkennen, die lässig über den Sand schritten. Hinter ihnen und den Dünen erhob sich ein kleiner Hügel, der etwa 100 Meter hoch sein mochte. Auf der Kuppe waren die Antennen der Radaranlage auszumachen.

»Bis zur Hügelkuppe sehe ich keine weiteren Posten, aber ich kann eine MG-Stellung erkennen, die in Richtung See absichert. Vom Ufer bis zur Radarstellung dürften es so an die 500 Meter sein.«

»Hm, das klingt bedenklich. Das sind weit stärkere Sicherungsmaßnahmen, als man höheren Ortes gedacht hat«, meinte Dahlen grüblerisch. »Können Sie nachsehen, ob im Hafen vielleicht auch noch ein Wachboot postiert ist?«

»Einen Augenblick.« Der Leutnant drehte das Sehrohr zurück und widmete seine Aufmerksamkeit der Hafeneinfahrt. Dann schwenkte er das Sehrohr noch ein Stückchen weiter. »Tatsächlich! An der linken Seite der Hafeneinfahrt liegt ein Schnellboot!«

Fast hätte Pauli das kleine Seefahrzeug übersehen, denn es lag im Schatten des Hügels.

»Ein Schnellboot?«

»Vier Torpedorohre auf dem Deck, zwei MG-Stände mittschiffs, sowie eine Zwo-Zentimeter am Heck«, zählte Pauli auf.

Dahlen zog das Schiffserkennungsbuch zu Rate. »Ja, das klingt nach einem amerikanischen MTB.« MTB stand für *Motor Torpedo Boat*, wie Briten und Amerikaner ihre Schnellboote bezeichneten. »Laut Handbuch kann er auch noch Wasserbomben mitführen.«

Pauli klopfte nachdenklich gegen das Rohr des Periskops. »Sollte ihr Trupp das MTB nicht lieber ausschalten, bevor wir versuchen, unsere Minen im Hafen zu legen? Wenn die Radaranlage hochgeht, wird der Teufel los sein, und wenn uns der Bursche da auf den Pelz rückt, dann haben wir ein Problem.«

»Ich weiß nicht genau. Beides zusammen wird schwierig werden«, meinte Dahlen.

»Ach, ich dachte, Sie könnten das alles«, stichelte Pauli.

Der Fähnrich musterte den Ersten Wachoffizier eindringlich. »Herr Leutnant, betrachten wir doch einmal die Tatsachen: Dieser ganze Plan, den Hafen zu verminen und die Radaranlagen in die Luft zu sprengen, wurde von jemandem am grünen Tisch ausgebrütet, der keine Vorstellung davon hatte, wie sich die Lage hier vor Ort darstellt.«

»Wir haben den Befehl, beide Missionsziele zu erreichen«, erinnerte ihn Pauli.

Stefan Köhler

»Beide Operationen gleichzeitig zu versuchen, scheint mir wenig erfolgversprechend zu sein.«
»Und wenn wir einen zweiten Stoßtrupp losschicken?«, überlegte der IWO laut.
»Wir haben nur ein Schlauchboot an Bord, Herr Pauli«, hielt der Fähnrich dagegen. Er tippte mit dem Bleistift nachdenklich auf die Karte. »Um unseren Auftrag zu erfüllen, sollten wir zuerst mit dem Stoßtrupp das MTB ausschalten, dann den Hafen verminen und anschließend die Radaranlage auf dem Hügel mit unserer 10,5 zusammenschießen. Eine andere Möglichkeit sehe ich derzeit nicht, aber vielleicht haben Sie ja noch einen besseren Vorschlag?«
Pauli blickte den Fähnrich finster an, konnte jedoch nicht mit einem besseren Plan aufwarten.
»Möchten Sie, dass ich mit dem Kommandanten über diesen Vorschlag spreche, oder wollen Sie das selbst tun, Herr Leutnant?«, fragte Dahlen schließlich.
»Ich rede mit dem Kommandanten!«, stieß Pauli eingeschnappt hervor und verschwand durch den Kugelschott in Richtung Bug.
»Da geht er ab, der kleine Hitlerjunge«, murmelte Wahl.
»Das möchte ich nicht gehört haben, Herr Obersteuermann«, sagte Dahlen ruhig. »Sie sprechen immerhin über einen Offizier.«
»Mit Verlaub, Herr Dahlen: Der Pauli hat sich die letzten paar Tage zwar zusammengerissen, aber seit er weiß, dass Sie den Stoßtrupp führen und nicht er, hat er Sie wieder voll auf dem Kieker.«
»Das stimmt, das weiß jeder an Bord«, sprang Wisbar seinem Kameraden bei. »Der Leutnant hat sogar versucht, sich beim Karst zu beschweren, aber der hat ihn glatt abblitzen lassen.«
»Pauli hat…«, begann der überraschte Dahlen, unterbrach sich jedoch rasch selbst und sagte dann mit sehr ruhiger Stimme: »Und trotzdem sprechen Sie über einen Offizier, Obersteuermann.«
»Und das darf ich nicht, Herr Dahlen?«
»Menschenskind! Sie sind doch schon lange genug bei der Kriegsmarine, Wahl! Und Sie auch, Wisbar! Länger als ich! Sie sollten es nun wirklich besser wissen.«
Die beide Unteroffiziere nickten mit betretener Miene.
Dahlen atmete tief durch und winkte dann ab. »Schwamm drüber, aber konzentrieren Sie sich jetzt bitte wieder auf Ihre Pflichten.«
»Zu Befehl, Fähnrich.«
Innerlich immer noch aufgewühlt, trat Dahlen ans Sehrohr, verdrängte Leutnant Pauli mit Mühe aus seinen Gedanken und betrachtete den feindlichen Stützpunkt. Die amerikanischen Bautrupps schienen zügig voranzukommen. Überall fuhren Lastwagen und Baufahrzeuge herum.

Kräne beförderten Lasten, Männer errichteten Verschalungen, andere gossen Beton hinein.

Ein Schatten strich über *U 139* hinweg. Dahlen erschrak für eine halbe Sekunde, dann schaltete er auf das Luftzielrohr um. Ein kleines, einmotoriges Flugzeug war soeben über ihr Boot hinweggeflogen und steuerte den amerikanischen Stützpunkt an.

»Alarm! Feindliches Flugzeug über uns! Sofort Tauchen! Legen Sie das Boot auf Grund!«

»Boot auf Grund legen!«

Gurgelnd strömte Wasser in die Tanks und der Bootskörper senkte sich. Der Kommandant kam in die Zentrale, Pauli folgte ihm. »Bericht!«

»Ein kleiner Aufklärer hat uns überflogen. Ob wir entdeckt wurden, kann ich nicht sagen.«

Mit einem dumpfen Geräusch legte sich *U 139* auf Grund und die Männer federten den leichten Schlag mit den Knien ab.

»Wenn wir entdeckt wurden, jagt jeden Moment das Schnellboot los«, befürchtete Pauli. »Warum haben Sie denn nicht besser aufgepasst, IIWO!«

Wegener hob die Hand. »Was für ein Flugzeug war es, Fähnrich?«

»Ein kleiner Aufklärer, ähnlich unserer Fieseler Storch, Herr Kaleu.«

»Hm. Zentrale an Horchraum: Irgendwelche Maschinengeräusche vom Hafen?«

»Horchraum an Zentrale: Nur ein Kutter und ein kleines Motorboot. Keine schnelle Schraube.«

»Halten Sie die Ohren offen.« Wegener versuchte die anspannte Stimmung mit einem Lächeln zu vertreiben. »Diese kleinen Hüpfer werden oft als Verbindungsflugzeuge genutzt. Wahrscheinlich nur ein Routineflug.«

»Aber wenn wir doch entdeckt wurden? Wir sollten sofort von hier verschwinden«, drängelte Pauli, der unruhig hin und her zappelte. »Ich meine... Sie können das doch nicht einfach aussitzen ...«

»Nur die Ruhe, IWO. Ich weiß Ihre Besorgnis zu schätzen. Sollte das Schnellboot losfahren, treten wir den Rückzug an. Bis dahin werden wir genau das tun: Die Sache einfach aussitzen.«

Diese Ankündigung schien dem IWO nicht zu genügen. Er sah sich hilfesuchend in der Zentrale um, doch niemand machte Anstalten, ihm den Rücken zu stärken. So blieb ihm nichts weiter übrig, als sich in die Entscheidung des Kommandanten zu fügen.

Es folgten bange Minuten, die sich schließlich zu zwei Stunden ausweiteten.

»Na also«, meinte der LI schließlich. »Außer Spesen nichts gewesen. Diese Schlipssoldaten haben gar nichts von uns mitbekommen. Dann können wir ja in Ruhe essen fassen, oder?«
»Guter Vorschlag, Herr Stollenberg«, lachte der Kommandant. »Gegen Magengrimmen hilft eine anständige Mahlzeit immer!«

*

Sicherheitshalber blieb *U 139* noch bis in die späten Abendstunden unter Wasser; lange Stunden, in denen die Männer die meiste Zeit in ihren Kojen und Hängematten lagen, um nicht zu viel vom kostbaren Sauerstoff zu verbrauchen.

Nun aber brach der Turm von *U 139* durch die Wasseroberfläche, das Luk flog auf und frische Luft strömte ins Innere. Die Wache enterte die Sprossen hinauf und bezog Posten auf der Brücke.

»Teufel noch mal«, sagte Stollenberg in der Zentrale und sog genussvoll die gute Seeluft in seine Lunge. »Die Warterei schien ja überhaupt kein Ende mehr zu nehmen.«

»Ging leider nicht anders, LI«, meinte Wegener, während er sich vom Obersteuermann in die Jacke helfen ließ. »Ab Mittag fuhren so viele Schiffe und Boote hier herum, da hätte man uns garantiert sofort entdeckt.«

»Ja«, kicherte Stollenberg. »Unser IWO war ganz aus dem Häuschen und meinte jedes Mal, wir müssten den Rückzug antreten.«

»Lassen Sie das lieber, LI«, meinte der Kommandant, der mitbekam, wie sich die Gesichter der Männer zu einem teils hämischen Grinsen verzogen. »Ich bin auf der Brücke. Halten Sie das Schlauchboot in Bereitschaft.«

»Jawohl, Herr Kaleu!«

Wegener stieg nach oben, atmete die wohltuende Seeluft tief ein und hob dann das Nachtglas an die Augen. Die Lichter von Ceiba und die des Stützpunkts leuchteten wie im tiefsten Frieden. Sogar die Bojen, die die Fahrrinne in den Hafen markierten, waren eingeschaltet. Der Kommandant stellte die Schärfe seines Glases nach und nahm das Hafengebiet genauer in Augenschein. Eine zwei-Mann-Streife drehte auf dem Kai ihre Runde und verzog sich dann wieder in das kleine Wachhäuschen.

Der von Land her kommende Wind wehte Fetzen von Musik herüber.

»Die scheinen da drüben ja eine ganz ruhige Kugel zu schieben«, meinte Wegener. »Nutzen wir die Gelegenheit lieber. Schlauchboot klar machen! Stoßtrupp in Bereitschaft!«

Die Luke auf dem Achterschiff öffnete sich und Brandes tauchte mit dem Arbeitstrupp auf. Mit raschen Handgriffen bereiteten sie das Schlauchboot vor.

Der Fähnrich stieg auf den Turm. »Herr Kaleu, der Stoßtrupp ist einsatzbereit.«

Wegener warf einen Blick auf die Maschinenpistole, die Dahlen bei sich trug. »Seien Sie bloß vorsichtig mit dem Ding. Kommen Sie im Notfall damit überhaupt klar?«

»Keine Sorge, Herr Kaleu«, gab Dahlen gut gelaunt zurück. »Ich kann mit der MP28 umgehen.«

»Also dann: Viel Glück, IIWO.«

»Danke, Herr Kaleu. Melde mich von Bord«, sagte Dahlen und salutierte lässig.

Wegener legte die Hand an den Mützenschirm und der IIWO verschwand nach achtern. Über den Wintergarten stieg er auf das Deck hinunter, wo bereits Lange, Karst, Möller und Kubelsky auf ihn warteten. Gemeinsam nahmen sie im Schlauchboot Platz. Brandes winkte zur Brücke hinauf.

»Es ist so weit: Achterschiff fluten!«, ordnete der Kommandant an.

»Achterschiff vorfluten!«

Das Heck des U-Bootes sank in die Tiefe wie ein Fahrstuhl und Meerwasser überspülte das Deck. Brandes stieß das Schlauchboot ab und der IIWO winkte zum Abschied.

»Wir sehen uns in zwei Stunden!«

Wegener winkte zurück, dann sprang der kleine Motor an und das Schlauchboot tuckerte leise in Richtung Hafen davon.

»Achterschiff wieder anblasen!« Wegener sah dem kleinen Boot nach, während sich *U 139* wieder ausrichtete. »Achtung! E-Maschine: Umdrehungen für vier Knoten! Neuer Kurs zwo-neun-null!«

»Geschwindigkeit vier Knoten, Kurs zwo-neun-null!«

»Haltet mir ja die Augen offen, Männer!«, ermahnte Wegener die Wache. »Nicht, dass wir auf ein Motorboot oder etwas Ähnliches aufbrummen, dessen Skipper besoffen in seinem Kahn liegt.«

Leises Lachen antwortete ihm. Einige Minuten lang schob sich *U 139* vorsichtig immer näher an den Hafen an

»Ich halte es für ein nicht vertretbares Risiko, die Radarstation mit der Deckkanone zu beschießen, Herr Kaleu«, merkte Pauli an.

»Sie haben mir doch selbst diesen Vorschlag gemacht, IWO.«

»Ich meine ja nur, dass wir den Stoßtrupp vielleicht doch ein zweites Mal hinausschicken sollten, Herr Kaleu.«

»Herr Pauli!«, sagte Wegener, dessen Ärger in der Stimme nicht zu überhören war: »Sie haben diesen Plan vorgeschlagen und hatten

Stefan Köhler

ausreichend Gelegenheit, Ihre Bedenken gegen unser Vorgehen vorzutragen. Das haben Sie jedoch nicht getan, Sie waren damit einverstanden. Jetzt, wo die ganze Aktion bereits angelaufen ist, scheint es mir ein wenig zu spät und darüber hinaus noch unpassend zu sein, es sich noch einmal anders überlegen zu wollen!«

Der Leutnant schien sich unter diesen harschen Worten zu ducken.

»Herr Kaleu... ich wollte ja nur... die Sicherheit des Bootes...«

»Lassen Sie es gut sein, IWO.«

Der Kommandant sah wieder durch das Nachtglas. Das kleine Schlauchboot war in der Dunkelheit so gerade noch zu erkennen. Trotz der vorherrschenden Strömung würden sie in 15 Minuten den Hafen erreichen.

»Brücke an Bugtorpedoraum: klar zum Minenlegen!«, sagte Wegener in die Sprechanlage.

»Bugraum an Brücke«, antwortete Timmler prompt. »Die Rohre sind mit acht Minen bestückt und bereit.«

»Hier Brücke. Verstanden.«

Die Grundminen waren alle unterschiedlich eingestellt; einige würden sofort detonieren, wenn ein Schiff über sie hinwegfuhr, andere konnten mehrmals unbeschadet passiert werden, bevor auch sie krepierten. Das sollte den feindlichen Minenräumern die Arbeit erschweren; sie konnten nie ganz sicher sein, ob sie auch wirklich alle Minen aufgespürt und unschädlich gemacht hatten.

»Bei den Amis ist nichts los, alles nur Routine«, sagte Wegener mehr zu sich selbst, als er wieder das Glas an den Augen hatte. »Hoffen wir mal, dass es so bleibt.«

Der dunkelgraue Anstrich des U-Bootes ließ die flache Silhouette praktisch im Meer verschwinden; die einzige Ausnahme bildete der Turm. Die Schützen an den Maschinenwaffen von *U 139* schwenkten die Rohre der 3,7 und der 2 cm-Flak hin und her, suchten nach Zielen, die sie im Notfall sofort unter Feuer nehmen konnten. Die Männer unter Maat Räbiger an der schweren 10,5 verhielten sich da wesentlich ruhiger.

»Nur nicht nervös werden, Männer«, ermahnte Wegener. »Lassen wir die Amis schön schlafen.«

Das Schlauchboot erreichte das amerikanische MTB. Drei Gestalten kletterten die Bordwand hoch und verschwanden an Deck. Jetzt wurde es spannend; ein aufmerksamer Posten an Bord des MTB genügte, um den ganzen Plan zum Teufel gehen zu lassen.

»Sie sind an Bord des Schnellbootes«, sagte Pauli, der von Minute zu Minute nervöser wurde. »Sie sollten wirklich die Radaranlage...«

»Jetzt nicht, IWO!«, fuhr ihn Wegener an. Paulis Mund klappte zu und es war dem Kommandanten im Moment völlig gleich, ob der Leutnant nun beleidigt war oder nicht.

Jede Sekunde schien sich wie eine ganze Minute zu strecken, dann endlich blitzte auf Deck des MTB das vereinbarte Lichtzeichen auf.

»Sie haben es geschafft!«, stieß Wegener mit Erleichterung hervor. »E-Maschine Stopp! Bugtorpedoraum: klar zum Minenlegen!«

»Bugraum an Brücke: Rohre sind klar zum Minenlegen!«

»Dann raus mit den Teufelsdingern!«

Timmler und der Torpedomixer brachten die Minen ohne Störung aus den Rohren. Dabei übertrafen sie sich sogar noch selbst, luden die zweite Lage in Rekordzeit nach und legten auch diese in der Hafeneinfahrt aus.

»Alle Minen sind raus, Herr Kaleu!«

»Gut gemacht, Timmler«, lobte Wegener. »Richten Sie Ihrer Torpedomannschaft mein Lob aus.«

»Danke, Herr Kaleu.«

»E-Maschine: Volle Kraft zurück!«

»Volle Kraft zurück!«

Wegener schaltete das Sprechgerät ab. Das würde eine böse Überraschung für die Amis werden und sie garantiert einige Schiffe kosten, bevor sie alle Minen würden unschädlich machen können.

»Lichtsignal an den Stoßtrupp: Sie können sich zurückziehen«, wandte sich Wegener an den Signalgast, der mit der abgeblendeten Klappbuchs neben ihm stand.

Der Mann schickte drei kurze Lichtsignale rüber; zur Bestätigung blinkte es drüben einmal auf. Dann verließ der Stoßtrupp das MTB wieder. Die Bodenventile sollten sie geöffnet und zwei Ladungen Sprengstoff mit Zeitzünder im Rumpf hinterlassen haben. Allerdings stiegen nun sechs statt drei Männer ins Schlauchboot hinab.

»Was soll das denn?«, wunderte sich Wegener.

Das Schlauchboot löste sich aus dem Schatten des MTB, beschrieb eine weite Kurve und stoppte dann im knietiefen Wasser, nahe der Hafeneinfahrt. Drei Männer verließen das kleine Gummiboot, dass nun wieder vom Ufer zurückstieß und auf die offene See zu hielt.

»Dieser verrückte Hund! Setzt der doch glatt Gefangene an Land«, ging dem Kommandanten ein Licht auf. »Wenn das mal gut geht!«

Das Schlauchboot war noch keine 20 Meter weit gekommen, als plötzlich am Ufer ein greller Scheinwerfer aufleuchtete und die drei Männer am Ufer in gleißendes Licht tauchte. Dann blitzte Mündungsfeuer auf und die Gestalten warfen sich sofort zu Boden, während um sie herum der Sand aufspritzte. Laut rufend und wild gestikulierend versuchten sie, die Soldaten der Streife dazu zu bewegen, das Feuer wieder einzustellen.

Stefan Köhler

»Ruder zehn Grad Steuerbord«, befahl Wegener rasch. »E-Maschine Stopp! Halbe Kraft voraus! Achtung! Buggeschütz klar zum Einsatz!«
Maat Räbiger ließ eine Sprenggranate in die 10,5 cm-Kanone laden und das Geschütz nach links schwenken, bis es auf die Anhöhe mit der Radarstation zeigte.
Am Ufer war es den drei Männern inzwischen gelungen, die Situation zu klären. Der Lichtfinger des Scheinwerfers begann über die Wellen zu streichen. Das Schlauchboot fuhr zwar einen Zick-Zack-Kurs, wurde nun jedoch von dem Lichtkegel eingeholt. Am Ufer ratterte ein schweres Maschinengewehr los und weiße Einschläge spritzten um das Gummiboot herum auf.
»Feuer frei für die Zwo-Zentimeter auf das Ufer!«, wies Wegener die Geschützmannschaft der leichten Flak an.
Die 2 cm-Schnellfeuerkanone bellte sofort los und bestrich den Strand mit einem Hagel aus dicken Leuchtspurgranaten. Der Scheinwerfer erlosch in einem Funkenregen.
»Feuer einstellen!«
Die Flak verstummte so plötzlich, wie sie zuvor losgeschossen hatte.
»Herr Kaleu!«, stieß Pauli hervor, dessen Stimme in der nun wieder herrschenden Stille unnatürlich laut klang. »Wir sind aufgeflogen! Wir müssen sofort weg von hier!«
»Wir verschwinden gleich, IWO. Aber erst nehmen wir den Stoßtrupp wieder an Bord.«
»Aber, Herr Kaleu! Das…«, begann Pauli mit einem verzweifelten Protest, brach dann aber ab, denn das Schlauchboot erreichte *U 139*.
»Das Achterschiff vorfluten!«
»Achterschiff vorfluten!«
Das Schlauchboot raste auf das Deck und stoppte kurz hinter dem Turm.
»Los, los, los! Alles an Bord!«, rief Wegener zum Heck hinab und sah, dass sich der Bootsmann daran machte, das Boot an Bord zu holen.
»Brandes! Vergessen Sie das verdammte Schlauchboot! Lassen Sie es einfach treiben!«
»Jawohl, Herr Kaleu! Alles unter Deck!«
Geschwind verschwanden die Männer durchs Luk auf dem Achterdeck, allerdings fiel Wegener auf, dass ein Mann gestützt werden musste.
»Achterschiff anblasen!«
»Achterschiff anblasen!«, wiederholte der Befehlsübermittler.
Die ganze Knallerei hatte sowohl den Stützpunkt als auch die Stadt aufgeweckt. Eine Trompete blies ein Hornsignal und auf der Korvette und dem alten Minensucher im Hafen schrillten die Alarmglocken los.

»Jetzt müssen wir uns sputen! Buggeschütz: Feuer frei auf erkanntes Ziel!«

Die 10,5 cm-Kanone bellte los und der Mündungsblitz riss die vordere Hälfte von *U 139* aus der Dunkelheit. Eine Sekunde später leuchtete es auf der Hügelkuppe grell auf, als die schwere Sprenggranate zerplatzte und 20 Meter neben der Radaranlage einen großen Trichter in den Boden riss. Geschützführer Räbiger verlegte sich auf Schnellfeuer und jagte innerhalb einer Minute fünf Schüsse aus dem Rohr. Schon nach der dritten Granate fegte es drüben auf der Anhöhe die Antennen der Radaranlage weg.

Die Männer der Brückenwache jubelten laut über den Treffer.

»Ruhe bewahren! Feuer einstellen! Geschützmannschaft wieder unter Deck! Maschine: Auf Diesel umkuppeln! Dreimal AK voraus! Heckraum: Rohr Fünf und Sechs klar zum Überwasserschuss!«, ratterte Wegener seine Befehle hervor.

Lärmend sprangen die Diesel an und kamen auf höchste Umdrehungen. Am Bug spritze die Gischt hoch, als *U 139* auf volle Fahrt beschleunigte und auf die hohe See hinausstrebte. Ceiba und der Stützpunkt der US-Marine wurden in ihrem Kielwasser rasch kleiner.

»Funkraum an Brücke!«, tönte es, wegen des Hämmerns der Diesel kaum verständlich, aus dem Befehlsübermittler. »Melde Radar-Kontakt in zwo-zwo-acht!«

Wegener fuhr herum und hob das Glas an die Augen. Er sah nur wenig, denn dem Gegner war inzwischen eingefallen, die Lichter des Stützpunktes zu löschen. Die einzige Lichtquelle stammte von der Hügelkuppe, auf der etwas brannte, womöglich der Treibstoff eines Generators. Doch dann entdeckte Wegener die eleganten Umrisse der Korvette. Wie war es möglich, dass der Amerikaner sein Schiff so schnell unter Dampf setzen konnte? War er die ganze Zeit über in Alarmbereitschaft gewesen? Vielleicht. Das Verhalten des feindlichen Kommandanten schien dafür zu sprechen.

»Das war eine unserer Minen«, stellte Wegener sachlich fest. 250 Kilogramm hochbrisanter Sprengstoff hatten der Korvette den Bug bis zu den Aufbauten weggerissen. Das kleine Kriegsschiff neigte sich fast umgehend nach Backbord und verminderte seine Fahrt, bis es gestoppt im Wasser trieb. Die See drängte mit Wucht in den aufgerissenen Rumpf hinein, der erkennbar nach unten sackte. An Deck herrschte ein heilloses Durcheinander. Männer riefen um Hilfe und nun flogen auch schon die ersten Rettungsflöße über die Reling. Dann sprang eine Handvoll Männer hinterher in die See, während andere versuchten, die Rettungsboote zu Wasser zu lassen. Aber das war bereits jetzt aussichtslos, denn die Korvette neigte sich immer weiter zur Seite; noch ein bisschen, und sie würde kentern. Das schien auch einer der Offiziere erkannt zu haben, denn eine laute Stimme trieb die Männer von den in den Davids festhängenden Booten zum Achterdeck, von wo aus sie dann ins Meer sprangen.

»Die ist verloren«, erkannte Wegener. »Horchraum: Noch etwas von der Korvette?«

»Eindeutige Sinkgeräusche, Herr Kaleu. Ihre Schotten brechen weg wie Streichhölzer.«

»Danke.« Wegener sah den IWO an, der mit großen Augen auf die sinkende Korvette starrte. »Sie übernehmen, IWO.«

Doch Pauli reagierte nicht, sondern schien etwas lautlos vor sich hin zu murmeln.

»Leutnant Pauli!«, fuhr ihn der Kaleu an, was Leben in den IWO brachte.

»Ja, Herr Kaleu?«

»Ich gehen nach unten, um nach dem Stoßtrupp zu sehen. Und Sie reißen sich jetzt mal zusammen, Herr Pauli!«

»Zu Befehl, Herr Kaleu.«

»Warschau! Ein Mann Zentrale!« rief Wegener hinunter, bevor er die Leiterholme hinabsauste. Innerlich kochte er. Pauli hatte völlig die Nerven verloren. So etwas hatte es schon gegeben, mancher ertrug den Seekrieg auf einem U-Boot eben nicht. Nach einer ärztlichen Untersuchung konnte man sich an Land versetzen lassen. Aber solche Zwischenfälle wurden für gewöhnlich in der Personalakte vermerkt. In Paulis Akte aber existierten keine Einträge dieser Art. Wegener war bereit, dem IWO noch eine letzte Chance einzuräumen, aber wenn er erneut versagte, dann würde er ihn nach ihrer Rückkehr sofort ablösen lassen.

Unten in der Zentrale erwartete ihn schon Brandes.

»Der Stoßtrupp ist vollständig zurück, Herr Kaleu, aber den Fähnrich hat eine Kugel erwischt.«

»Ist es schlimm?«, fragte Wegener sofort nach.

Der Oberbootsmann zuckte hilflos mit den Schultern. »Das kann ich nicht beurteilen, Herr Kaleu, aber geblutet hat er wie ein Schwein, wenn der Ausdruck gestattet ist. Der Ott ist schon bei ihm in der O-Messe.«

Der Kommandant ging nach vorne und erreichte die Offiziersmesse gerade rechtzeitig, um zu erleben, wie der Koch dem Fähnrich das nasse Hemd vom Oberkörper schnitt. Darunter kam eine heftig blutende, längliche Wunde am Rücken zum Vorschein.

»Tut mir leid, Herr Kaleu.« Dahlen rang sich ein gequältes Grinsen ab. »War mein Fehler.«

»Was ist denn überhaupt passiert? Was war mit den drei Amis?«, hakte der Kommandant nach, während Ott mit einem Stück Mull die Wunde abtupfte.

»Die drei Burschen hatten Wache und waren am Pennen, als wir an Bord gingen. Wir haben sie sofort hopsgenommen«, berichtete Dahlen und verzog das Gesicht, als der Smutje ihm das Blut vom Rücken wischte. »Ich konnte die drei Amis ja nicht einfach so mit dem MTB absaufen lassen. Und sie als Kriegsgefangene mit an Bord bringen, das ging ja auch nicht. Also entschied ich, sie am Ufer abzusetzen. Pech war nur, dass gerade eine Streife vorbeikam und sofort zu schießen begann.«

»Sie sind mir vielleicht eine Marke, Fähnrich!«, sagte der Kommandant kopfschüttelnd und richtete dann seinen besorgten Blick auf den Smutje. »Ist die Verwundung schlimm?«

»Ich glaube nicht, Herr Kaleu«, erwiderte Ott. »Scheint nur ein Streifschuss zu sein, der allerdings von der Schulter bis über den halben Rücken reicht.«

Ott deutete auf die knapp fingerdicke, blutige Scharte, die sich in das Fleisch des IIWO gegraben hatte, und kramte dann in seiner Instrumententasche herum. »Ich werde die Wunde reinigen und dann vernähen. Keine große Sache. Wollen Sie dabei zusehen, Herr Kaleu?«

Wegener wich zurück. »Danke, Ott, aber das überlasse ich lieber Ihnen. So was liegt mir nicht. Das wird schon wieder, Dahlen. Sie packen das.« Damit zog sich der Kommandant in die Zentrale zurück. Einige der Männer wandten sich mit einem fragenden Gesichtsausdruck zu ihm um.

»Unser Fähnrich hat einen Streifschuss am Rücken abbekommen, aber der Ott sagt, dass sei keine große Sache«, erläuterte Wegener.

»Klar sagt der das«, merkte Stollenberg an und grinste erleichtert. »Der hantiert ja auch jeden Tag mit blutigem Fleisch.«

Wegener verzog das Gesicht, als er an die Rückenwunde des IIWO denken musste. »Ich bin wieder oben auf der Brücke.«

Die frische Seeluft wird mir jetzt guttun, sagte sich Wegener und stieg die Leiter zur Brücke hinauf. Oben erwartete ihn bereits der Erste Wachoffizier.

»Glücklicherweise gibt es kein Anzeichen von Verfolgern, Herr Kaleu«, berichtete Pauli knapp.

»Die Amis werden Flugzeuge hinter uns herschicken, sobald die Sonne aufgeht«, meinte Wegener nüchtern. »Aber denen werden wir die Suppe versalzen. Kursänderung! Neuer Kurs eins-vier-fünf!«

»Neuer Kurs eins-vier-fünf!«

»Sie wollen nach Südosten ablaufen, Herr Kaleu?«, fragte Pauli nach.

»Der Gegner erwartet, dass wir uns nach Norden oder Nordosten absetzen«, führte Wegener aus. »Das wäre aus seiner Sicht ja auch der logische Schritt. Wir tun aber nicht, was der Ami erwartet, sondern laufen zwischen der Isla de Culebra und der Isla de Viques hindurch, um uns die ganzen Einzelfahrer vorzunehmen, die von Südamerika aus die Karibik durchkreuzen.«

»Verstanden, Herr Kaleu.«

*

U 139 lief nach Südosten ab, passierte die Isla de Vieques und drang in tiefere Gewässer vor. Und obwohl alle an Bord mit Suchflugzeugen rechneten, blieben sie aus der Luft völlig unbehelligt. Entweder suchten die Amerikaner am falschen Ort oder sie verfügten über keine entsprechenden Flugzeuge auf Costa Rica. Erstaunlicherweise wurde in den Radiosendungen am frühen Morgen der Angriff offen zugegeben: Ein unbekanntes U-Boot habe den US-Stützpunkt in Ceiba beschossen und einige leichte Schäden verursacht. Am Mittag dann erfolgten neue

Meldungen, die Angriffe auf drei weitere Basen in der Karibik thematisierten.

»So etwas gäbe es bei uns daheim nicht«, merkte Stollenberg an, als Funkgast Kleinschmidt dem Kommandanten in der O-Messe die abgefangenen Funkmeldungen vorlegte. »Da würde man so Angriffe entweder unter den Teppich kehren oder in irgendwelche Siegesmeldungen einpacken.«

»Schon möglich«, räumte Wegener ein, als er die Mitschrift überflog. »Sieht so aus, als wären unsere Kameraden mit ihren Aktionen ebenfalls erfolgreich gewesen. Dann heißt es ab jetzt, freie Jagd auf den feindlichen Schiffsverkehr.«

Die Ausläufer des Tiefdruckgebietes, die ihnen vor Ceiba so gute Deckung geliefert hatten, waren nach Norden weitergezogen. Über ihnen schien die strahlende Sonne vom blauen Himmel herab. Außerdem war es hier in der Karibik für die U-Bootleute ungewohnt warm. Doch die frische Seeluft in Kombination mit dem kräftigen Wind sorgten dafür, dass es auf der Brücke recht angenehm anmutete. Jeder der Männer war froh, an Deck zu dürfen und so der nach Diesel, Schimmel und ungewaschenen Körpern stinkenden Stahlröhre wenigstens für einige Zeit zu entfliehen.

»Wir hätten Sonnenöl mitnehmen sollen«, meinte Stollenberg, der ebenfalls nach oben gekommen war, um dem warmen Dieselmief unter Deck für einige Minuten zu entkommen.

Wegener rieb sich über den geröteten Nasenrücken. »Ja, das würde nicht schaden.«

Der Bug tauchte im Rhythmus der Wellen in die See und wirbelte im Sonnenlicht glitzernde Gischt auf; ein Bild, wie es jeder Seemann liebte.

»Herr Kaleu!«, rief Jost, der Ausguck an Steuerbord, und deutete auf das Wasser. »Sehen Sie mal!«

Eine Gruppe Delfine hatte sich zu *U 139* gesellt und kam ohne Scheu näher an das lärmende Boot heran. Abwechselnd sprangen die Tiere munter aus den Wellen empor, ganz so, als wollten sie die Menschen necken, die eine komische Stahlröhre benötigten, um im nassen Element zu tauchen. Der Anblick berührte etwas in den Männern.

Wegener riss sich mit Gewalt von dem fesselnden Treiben der Tiere los und bemerkte, dass die Ausgucke alle die Delfine anstarrten. »Haltet trotzdem die Augen offen, Leute! Achtet auf eure Sektoren!«

Die Männer wandten sich wieder ihrer Aufgabe zu.

»Als wären wir auf einer Urlaubsreise«, seufzte Stollenberg und reckte sein bärtiges Gesicht der Sonne entgegen. Rasiert hatten sie sich alle zuletzt in Brest, denn das Süßwasser war knapp bemessen. Einige der Männer veranstalteten sogar Wettbewerbe darüber, wer seinen Bart auf die auffälligste beziehungsweise absurdeste Weise trimmte. Einige der daraus entstandenen Gebilde waren recht… interessant.

»Haben Sie etwas über unseren Versorger gehört, Herr Kaleu?«, wollte der LI wissen. »So, wie wir durch die Karibik pflügen, fange ich langsam an, mir ernste Sorgen wegen unseres Treibölvorrats zu machen.«

»Nichts Neues, was das angeht. Es sollte also beim vorgesehenen Termin und Ort bleiben.«

»Hoffentlich.« Stollenberg beugte sich zum Kommandanten vor und fragte flüsternd: »Irgendeine Idee, was wir mit dem IWO machen?«

»Ich überlege noch«, gestand Wegener ein. Dass Pauli während des kurzen Gefechts erstarrt war, hatte nicht unbedingt dazu beigetragen, dass Vertrauen der Besatzungsmitglieder in ihren Ersten Wachoffizier zu festigen. »Irgendwie finde einfach keinen Zugang zu Pauli.«

Eine U-Bootbesatzung war in der Regel ein eng verschworener Haufen; Neuzugänge hatten es da mitunter schwer. Das war üblicherweise nichts Persönliches, man kannte die Neuen nur eben nicht so gut wie die Kameraden, die bereits zusammen mit einem durch die Hölle gegangen waren. Man passte sich entweder sehr schnell an die Verhältnisse an Bord an und fügte sich in die Gemeinschaft ein, oder man stand auf verlorenem Posten. Dahlen hatte sich sehr gut angepasst, aber Pauli ließ durch nichts erkennen, dass er den gleichen Weg beschreiten wollte.

»Na ja, wenigstens geht es Dahlen so gut, dass der Ott meinte, er könne wieder leichten Dienst tun«, versuchte Stollenberg ein wenig Zuversicht zu verbreiten.

Der Fähnrich hatte den Streifschuss gut überstanden; der Sanitäter hatte die Wunde vernäht und dick verbunden. Zum Glück hatte sich bislang kein Fieber eingestellt, aber Ott hatte den IIWO vorsichtshalber trotzdem mit entzündungshemmenden Mitteln vollgepumpt.

»So wie ich ihn einschätze, wird das unseren IIWO nicht daran hindern, wieder auf der Brücke zu stehen, wenn wir uns die feindlichen Handelsschiffe vorknöpfen«, meinte Wegener.

Stollenberg stieß ein amüsiertes Schnauben aus. »Garantiert nicht.«

»Vielleicht wird unser Leutnant Pauli ja milder gestimmt, wenn ich ihm den Schuss auf den ersten Frachter überlasse, der uns vor die Rohre läuft«, überlegte Wegener vor sich hin. »Von solch einer guten Gelegenheit träumt schließlich jeder IWO.«

»Meinen Sie? Ich habe da so meine Zweifel«, merkte Stollenberg an. Dann warf er einen Blick auf seine Armbanduhr. »Ich sollte lieber wieder nach unten gehen. Ich wollte meine Leute noch mit einigen Übungen malträtieren.«

»Ein guter Gedanke, Reinhold.«

So setzte auch Wegener wieder Rollenschwoof an: allgemeine Alarmbereitschaft, Übungen für die Bedienungen der Flak und der 10,5 cm-Kanone, Übernahme von Treibstoff von einem anderen U-Boot, Maschinenstörungen, Feuerbekämpfung, Lecksicherung. Die Männer fluchten über die erneuten Übungsszenarien, durch die sie von den Offizieren gejagt wurden. Erst am Abend schlug die Stimmung zum Besseren um, als Ott wieder eines einer kulinarischen Wunder auftischte. Zudem gab der Kommandant für das Abendessen pro Mann eine Flasche Bier aus dem stark begrenzten Vorrat frei, was dann auch die letzten Nörgler wieder versöhnlich stimmte.

*

Die Nacht verlief ohne besondere Zwischenfälle, aber als sich oberhalb der Kimm im Osten das erste Tageslicht zeigte, trieb die Warnung des Horchraums die Brückenwache unter Deck. *U 139* ging auf Tauchstation.

»Zentrale an Horchraum: Bericht!«, verlangte Wegener.

»Horchraum an Zentrale«, kam die prompte Antwort von Felmy. »GHG hat Schraubengeräusche in eins-sieben-sieben geortet. Entfernung sechs Seemeilen, schnell näherkommend. Ein Frachter oder Tanker, aber einer mit einer ganz modernen Maschinenlage.«

»Danke.« Wegener trat an den Kartentisch, wo der Kontakt gerade eingetragen wurde. »Hm, könnte aus Caracas kommen. Auf Sehrohrtiefe! Den Kerl sehen wir uns mal genauer an.«

»Auf Sehrohrtiefe gehen!«

Das Boot stieg wieder, bis es sich knapp sechs Meter unter der Oberfläche einpendelte.

»Sehrohr ausfahren!«, ordnete Wegener mit ruhiger Stimme an.

Das Objektiv glitt aus seinem Schacht heraus und Wegener drehte seinen Mützenschirm nach hinten, bevor er die Griffe herunterklappte und einen schnellen Rundblick nahm. Es schienen keine Flugzeuge am Himmel zu sein.

»Keine Flugzeuge in der Luft.« Der Kommandant schaltete die Optik um. »In der Tat, ein fetter Tanker. Ein ganz moderner sogar. Macht mindestens seine 15 Knoten und dürfte so an die 10.000 Tonnen haben. Und der Kerl ist sogar bewaffnet; er hat ein Geschütz am Bug. Sieht fast aus wie eine unserer 3,7.«

Ein bewaffneter Tanker, das war für U-Bootfahrer sozusagen ganz besonderes Edelwild. Die Männer in der Zentrale wechselten gespannte Blicke. Da fuhr der Wind über die Decks des Tankers und ließen die Flagge erkennen.

Stefan Köhler

»Ein Amerikaner«, berichtete Wegener und schaltete auf eine stärkere Vergrößerungsstufe um. »Ich kann jetzt sogar die Beschriftung am Rumpf erkennen: *Standard Oil and Transportation Company*.«

Von Standard Oil hatte jeder Seemann schon gehört; das Unternehmen gehörte schließlich zu den größten US-Ölfirmen, seine Tanker traf man auf allen Weltmeeren an.

Wegener bemerkte sofort, welche erwartungsvolle Spannung in der Zentrale herrschte. Die Männer gingen ihren Aufgaben in ungewöhnlicher Schweigsamkeit nach, aber die Blicke, die sie dabei wechselten, sprachen Bände.

»Kursänderung: Neuer Kurs eins-vier-fünf.«

Die Männer stießen sich gegenseitig in die Rippen; der Alte wollte ran an den Tanker.

Wegener wartete, bis das Boot den neuen Kurs fuhr, und ordnete dann an: »Sehrohr bleibt während der gesamten Fahrt ausgefahren.«

Damit ging der Kommandant natürlich ein gewisses Risiko ein – das aus dem Wasser ragende Rohr konnte leicht entdeckt werden. Aber er wollte den Tanker genau beobachten können. Um sicher zu gehen, dass der Tanker auch wirklich alleine unterwegs war, suchte er die See noch einmal nach allen Seiten ab. Aber der Tanker war alleine – und inzwischen ein großes Stück nähergekommen. Nach der Kursanpassung würde er *U 139* direkt vor den Bug laufen. Ein Angriff wie aus dem Lehrbuch wartete auf sie.

Wegener war so aufgeregt wie jeder seiner Männer und wollte den Angriff persönlich fahren, doch dann fiel ihm Leutnant Pauli wieder ein. »Wollen Sie ab hier übernehmen, IWO?«

Pauli sah verblüfft auf. »Ähm, natürlich, Herr Kaleu!«

»Dann bitte. Der Tanker gehört Ihnen«, sagte Wegener und trat vom Sehrohr zurück.

»Danke, Herr Kaleu!«

Erfreut nahm Pauli den Platz des Kommandanten am Objektiv ein.

Der IIWO stand am Rechengerät bereit und wartete ruhig auf die Daten.

Pauli nahm den Tanker ins Visier. »41 Grad relative Richtung«, gab der IWO an.

Der Rechner ratterte, als der Wert eingegeben wurde. »Peilung eingestellt.«

Pauli las die Entfernung von der ins Sehrohr eingravierten Skala ab. »Entfernung 2.500 Meter.«

Wieder ratterte das Rechengerät. »Entfernung eingestellt.«

Pauli hob den Kopf und wischte sich einige dicke Schweißtropfen von der Stirn. »Zentrale an Horchraum: Haben Sie irgendwelche anderen Kontakte im Gerät?«

»Horchraum an Zentrale: nur das Ziel«, berichtete Felmy. »Sonst keine weiteren Kontakte.«

»Er ist wirklich allein«, presste Pauli atemlos hervor. Welch eine Gelegenheit für ihn! Ein wildes Grinsen machte sich auf seinem Gesicht breit. Er sah zum Kommandanten rüber.

Wegener nickte ihm aufmunternd zu, dann blickte der IWO wieder durchs Periskop und las von der Skala unter der Entfernungsanzeige die neusten Werte ab. »Richtung jetzt 40 Grad relativ.«

Dahlen gab die neuen Werte ein. »Korrekturwerte eingestellt.«

»Entfernung jetzt bei 1.500 Meter.«

»Entfernung eingestellt.«

Pauli rief über die Bordsprechanlage den Torpedoraum im Bug: »Bugtorpedoraum!«

»Hier Torpedoraum«, tönte die Stimme von Oberbootsmann Timmler aus dem Lautsprecher.

»Wir feuern einen Fächer von zwei Torpedos, Tiefe auf fünf Meter einstellen. Rohr Eins und Drei klar zum Unterwasserschuss.«

»Verstanden, Tiefe auf fünf Meter einstellen. Rohr Eins und Drei klar zum Unterwasserschuss.«

»Fertig für letzte Positionsangabe«, meldete Dahlen am Rechengerät.

Pauli betrachtete die Skala. »Richtung jetzt 37 Grad! Entfernung 850 Meter!«

»Letzte Korrekturwerte angepasst«, meldete Dahlen.

»Torpedorohre Eins und Drei fluten, Mündungsklappen öffnen«, ordnete Pauli an, doch er hörte die Bestätigung von Timmler in seiner Erregung kaum. Das Blut rauschte wie wild in seinen Ohren und er leckte sich nervös über die trockenen Lippen. Er schaute ein letztes Mal durch das Periskop. Der Tanker hob deutlich gegen den goldenen Lichtstreifen zwischen dem dunklen Himmel und der noch dunkleren See ab. In wenigen Minuten würde die Sonne aufgehen und die Dunkelheit überstrahlen. Die dünne Wolkendecke färbte sich rosa. Es sah nach einem wundervollen Tag aus. Doch dann besann sich Pauli wieder auf seine Aufgabe.

Er atmete noch einmal durch und befahl: »Rohr Eins und Drei klar machen!«

»Rohr Eins und Drei sind klar!«, kam die Meldung aus dem Bugtorpedoraum.

Jetzt galt es! »Rohr Eins... los! Rohr Drei... los!«

Ein Ruck ging durch das Boot und gleich darauf ein zweiter.

»Eins und Drei sind los! Torpedos laufen!«

Dahlen drückte auf die Stoppuhr, während der LI und seine Mannschaft das Boot abfingen.

In der gespannten Stille, die nun folgte, schienen sich die Sekunden zu einer gefühlten Ewigkeit auszudehnen. Einzig das Ticken der Stoppuhr war zu vernehmen. Pauli behielt den Tanker im Fadenkreuz und wagte kaum zu atmen, während er in Gedanken die Sekunden herunterzählte. Jetzt! Doch nichts passierte. Keine Detonation, keine an der Bordwand hochspritzende Wassersäule.

Verwirrt sah der IWO durchs Periskop und konnte sich nicht erklären, was er da sah.

»Schon 30 Sekunden über die Zeit«, meldete Dahlen, wofür ihn Pauli mit einem wütenden Blick bedachte.

»Haben Sie die Werte richtig eingegeben?«, wollte Pauli wissen.

»Die Werte stimmten«, antwortete Dahlen. »Die waren so, wie Sie sie angesagt haben. Jetzt sind wir eine Minute drüber.«

Immer noch nichts. Eine zweite Minute verging, doch die erhoffte Detonation eines Torpedotreffers blieb aus. Die Männer in der Zentrale murrten. Nicht nur einer, sondern gleich zwei Fehlschüsse durch den IWO! Unfassbar! Dabei lag der Tanker doch wie auf dem Präsentierteller!

Pauli war sich der auf ihn gerichteten Blicke der enttäuschten Männer voll bewusst und lief in einer Mischung aus Zorn und Scham rot an.

»Man kann nicht immer Glück haben, IWO«, versuchte Wegener dem Leutnant über diesen peinlichen Moment hinweg zu helfen und klopfte ihm aufbauend auf die Schulter. Doch Pauli war zu zornig, um darauf zu reagieren, und trat sichtlich erregt einen Schritt beiseite.

Der Kommandant wollte schon persönlich ans Sehrohr schreiten, als sein Blick den IIWO streifte. Dahlen kontrollierte zusammen mit Wismar die in den Vorhalterechner eingegeben Werte darauf, ob sich vielleicht irgendwo ein Zahlendreher eingeschlichen hatte.

»Irgendein Fehler bei den Werten, IIWO?«, wollte Wegener wissen.

»Wir können nichts finden, Herr Kaleu. Die Vorhaltewerte und auch die Korrekturen waren korrekt eingestellt. Beide Aale hätten das Ziel treffen müssen.«

»Wenn Sie sich dessen so sicher sind, warum versuchen Sie es dann nicht selbst, Fähnrich!«, platzte es aus dem wütenden Leutnant Pauli heraus.

Wegener kniff die Augen zusammen und öffnete schon den Mund, um Pauli einen saftigen Einlauf zu verpassen, aber dann kam ihm eine Eingebung. »Ein sehr guter Vorschlag, IWO! Sie sind ja noch im Lernen begriffen, Herr Dahlen. Also versuchen Sie es, Fähnrich.«

Pauli blickte den Kommandanten konsterniert an, diese Reaktion hatte er mit seiner unbedachten Äußerung nicht auslösen wollen.

»Jawohl, Herr Kaleu!«, rief Dahlen begeistert, übergab die Stoppuhr an den Zentralmaat und eilte zum Periskop. Der IIWO warf einen schnellen Blick durch die Optik, lehnte sich zurück und sah Pauli ernst an. Dann beugte er sich vor, damit nur der IWO und der Kommandant hören konnten, wie er leise sagte: »Sie hatten die zweieinhalbfache Vergrößerungsstufe eingestellt, Herr Pauli. Dadurch erschien das Ziel näher, als es in Wirklichkeit war, und die Entfernungswerte stimmten nicht.«

Ein dummer Anfängerfehler! Und dann musste ihm das auch noch der Fähnrich unter die Nase reiben! Pauli begann erneut vor Wut zu zittern.

Wegener presste die Lippen zusammen, sagte aber nichts, sondern deutete nur auf das Sehrohr.

»Die Burschen an Bord des Tankers haben anscheinend nichts mitbekommen!«, meldete Dahlen.

»Nutzen Sie es aus, IIWO!«

»Jawohl, Herr Kaleu! Bugtorpedoraum! Rohr Zwo und Vier! Klar zum Unterwasserschuss! Die Torpedoeinstellungen bleiben wie zuvor«, befahl Dahlen über die Bordsprechanlage.

»Hier Bugraum. Zwo und Vier klar zum Unterwasserschuss, eingestellte Tiefe fünf Meter.«

Dahlen nahm die Peilung: »Richtung jetzt 34 Grad, Entfernung 550 Meter.«

Der Zentralmaat und Wismar gaben die Werte in den Waffenrechner ein. »Werte eingestellt!«

»Rohre Zwo und Vier fluten, Mündungsklappen öffnen«, ordnete Dahlen an.

»Zwo und Vier geflutet, Mündungsklappen offen.«

»Achtung, Bugtorpedoraum! Rohr Zwo… los! Rohr Vier… los!«

Die Aale rauschten aus den Rohren.

»Zwo und Vier sind los! Torpedos laufen!«

»Zeit läuft!«, meldete der Zentralmaat.

»Ruder hart Steuerbord! Beide Maschinen AK voraus! Neuer Kurs eins-acht-null!«, befahl der IIWO sofort, um sicherheitshalber etwas Abstand zum Tanker aufzubauen.

»AK voraus, Kurs eins acht null.«

»40 Sekunden!«, vermeldete der Zentralmaat. »Achtung! Jetzt!«

Donnernd sprangen an der Seite des Tankers zwei Wasserfontänen in die Höhe und der Donner der Einschläge hallte durchs Wasser.

Die Männer in der Zentrale brachen in lautes Jubelgeschrei aus.

Durch das Periskop konnte der IIWO verfolgen, wie gierige Flammen aus dem Tanker emporleckten. Die Ladung, wahrscheinlich Flugzeugbenzin, verteilte sich auf den Wellen und erzeugte einen hell lodernden Flammenteppich um den getroffenen Tanker. Bullernd explodierten weitere Tanks und die Aufbauten verschwanden in einem jäh emporzuckenden Feuerblitz. Ein brennender Sprühregen aus Flugzeugbenzin regnete im weiten Umkreis nieder.

Dahlen schluckte hart. Von der Besatzung des Tankers war wohl niemand davongekommen, und falls es doch jemand geschafft haben sollte, in die See zu springen, so würde ihn das flammende Inferno verschlingen. Dies war der erste Tanker, dessen Untergang er persönlich zu verantworten hatte, und das rasche, brutale Ende des Schiffes und seiner Besatzung wühlte ihn innerlich sehr auf.

Der Fähnrich trat vom Sehrohr zurück und machte dem Kommandanten Platz.

Wegener genügte ein schneller Blick auf den Tanker, um die Feststellung zu treffen: »Der ist am Ende.«

Der Schlussakt erfolgte rasch. Nacheinander entzündete sich das Flugzeugbenzin in den anderen Tanks und das ganze Schiff brach auseinander. Das schrille Kreischen des überlasteten Metalls war sogar an Bord von *U 139* zu vernehmen. Dann erfolgten einige donnernde Schläge, die vom Wasser übertragen wurden.

»Das sind die letzten Tanks, die es zerreißt«, sagte Wegener sachkundig. Nach einem letzten Blick auf das sinkende Wrack, befahl er: »Sehrohr einfahren! Machen wir, dass wir hier wegkommen! Beide Maschinen voll voraus! Neuer Kurs zwo-null-null!«

Das Boot entfernte sich rasch von der Untergangsstelle des Tankers. Wegener befahl bald aufzutauchen, um die überlegene Geschwindigkeit des Dieselantriebs zu nutzen. Mit 18 Knoten pflügte *U 139* durch sie Wellen.

Wegener stand nun auf der Brücke und sah zurück zu der riesigen Fackel und der Rauchsäule, die die letzte Position des inzwischen gesunkenen Tankers markierten.

»Jetzt, wo es hell wird, müssen wir mit Flugzeugen rechnen«, sagte der Kommandant. »Haltet mir ja die Augen offen, Männer.« Die Ermahnung war im Grunde überflüssig, die Männer wussten schließlich Bescheid. Wegener sah den niedergeschlagenen IWO an. »Machen Sie doch nicht so ein Gesicht, Herr Pauli. Jedem kann mal eine Zielpeilung daneben gehen, das ist doch kein Beinbruch.«

Der Kaleu grinste. »Dagegen ist selbst ihr Kommandant nicht gefeit.«

Paulis Gesichtsausdruck verhärtete sich. »Ich bin immer noch überzeugt davon, dass meine Peilung völlig korrekt war. Womöglich hat Fähnrich Dahlen ja doch einen Fehler gemacht.«

»Das wohl kaum, Herr Pauli. Die Schießunterlagen des Zentralmaats belegen, dass Herr Dahlen die Werte eingestellt hat, die Sie ihm angegeben haben.« Der Kommandant schüttelte den Kopf über das Verhalten des IWO. Das war keine Sturheit mehr, das war schon Verbohrtheit. »Wie gesagt, jeder kann mal einen Fehler machen. Beim nächsten Mal wird das nicht mehr passieren.«

Der Leutnant war offenkundig unzufrieden mit diesen Worten und setzte zu einer Erwiderung an, besann sich dann jedoch im letzten Moment eines Besseren und klappte den Mund wieder zu. Für etwa zwei Minuten schwieg er, doch dann schien ihm ein anderer Gedanke gekommen zu sein und er fragte: »Haben der Herr Kommandant schon entschieden, wie mit Fähnrich Dahlen weiter zu verfahren ist?«

Stefan Köhler

»Wie meinen Sie das, IWO?«, hakte Wegener verständnislos nach.

»Heer Dahlen hat die gesamte Mission gefährdet und sich so schwerer Pflichtverletzungen schuldig gemacht, Herr Kaleu«, sagte Pauli geradeheraus.

Dem Kommandanten stockte für eine Sekunde der Atem. Wollte Pauli etwa von seinem Versagen vor weniger als einer Stunde ablenken, indem er nun versuchte, Dahlen eins ans Zeug zu flicken?

»Hm«, brummte Wegener unverbindlich. »Darf man fragen, wie Sie so plötzlich auf diesen äußerst interessanten Gedankengang kommen, Herr Pauli?«

»Ich denke darüber schon länger nach, Herr Kaleu. Schon, seit Fähnrich Dahlen die drei Amis am Ufer abgesetzt hat«, behauptete Pauli staubtrocken. »Diese Handlung führte schließlich dazu, dass unser Boot von den US-Amerikanern entdeckt wurde. Wären wir versenkt worden, hätte das ja schwere Auswirkungen auf die Kriegsanstrengungen des Reiches gehabt. Somit hat sich Fähnrich Dahlen schwerer Pflichtverletzungen schuldig gemacht, vielleicht sogar der Wehrkraftzersetzung.«

Wegener beugte sich vor uns sagte mit ernster Stimme: »Das sind wirklich sehr schwerwiegende Anschuldigungen, die man nicht leichtfertig vorbringen sollte, Herr Pauli.«

»Herr Kaleu, ich erhebe diese Anschuldigungen keineswegs leichtfertig, sondern nach sorgfältiger Abwägung der Anweisungen, die in unseren Befehlen stehen«, versicherte Pauli etwas zu rasch. »Dort heißt es, dass eine Entdeckung durch den Feind möglichst lange hinauszuzögern ist. Die Handlungen des IIWO stehen dieser Order entgegen.«

»Zugegeben, wir wurden zwei Minuten früher entdeckt als ursprünglich geplant, aber wir haben unseren Auftrag erfolgreich zu Ende gebracht, IWO.«

»Das spielt im Hinblick auf unsere Befehle überhaupt keine Rolle, Herr Kaleu«, beharrte Pauli auf seiner Position. »Diese beiden Minuten hätten entscheidend für den Erfolg unserer Mission sein können.«

»Wollen Sie sich das nicht noch einmal überlegen, IWO?«

»Leider muss ich darauf bestehen, dass meine Anschuldigungen im Logbuch festgehalten werden, Herr Kaleu!«, zeigte sich Pauli unnachgiebig.

Aus dem Augenwinkel bemerkte Wegener, dass die Männer auf der Brücke jedes Wort des IWO mitbekommen hatten und nun fassungslose bis empörte Mienen zur Schau stellten. »Wenn Sie darauf bestehen, werde ich es so ins Logbuch aufnehmen, Herr Pauli. Ich gehe nach unten, um die entsprechenden Einträge vorzunehmen.«

»Ich danke Ihnen, Herr Kaleu!«

Wegener nahm das triumphierende Aufblitzen in den Augen des IWO wahr, drehte sich schnell um und sauste über die Leiterholme nach unten in die Zentrale. Seine Stiefel hatten gerade das Deck berührt, da sagte er schon: »Ich brauche sofort den LI und den Bootsmann in meiner Kammer!«

»Sofort, Herr Kaleu!«, antwortete der Zentralmaat, verwundert über die Laune des Kommandanten.

Wegener eilte wortlos nach hinten, betrat sein Quartier, hängte die Lederjacke an den Haken und setzte sich an seinen kleinen Klapptisch. Nach wenigen Augenblicken trafen Stollenberg und der Oberbootsmann ein. Rasch setzte sie Wegener über Paulis Eingabe in Kenntnis.

»Dieser dämliche Napola-Absolvent!«, explodierte Stollenberg. »Wie kann man nur so unglaublich vernagelt sein!«

»Ruhe, LI! Sind Sie verrückt geworden?«, fuhr ihm der Kommandant sofort über den Mund. »Die Mannschaft hört Sie noch!«

»Ist doch völlig egal!«, polterte Stollenberg grimmig. »Die Männer haben Pauli sowieso gefressen und ich ebenfalls. Zuerst seine ganze Phrasendrescherei, als nächstes die Nummer mit dem Karst, dann hat er die beleidigte Leberwurst gespielt, weil der IIWO das Kommando über den Stoßtrupp erhalten hat, und jetzt will er Dahlen in die Pfanne hauen, um von seinem dummen Anfängerfehler abzulenken! Und fragen Sie mal den Wahl und den Wismar, wie der IWO den Fähnrich in der Zentrale angegangen ist, als Sie nicht dabei waren, Herr Kaleu.«

»Woher wissen Sie das?«

Brandes hob leicht die Hand. »Die Männer bekommen doch mit, wenn zwischen den Offizieren dicke Luft herrscht, und reden darüber, Herr Kaleu. Der Wahl hat den IWO als kleinen Hitlerjungen bezeichnet und der IIWO hat ihn dafür ermahnt.«

»Das wurde mir nicht gemeldet?«

»Nein, Herr Kaleu. Der Dahlen wollte weder den Männern eins reinwürgen noch dem IWO«, fuhr Brandes fort. »Herr Pauli hatte nämlich zuvor noch versucht, sich beim Karst wieder über Sie und ihre Entscheidung bezüglich des Stoßtrupps zu beschweren, aber der wollte davon nichts mehr hören; der Karst hat seine Lektion gelernt.«

Wegener blickte den Oberbootsmann scharf an. »Und das alles haben Sie mir vorenthalten?«

»Ich habe ja auch erst später davon erfahren, Herr Kaleu, und da hat sich schon alles auf die Aktion vor Puerto Rico konzentriert.«

Der Kommandant klopfte mit dem Zeigefinger auf das Logbuch. »Das rückt diese ganze, leidige Angelegenheit hier in ein völlig anderes Licht.«

Stefan Köhler

»Ja«, meinte Stollenberg bedächtig. »Das sieht für mich wie ein ganz hinterhältiger Racheakt von Pauli aus, weil er den Torpedoangriff vermasselt hat. Ich persönlich kann an der Entscheidung, die Amis an Land zu setzen, nichts Falsches finden. Mit der ganzen Heimlichtuerei war es in dem Moment vorbei, in dem wir unsere 10,5 sprechen ließen. Und nach den geltenden Bestimmungen hatte der IIWO auch gar keine andere Wahl, als die Amis laufen zu lassen; das waren schließlich Kriegsgefangene. Von der menschlichen Seite mal ganz zu schweigen.«

»Das mit dem Einsatz der Kanone habe ich Pauli ebenfalls gesagt, aber er wollte das nicht gelten lassen, sondern bestand auf einem Logbucheintrag. Da habe ich keine andere Wahl, ich muss seine Eingabe offiziell ins Logbuch aufzunehmen.«

»Und wenn Sie die Eingabe als Brief ins Logbuch legen?«, schlug Brandes vor. »Vielleicht überlegt es sich der IWO ja nochmal.«

»Das glaube ich zwar nicht, aber das ist trotzdem ein sehr guter Vorschlag, Bootsmann«, sagte Wegener mit Erleichterung. »So machen wir´s.«

*

Die Besatzung von *U 139* ging die übliche Morgenroutine durch. Einige der Männer fluchten, weil der Übungsalarm sie von der Warteschlange vor der Bordtoilette zu ihren Stationen trieb. Jedoch war der Routinealarm ein notwendiges Übel, mit dem sich jeder U-Bootfahrer abzufinden hatte. Es konnte schließlich niemand wissen, ob als nächstes ein feindliches Kriegsschiff oder ein alliierter Flieger am Horizont auftauchte. Und schließlich halfen die ständigen Übungen gegen die sich immer mehr ausbreitende Langeweile an Bord.

Der Smutje hatte gerade das Mittagessen aufgetischt, als eine Meldung des Horchraums dazwischen platzte.

»Nicht mal zum Nötigsten hat man hier Zeit«, echauffierte sich Stollenberg, schob sich rasch noch die Gabel mit den letzten Makkaroni in den Mund, griff sich ein Brötchen und eilte dann kauend zu seiner Station in der Zentrale.

Wegener verfolgte die Ankunft seines Leitenden Ingenieurs mit einem amüsierten Kopfschütteln und wandte sich daraufhin dem Sprechgerät zu. »Zentrale an Horchraum: Meldung, bitte.«

»Horchraum an Zentrale«, kam die prompte Antwort von Felmy. »Zwo Kontakte in eins-sieben-fünf und eins-acht-drei. Entfernung zwischen fünf und sieben Seemeilen, langsam abnehmend. Der erste Kontakt könnte ein Tanker sein, der zweite ein Frachter.«

»Zentrale, habe verstanden.« Wegener rieb sich erwartungsfroh die Hände. »Hört sich so an, als stünde weitere Kundschaft vor der Tür. Auf Gefechtsstation!«

»Auf Gefechtsstation!«

Die Alarmklingel ließ die Männer erneut auf ihre Stationen eilen.

»Sehen wir uns die Burschen mal an. Auf Sehrohrtiefe gehen!«, ordnete der Kommandant an.

»Auf Sehrohrtiefe! Vorne und hinten oben fünf«, sagte Stollenberg zu seinen Technikern. »Und zwar schön langsam, Männer. Wir wollen das scheue Wild doch nicht verschrecken.«

Der LI hätte sich keine Sorgen machen müssen, wie Wegener einige Minuten später erkannte; der Tanker und der Frachter zuckelten unbeirrt gen Norden. Der Kaleu nahm einen raschen Rundblick durch das Luftzielfernrohr. »Keine Flugzeuge in der Luft. Sieh an, sieh an. Tatsächlich ein Tanker und ein Frachter, dazu noch Amerikaner! Glück muss der Mensch haben, Leute. Ich denke, wir können ein Auftauchen riskieren und die Besatzungen mit Blinkzeichen in die Rettungsboote jagen, ehe wir die Kästen unter Wasser treten.«

»Wollen Sie dieses Risiko wirklich eingehen, Herr Kaleu?«, fragte Pauli nach. »Unsere Befehle…«

»Werden dadurch nicht verletzt«, stellte Leutnant Stollenberg fest. »Das sehen Sie doch auch so, IWO, oder?«

»Ja, sicher…«, gab sich Pauli ungewohnt kleinlaut. Er hatte rasch erkannt, dass in der Zentrale alle mit der Entscheidung des Kommandanten konform gingen.

»Also dann: Auftauchen! Brückenwache und Geschützmannschaften auf Station! Rohr Eins bis Vier klar zum Überwasserschuss!«

Das Boot durchbrach schäumend die Wasseroberfläche.

»Turm kommt frei. Boot ist aufgetaucht.«

Letzteres erschien den Männern unter dem Turmluk etwas übertrieben. Kaum wurde die Luke geöffnet, ergoss sich ein Schwall Wasser ins Innere und verpasste allen dort stehenden einen kräftigen Schauer.

»Wie erfrischend«, witzelte Zander, während er die Leiter hinaufstieg. »Das ersetzt die Dusche.«

Die Brückenwache bezog ihre Stationen und die Bedienungsmannschaften der Geschütze machten ihre Waffen schussfertig. Etwa 400 Meter entfernt brummte der Tanker heran.

Wegener spähte durch sein Fernglas zum Ziel hinüber und sagte: »Funkraum: Achten Sie drauf, ob die beiden Kerle über Funk um Hilfe rufen! Signalgast! Blinken Sie diesen Träumer mal an. Sagen Sie ihm, er hat fünf Minuten, um seine Männer von Bord zu bringen. Danach kassiert er einen Torpedo. Und warnen Sie ihn davor, seinen Funk zu benutzen!«

Der Signalgast schickte mit seiner Klappbuchs die Warnung des Kommandanten zum Tanker rüber. Jedoch zeigte der Amerikaner darauf nicht die geringste Reaktion.

»Schicken Sie es ihm noch mal rüber!«

Der Signalgast wiederholte die Warnung, doch der Amerikaner reagierte immer noch nicht.

»Schluss mit lustig!«, befand Wegener. »Räbiger! Setzten Sie ihm einen Schuss direkt vor den Bug!«

»Jawohl, Herr Kaleu!«, antwortete der Geschützführer der Bordkanone. »Einen Schuss vor den Bug! Ziel auffassen! Feuer!«

Rums!

Der Rückstoß der schweren 10,5 cm-Kanone ließ den gesamten Bootskörper erbeben.

Eine hohe Wasserfontäne stieg vor dem Bug des Ziels in die Höhe. Die Mannschaft des Tankers schien schlagartig aus ihren Träumereien aufzuwachen, denn das Wasser am Heck des Schiffes brodelte hoch, als die Maschine auf volle Kraft zurückgeschaltet wurde. Eine kleine Gestalt mit weißer Mütze auf dem Kopf erschien in der offenen Tür der Brücke und hob drohend die Faust in den Himmel.

»Hat man dafür noch Worte?«, sagte Wegener. »Räbiger! Holen Sie seine Funkantennen runter! Vielleicht macht ihm das Feuer unter dem Allerwertesten!«

Die Kanone spuckte eine Sprenggranate aus, die zum Tanker hinüberraste und den Funkmast auf dem Peildeck zertrümmerte.

Spätestens jetzt wusste der Kommandant des Tankers, was die Stunde geschlagen hatte. Er befahl seiner Mannschaft in die Rettungsboote. Etwa zwei Dutzend Männer ließen hastig die beiden Motorboote zu Wasser.

»Na, es geht doch, wenn man nur den richtigen Antrieb findet«, scherzte Wegener und sah auf die Bordwand des Schiffes. »*Waipahu Star*. Was schätzen Sie, wie viele Tonnen bringt der Tanker, IWO?«

Pauli betrachtete den Tanker mit einem Stirnrunzeln. »Ich würde sagen, so etwa an die 8- bis 9.000 Tonnen, Herr Kaleu.«

»Dann nehmen wir das so ins Logbuch auf.«

Tuckernd entfernten sich die beiden Motorboote vom Tanker. Als sie in sicherer Entfernung waren, machte der Kommandant seine Zielansprache: »Rohr Eins und Drei klar zum Überwasserschuss. Tiefeneinstellung auf acht Meter.«

»Rohr Eins und Drei klar, Tiefen-Einstellung auf acht Meter«, meldete Timmler.

»Rohr Eins und Drei fluten! Mündungsklappen öffnen! Achtung… Rohr Eins… los… Rohr Drei… los!«

»Eins und Drei sind los! Torpedos laufen!«

»Hart Backbord! AK voraus!«

Die beiden G7e jagten mit 30 Knoten auf den Tanker zu. Grollend sprangen an der Flanke des Schiffes zwei turmhohe Wassersäulen in den Himmel hinauf. Sekunden später leckten gefräßige Flammen aus den großen Löchern im Rumpf hervor und dichter, schwarzer Rauch stieg kräuselnd in die Höhe. Über das Tosen der Flammen war das Gurgeln des Meerwassers zu vernehmen, das ins Schiffsinnere strömte.

»Kurs eins-zwo-fünf, halbe Kraft voraus!«, ordnete Wegener an, um dem Frachter den Weg zu verlegen. Der entpuppte sich als kleiner Küstenfrachter von etwa 3.000 Tonnen.

»Na, das lohnt ja kaum einen Torpedo. Signalgast! Schicken Sie ihm unseren Spruch rüber!«

Die Klappbuchs ratterte los.

Im Gegensatz zum Kommandanten des Tankers zögerte der Frachterkapitän keine Sekunde. Seine Maschine wurde abgestellt und die Mannschaft verließ in wilder Hast das Schiff.

»Die haben es aber verdächtig eilig, wie? Weiß der Himmel, was die geladen haben. Wir halten lieber etwas mehr Abstand. Kurs drei-drei-null, bis wir einen Kilometer neben ihm stehen.«

U 139 setzte sich etwas von dem Küstenfrachter ab.

»In Ordnung, Räbiger! Der Frachter gehört Ihnen! Feuer frei!«

»Feuer frei!«

Räbiger und seine Geschützmannschaft jagten im Schnellfeuer sieben Schüsse hinaus, ohne dass die Treffer auf den Küstenfrachter eine größere Wirkung zeigten. Der achte Schuss aber verwandelte das gesamte Schiff in einen feuerspeienden Vulkan. Das Deck am Bug schien sich nach oben zu wölben, dann flog die Ladeluke auf und weiße Spuren aus Phosphor rasten durch die Luft. Mit einem höllischen Knattern gingen nur Sekunden später unzählige Munitionskartuschen hoch.

»Verdammt, der hatte ja Munition geladen!«, rief Jost über das Donnern und Krachen hinweg. »Kein Wunder, dass die Mannschaft sofort von Bord gegangen ist!«

»Alles in Deckung!«, bellte Wegener. Die Männer duckten sich hinter die Brückenreling, die Geschützmannschaft warf sich flach aufs Deck.

Mit einem gewaltigen, markerschütternden Donnern verschwand der Küstenfrachter in einer hellen Glutwolke. Metallteile regneten auf die Männer an Deck des U-Bootes nieder und ließen auch die letzten die Köpfe einziehen. Das Knattern und Fauchen der sich entzündenden Munition brach schlagartig ab und Stille legte sich wieder über die See.

Wegener spähte über den Rand der Brückenreling. Eine dunkle Rauchwolke, die nun langsam vom Wind zerfasert wurde, stieg in den blauen Himmel empor. Dort, wo eben noch der Küstenfrachter gewesen war, schwammen einige Trümmer. Luftblasen ließen die Wasseroberfläche schäumen, aber nur ein Teil des Hecks war von dem Schiff als solches noch zu erkennen. Und das wälzte sich nun herum und versank zwischen den Wellen.

»Ein hübsches kleines Feuerwerk«, kommentierte Wegener. »Ist jemand verletzt? Räbiger? Ist Ihre Mannschaft in Ordnung?«

Keiner der Männer auf Deck hatte bei der Explosion des Frachters etwas abbekommen.

»Glück muss man haben, oder man hat keins«, grinste der Kommandant erleichtert. »Wo sind die Boote mit den Amis abgeblieben?«

»Die machen sich sehr schnell nach Süden davon, Herr Kaleu«, meldete Jost von der Steuerbordseite. »Die haben wohl Angst, wir könnten ihnen an den Kragen gehen, nachdem uns ihr Schiff um die Ohren geflogen ist.«

»Na, wenn sie so dumm sind und das glauben wollen, dann sollen sie das ruhig tun. Funkraum: Hat einer unserer Kunden noch einen Funkspruch senden können?«, wollte der Kommandant wissen.
»Funkraum an Brücke: Keine Funksprüche aufgezeichnet.«
»Brücke hat verstanden!« Wegener war mit der Auskunft zufrieden. »Geschützmannschaft wieder unter Deck! Kurswechsel: Neuer Kurs eins-vier-fünf!«

*

Kurz vor dem Wachwechsel am Abend erspähte Franke ein weiteres Schiff, der ganz auf sich allein gestellt durch die Wellen pflügte.
»Mastspitze auf zwo-null-null, Herr Dahlen.«
Der IIWO, der gerade einen anderen Sektor mit dem Glas abgesucht hatte, fuhr herum. »Ist der Schiffstyp erkennbar?«
»Sieht nach einem Frachter aus, Herr Dahlen«, berichtete der Steuerbordausguck.
»Auf Gefechtsstation! Neuer Kurs zwo-vier-fünf! Wir schneiden ihm den Weg ab!«, rief der Fähnrich. Dann drückte er auf den Alarmknopf und die Klingel schrillte durch das ganze Boot. Die Freiwache sprang aus ihren Kojen und hastete, die Uniformjacke oder Hose noch in der Hand, auf die ihnen zugeteilten Stationen.
»Die 10,5 und die Flak feuerbereit machen!«, ordnete Dahlen noch an, bevor zuerst der Kopf und dann der restliche Körper des Kommandanten aus dem Turmluk auftauchte.
»Bericht!«
»Dampfer auf zwo-null-null, Herr Kaleu«, erstattete Dahlen sofort Meldung. »Steuern Abfangkurs zwo-vier-fünf, Boot macht Umdrehungen für zwölf Knoten. Und Franke war derjenige, der ihn als Erster ausgemacht hat.«
»Gutes Auge, Franke.«
»Danke, Herr Kaleu.«
Wegener richtete sein eigenes Glas auf den Frachter. »Noch so ein kümmerlicher Kasten. Der hat keine 5.000 Tonnen, das lohnt keinen Torpedo.«
»Herr Kaleu, sie wissen doch: Kleinvieh macht auch Mist«, grinste Dahlen. »Es kann ja nicht immer ein Tanker sein.«
Wegener lachte. »Auch wieder wahr, IIWO. Klar zum Artilleriegefecht! AK voraus!«
»10,5 cm klar zum Gefecht!«, rief Geschützführer Räbiger zurück. Seine Leute auf dem Vordeck schwenkten bereits das Rohr der Deckkanone in Richtung des Frachters.

Wegener sah nach hinten. Im Wintergarten hielten sich jeweils drei Männer an der 3,7 cm-Flak und an den beiden 2 cm-Schnellfeuerkanonen in Bereitschaft.

»Boot macht Umdrehungen für 18 Knoten, Herr Kaleu«, meldete Dahlen, der den Frachter genau im Auge behielt. »Der Dampfer macht etwa acht oder neun Knoten. Den haben wir gleich.«

»Sehr schön, IIWO.«

U 139 schloss von Steuerbord zu dem Dampfer auf und näherte sich bis auf etwa 1.000 Meter an. Über das Wasser hallte das Klingeln der Alarmglocke des Dampfers herüber.

»Er hat uns zwar gesehen, aber zu spät«, sagte Wegener und aktivierte den Befehlsübermittler. »Brücke an Funkraum: Achten Sie darauf, ob der Dampfer ein Notsignal sendet.«

»Funkraum an Brücke. Verstanden!«

»Kubelsky!«, wandte sich der Kaleu an den Obergefreiten mit der Klappbuchs. »Sagen Sie ihm, er soll seine Maschinen stoppen und die Besatzung in die Boote bringen. Er hat fünf Minuten.«

»Jawohl, Herr Kaleu.« Kubelsky ließ die Klappbuchs rattern.

»Funkraum an Brücke: Das Ziel sendet einen Hilferuf! Frachter *Halcyon*, 4.730 BRT – werden von deutschem U-Boot angegriffen!«

»Räbiger! Holen Sie seine Antennen runter!«, rief Wegener den Geschützführer an.

»Drauf, Jungs!«, sagte der Maat und die erste Granate zischte aus der 10,5 cm-Kanone. Sie schlug in die hinter der Brücke des Dampfers gelegenen Funkkabine ein. Flammen und Rauch stoben auf.

»Auf den Mast!«, wies Räbiger seine Mannschaft an und die nächste Granate jagte hinüber. Der zweite Treffer riss den Funkmast von den Aufbauten und schleuderte ihn zur Seite über Bord.

Auf der Brückennock des Dampfers tauchte eine Gestalt mit weißer Mütze auf dem Kopf auf und drohte ihnen mit der Faust. Erst dann gab der Dampferkapitän den Befehl, die Boote auszubringen.

»Hoffen wir mal, dass er jetzt genug Unsinn gemacht hat«, meinte Wegener. »Der Kerl ist fast so stur wie ein Brite.«

»Das ist ein Kanadier, Herr Kaleu«, sagte Dahlen und wies auf die am Heck wehende Flagge.

»Also nur ein halber Brite und ein halber Amerikaner«, grinste Wegener.

»Da bleibt aber nicht mehr viel Platz für den Franzosen, Herr Kaleu«, merkte der IIWO an.

»Eben.«

Die Boote wurden zu Wasser gelassen und die Männer legten sich kräftig in die Riemen, um möglichst schnell von dem Frachter weg zu kommen.

»In Ordnung, Räbiger! Schicken Sie den Kasten zu den Fischen!«
»Mit Vergnügen, Herr Kaleu!«
Rumms!
Das Deckgeschütz feuerte und die Erschütterung war im ganzen Boot zu spüren. Der Einschlag saß am Bug und ließ einen der kleinen Ladebäume schräg aufs Vordeck krachen. Räbiger und seine Mannschaft jagten neun weitere Granaten aus dem Rohr, als etwas auf dem Dampfer eine kleine Explosion auslöste und mittschiffs ein Feuer ausbrach.

»Obacht!«, warnte Wegener. »Nicht, dass der Kerl auch Munition geladen hat. Ruder zehn Grad Steuerbord! Gehen wir lieber etwas auf Distanz.«

Sie vergrößerten den Sicherheitsabstand auf etwa eineinhalb Kilometer.
»Zielen Sie auf die Wasserlinie, Räbiger!«
»Zu Befehl!«
Die Geschützmannschaft nahm einen raschen Zielwechsel vor und visierte nun genau die Wasserlinie des Dampfers an. Elf weitere Schüsse erzielten jedoch keine sichtbare Wirkung.

»Der Kahn schwimmt immer noch«, stellte Wegener bissig fest. »Möchte mal wissen, was der geladen hat.«

Zehn weitere Granaten wurden verfeuert. Der Dampfer brannte von Bug bis Heck und er hatte erkennbare Schlagseite, aber er wollte nicht unter gehen.

»Verdammt, der Kasten will einfach nicht sinken!«, rief Wegener frustriert aus.

Die 10,5 cm-Kanone schoss noch zwei Minuten weiter und setzte zehn neue Treffer in die Flanke der *Halcyon*. Dann geschah das, was schon keiner mehr erwartet hatte: Der Dampfer neigte sich mit erschreckender Schnelligkeit zur Seite und kenterte. Innerhalb weniger Minuten war er unter den Wellen verschwunden.

»Wurde auch Zeit«, knurrte Wegener. »Zehn Grad Backbord! Bringen Sie uns neben die Boote.«

U 139 schoss mit hämmernden Dieselmotoren an die beiden Rettungsboote heran. Die Männer in den Booten duckten sich ängstlich zusammen.

»Was haben die denn auf einmal?«, wunderte sich Dahlen. »Denken die etwa, wir wollen denen den Rest geben?«

»Schon möglich, IIWO.« Wegener rieb sich nachdenklich den Bart. »Die alliierte Propaganda stellt uns ja immer als heimtückische Mörder hin, die wehrlose Schiffbrüchige in ihren Rettungsbooten erschießen.«

Stefan Köhler

Ängstlich und zugleich misstrauisch spähten die Seeleute in den Booten zum Turm des U-Bootes herauf.
»Haben Sie Verwundete an Bord?«, rief Wegener ihnen auf Englisch zu. »Benötigen Sie eventuell medizinische Hilfe?«
Einer der Männer schüttelte mit dem Kopf.
»Wie sieht es mit Wasser oder Lebensmitteln aus?« hakte Wegener nach.
»Wasser haben wir«, lautete die knappe Auskunft.
»Brandes! Bringen Sie einige Notrationen nach oben!«, verlangte der Kommandant.
Nach zwei Minuten tauchte der Bootsmann auf und hatte eine Segeltuchtasche mit Konserven dabei. »Hier, Herr Kaleu.«
»IIWO, wollen Sie das übernehmen?«
»Jawohl, Herr Kaleu.« Dahlen ergriff die Tasche und turnte an der Seite des Kommandoturms hinunter. Das nächst Rettungsboot war nur fünf Meter entfernt, ein einfacher Wurf. Der Fähnrich holte weit aus und schleuderte die Tasche zum Rettungsboot hinüber. Einer der Matrosen fing die Tasche geschickt auf. Dahlen nickte den Männern zu und wollte den Turm wieder hinaufsteigen, als er hörte: »*He, Jerry!*«
Neugierig wandte sich der Fähnrich um.
Ein älterer Mann legte die rechte Hand an den Rand seiner weißen Mütze. »*Thanks.*«
Dahlen grüßte zurück. »*Good luck, Sir.*«
Rasch stieg der Fähnrich wieder in den Turm hinauf.
Auch Wegener grüßte den Kapitän im Ruderboot und befahl dann: »Ruder zehn Grad Steuerbord.«
Sie entfernten sich von den beiden Rettungsbooten und drehten wieder nach Süden ab.
»Wie wollen Sie das dem IWO näherbringen?« fragte Dahlen dann.
»Was bitte?« Wegener hatte zu den Rettungsbooten zurückgeblickt, die nun nichts weiter als kleine weiße Punkte in der schwankenden See waren.
»Unserem IWO wird bestimmt nicht gefallen, dass wir den Schiffbrüchigen einige unserer Rationen überlassen haben«, befürchtete Dahlen.
»So etwas gehört sich einfach, Herr Dahlen.« Wegener klopfte auf die Reling. »Wir haben Krieg, ja. Und den führen wir mit aller Kraft. Aber wie ich schon einmal sagte: Wir sind auch Menschen.«
Im Blick des IIWO lag etwas Seltsames, als er Wegener musterte. Eine Mischung aus Respekt und Bewunderung.
»Ich verstehe, Herr Kaleu.«

*

Wegener rieb sich mit der Hand über die Augen und gähnte herzhaft. Müde blickte er auf die Borduhr in seiner Kammer. In einigen Minuten begann seine Wache, also konnte er auch genauso gut gleich aufstehen. Er stemmte sich aus der Koje und schlüpfte in seine Bordschuhe.

Das vertraute Donnern der Dieselmotoren und das Summen des Entlüfters bildeten die vertraute Geräuschkulisse an Bord. Hinzu kamen die Geräusche der Männer und eine laut rauschende Toilettenspülung. Die Bordtoiletten waren eine ganz spezielle Angelegenheit; da sie auch unter Wasser funktionieren mussten, war die Handhabung der zahlreichen Ventile etwas trickreich. Der Unerfahrene bediente die Armaturen für gewöhnlich falsch und fabrizierte dann einen ebenso beeindruckenden wie unappetitlichen Springbrunnen. Aber nicht die Bordgeräusche waren es, die ihn hatten aufwachen lassen, die hatte sein Geist längst in den Hintergrund verdrängt. Nein, da war so ein an ihm nagendes Gefühl, eine Art drohendes Unheil, das ihn beschäftigte.

Vielleicht sind wir auch einfach nur alle vom Krieg verdorben worden, dachte Wegener. *Wir wittern ständig Gefahr, selbst wenn da gar nichts ist.*

Kopfschüttelnd schob der Kaleu den Gedanken beiseite und zog sich seine Lederjacke über. Er ging in die Zentrale und warf einen raschen Blick auf die Seekarte, bevor er in den Turm hinaufstieg.

»Guten Morgen, Herr Kaleu. Sie sind aber früh dran«, wunderte sich der IIWO. »Kurs eins-sechs-fünf liegt an, Maschinen machen Umdrehungen für zwölf Knoten. Während der Wache gab es keine besonderen Vorkommnisse.«

»Danke, IIWO.« Der Kommandant atmete die erfrischende Seeluft tief ein. »Ich konnte einfach nicht mehr schlafen.«

»Ein schlechtes Gefühl?«, horchte Dahlen sofort auf. »Da sind Sie nicht der Einzige.«

»So?«

»Der LI hat auch schon seine Runde gemacht. Ebenso der Bootsmann.« Der Fähnrich kratzte sich verlegen am Bart. »Und wenn ich über allen Maßen ehrlich sein soll, habe ich selber so ein dummes Gefühl im Nacken. So als ob sich irgendetwas über unseren Köpfen zusammenbraut.«

»Ich weiß, was Sie meinen«, sagte Wegener. »Ich spüre es auch.«

Erleichtert darüber, dass seine Befürchtungen nicht als Spinnerei abgetan wurden, lächelte Dahlen.

»Womöglich sehen wir ja auch einfach nur Gespenster, Herr Kaleu.«

»Womöglich«, stimmte Wegener zu, doch das unbehagliche Gefühl blieb.

Stefan Köhler

Der Kommandant lehnte sich gegen die Brückenreling und betrachtete den Himmel. Jeden Moment würde die Morgendämmerung heraufziehen, einer der gefährlichsten Augenblicke für ein U-Boot. Aus großer Höhe würde jedes Flugzeug das weiße V des Kielwassers ausmachen können, ohne selbst schon von der Mannschaft entdeckt werden zu können.

Dahlen blickte auf seine Armbanduhr. »Zeit für eine Horchrunde«, stellte er fest und aktivierte den Befehlsübermittler. »Brücke an Zentrale: Beide Maschinen Stopp! Horchrunde!«

»Zentrale an Brücke. Beide Maschinen stoppen für Horchrunde.«

Gespannt warteten die Offiziere auf der Brücke auf die Meldung aus dem Horchraum, doch die ließ auf sich warten.

»Kommt es mir nur so vor oder lässt sich der Felmy heute wirklich etwas Zeit?«, fragte Dahlen.

Da knackte es im Lautsprecher: »Horchraum an Brücke! Schraubengeräusche in zwo-vier-sieben! Klingt nach E-Maschine! Sehr nahe! Könnte ein U-Boot sein ... Jetzt eindeutiger U-Boot-Kontakt in zwo-vier-sieben! Entfernung eine Seemeile! Achtung! Torpedos im Wasser! Torpedos im Wasser!«, stieß Felmy aufgeregt hervor.

»Verflucht! Beide Maschinen AK zurück!«, rief Dahlen und kam damit dem Befehl des Kaleus nur um eine halbe Sekunde zuvor.

Feindliche Torpedos! Wenn die trafen, war es um sie geschehen.

Die beiden Schrauben drehten sich nun andersherum. Als sie kräftiger ins Wasser griffen, brodelte weißer Schaum am Heck auf. *U 139* schien sich regelrecht in die Wasseroberfläche zu verkrallen und begann immer schneller Fahrt achteraus zu nehmen.

»Ich übernehme, IIWO!«, kündigte Wegener an.

»Der Kaleu übernimmt«, bestätigte Dahlen sofort.

»Horchraum, wo stehen die Torpedos?«, rief der Kaleu ins Sprechgerät.

»Torpedos peilen in zwo-vier-vier! Schraubengeräusch nun in zwo-vier-neun!«

Dahlen hatte im Kopf mitgerechnet. »Das können wir noch schaffen.«

»Aber es wird knapp!« Wegener sah nach Steuerbord, in der Hoffnung, die anlaufenden Torpedos zu entdecken, aber die waren zum einen noch zu weit entfernt und zum anderen war es dafür noch nicht hell genug. »Beide Maschinen Stopp! Ruder hart steuerbord! Wir drehen auf den Gegner ein! Beide Maschinen AK voraus!«

Ein heftiger Ruck lief durch das Boot, als die Schrauben von voller Kraft zurück auf AK voraus umschalteten. Der Rumpf erzitterte und für einen Moment befürchtete Wegener, dass bei dem brutalen Manöver die Wellen Schaden nehmen würden, aber dann brodelte das Wasser am Heck auf und das Boot machte einen Satz nach vorne. Die Diesel hämmerten mit voller Leistung und der Kaleu konnte sich bereits ausmalen, wie der

LI auf die Misshandlung seiner über alles geliebten Maschinen reagieren würde, aber diese Überlegung musste nun erst einmal hintenanstehen.

»Torpedolaufbahn in zwo-vier-null!«, rief Kubelsky an Backbord und alles blickte ins Wasser – weit links vor ihrem Bug zog sich eine weiße Blasenspur entlang.

»Das war knapp«, stellte der IIWO lakonisch fest und wischte sich einen Schweißtropfen von der Stirn. »So ein Schreck zu früher Stunde!« Die Brückenwache lachte erleichtert auf. Der Tod war noch einmal knapp an ihnen vorbeigegangen. Der Grund war ein einfacher Rechenfehler. Als der feindliche Kommandant für seine Torpedos Ziel genommen hatte, lief *U 139* noch mit zwölf Knoten. Als die Deutschen dann für die Horchrunde stoppten, war seine Zielansprache hinfällig geworden, und die Aale liefen am Ziel vorbei. Man konnte es auch anders ausdrücken: Die Männer auf *U 139* hatten noch einmal kräftig Schwein gehabt.

»Für den Schrecken werden wir uns revanchieren!«, meinte Wegener grimmig. »Bugraum: Rohr Eins bis Vier klar zum Überwasserschuss! Horchraum, wo steht das feindliche U-Boot?«

»Kontakt dreht nach zwo-fünf-fünf ab, Herr Kaleu! Er bleibt an der Oberfläche!«

»Er hofft, noch mal zum Schuss zu kommen, aber dem machen wir einen Strich durch die Rechnung!«

Die Torpedobewaffnung der U-Boote war nur für den Einsatz an der Wasseroberfläche entwickelt worden. Niemand hatte je ernsthaft daran gedacht, dass sich zwei gegnerische U-Boote unter Wasser mit ihren Aalen beschießen könnten. Ein derartiges Szenario war bestenfalls Zukunftsmusik. Solange der Gegner allerdings in der Nähe der Oberfläche blieb, bestand durchaus die Hoffnung, ihn mit einem Torpedofächer zu treffen.

»Herr Kaleu!« Das bleiche Gesicht von Leutnant Pauli tauchte im Turmluk auf.

»Was wollen Sie denn, IWO? Wir sind beschäftigt!«, gab Wegener kurz angebunden zurück.

»Herr Kaleu, wenn wir es mit einem feindlichen U-Boot zu tun haben, sollten wir dann nicht lieber sofort tauchen?«

»Gehen Sie wieder in die Zentrale, IWO«, sagte Wegener.

»Aber, Herr Kaleu! Auf *U 69*... da war es Standardorder...«

»Kommen Sie mir jetzt nicht mit *U 69*, Herr Pauli!«, schnitt ihm Wegener das Wort ab und hatte alle Mühe damit, die Lautstärke seiner Stimme zu kontrollieren. »Unter Deck mit Ihnen! Das ist ein Befehl!«

Paulis Kopf verschwand wieder. Wegener war der IWO im Moment völlig gleichgültig. So eine rüde Tonart schlug er für gewöhnlich nie gegenüber seinen Offizieren an, aber Pauli hatte doch tatsächlich die Nerven, ihn während einer kritischen Gefechtssituation in die Parade zu fahren!

»Feindliches Boot jetzt in zwo-sechs-drei!«, meldete Sonargast Felmy und zwang den wütenden Kommandanten, den IWO aus seinen Gedanken zu verdrängen. »Höre Rumpfgeräusche... Gegner scheint auftauchen zu wollen!«

»Vielleicht kriegen wir ihn vorher«, meinte Wegener. »Achtung Bugtorpedoraum! Wir feuern einen Fächer aus allen vier Rohren! Tiefeneinstellungen von drei bis zehn Metern staffeln!«

»Hier Bugraum: Verstanden! Tiefeneinstellungen staffeln!«

»Brücke an Horchraum: Frage Peilung?«

»Horchraum an Brücke: Ziel peilt in zwo-sechs-fünf, Entfernung eine halbe Seemeile!«

»Brücke an Bugtorpedoraum: Achtung! Peilung zwo-sechs-fünf! Rohr Eins... los! Rohr Zwo... los! Rohr Drei... los! Rohr Vier... los!«

Vier Erschütterungen liefen durch den Rumpf.

»Rohre Eins bis Vier sind los! Torpedos laufen!«

»Brücke hat verstanden! Neuer Kurs zwo-sechs-fünf! Wir behalten den Bug beim Gegner.«

Die vier Aale rasten durch das Wasser. Ein Treffer war in dieser Gefechtslage reine Glückssache, aber bei einem Fächer aus vier Torpedos war eine gewisse Trefferwahrscheinlichkeit durchaus gegeben.

»Feindliches U-Boot taucht auf!«, rief Kubelsky, und tatsächlich, fast direkt vor ihrem Bug schoss der Turm eines U-Bootes aus der Tiefe hervor.

»Alle Schotten dicht! Klar zum Rammen!«, befahl Wegener für den Fall, dass ihre Aale keinen Treffer erzielen würden.

Da stieg eine Wassersäule vor dem Turm des feindlichen U-Bootes in die Höhe, gefolgt von einem ungeheuren Donnerschlag. Die See brodelte auf, als sich vor ihnen ein Inferno aufzutun schien. Ein Feuerball stieg zwischen den Wellen auf. Flammen loderten in den Himmel, Trümmer wurden zur Seite weggeschleudert. Der Turm des anderen U-Bootes platzte in dem Feuerball auseinander, dann war es verschwunden.

»Heiliger... da müssten die scharfen Torpedos im Bug hochgegangen sein«, vermutete Dahlen.

»Scheint so.« Wegener hob das Glas an die Augen. Eine Rauchwolke kündete vom Ende des feindlichen U-Bootes. Auf den Wellen trieben einige Trümmer, der Rest war verschwunden.

»Ich glaube zwar nicht, dass das jemand überlebt hat, aber man kann ja nie wissen. Halbe Kraft voraus. Wir sehen uns die Trümmer mal an.«

Vorsichtig näherte sich *U 139* der Untergangsstelle.

Eine Handvoll Holztrümmer, zerrissene Matratzen, Papier und stinkendes Treiböl schwammen auf den Wellen. Dazu kamen Leichenteile, aber nichts mehr, das noch als Mensch hätte identifiziert werden können. Der Seekrieg offenbarte sich hier in all seiner grausigen Härte.

Bootsmann Brandes stand auf dem Vordeck und fischte mit einem Bootshaken etwas aus dem Wasser. Er betrachtete es mit bedrückter Miene und kam dann zum Turm.

»Eine britische Rettungsweste, Herr Kaleu«, sagte Brandes und reichte sie nach oben.

Kubelsky nahm sie entgegen und hielt sie dem Kommandanten hin.

Stefan Köhler

Wegener nahm sie mit gemischten Gefühlen entgegen. Es handelte sich um eine alte Kork-Weste, die von den Explosionen völlig zerschunden worden war. Aber die Stickerei am oberen Rand war noch lesbar. »*HMS Trout*. Ein britisches Boot also. Ich werde es im Logbuch vermerken. Vielleicht kann ja später einmal...«

Wegener brach ab. Seine eigene Besatzung hätte das Schicksal der britischen U-Bootmannschaft genauso gut treffen können, wenn sie nicht so unverschämtes Glück gehabt hätten. Vor seinem inneren Auge entstand kurz das Bild einer sinkenden *U 139*, den Stahlleib von feindlichen Waffen aufgerissen, die Männer zerfetzt ...

»Ich hoffe wirklich, dass ich mich niemals an so einen Anblick gewöhne«, murmelte Dahlen leise, vermutlich mehr zu sich selbst als an seinen Kommandanten gerichtet.

»Man gewöhnt sich nie daran, Joachim«, sagte Wegener. »Und das ist wahrscheinlich auch gut so.«

Der IIWO horchte auf. Der Kaleu hatte ihn zum ersten Mal mit dem Vornamen angesprochen.

Wegener nickte ihm kurz zu, dann sagte er: »Ich bin in der Zentrale.«

»Mit Verlaub, Herr Kaleu... vielleicht sollten Sie damit noch ein paar Minuten warten«, warf Dahlen zögerlich ein.

Die rechte Augenbraue des Kaleus wanderte nach oben und er richtete einen fragenden Blick auf den Fähnrich.

»Wenn ich so frei sein darf, es auszusprechen: Sie sind sichtlich wütend auf Leutnant Pauli«, fuhr Dahlen so leise fort, dass nur Wegener ihn verstehen konnte. »In diesem erregten Zustand sollten Sie besser nicht in die Zentrale gehen.«

»So? Sollte ich nicht?«, fragte Wegener kurz angebunden und kniff die Augen zusammen, um den jungen Offizier scharf anzublicken.

Dahlen schluckte und sein Adamsapfel hüpfte dabei nervös auf und ab. »Jawohl, Herr Kaleu.«

Wegener ließ sich das Gesagte durch den Kopf gehen. Der Fähnrich hatte sich weit vorgewagt, um seinem Kommandanten ins Gewissen zu reden, vielleicht sogar zu weit. Aber wenn ausgerechnet Dahlen verhindern wollte, dass er sich Leutnant Pauli sofort zur Brust nahm, sprach das für seine Bedenken. Der Fähnrich hatte selbst genug Ärger mit dem IWO gehabt, und wenn er nun für diesen eine Lanze brach, dann verlieh das seinen Worten gehörig Gewicht. Wenn Wegener es ganz nüchtern betrachtete, war es ja nicht so, als dass er seinen IWO sofort von Bord hätte versetzen lassen können. Taugte ein Offizier nicht für den Borddienst, konnte man seine Verdienste in den höchsten Tönen anpreisen und den Betreffenden auf diese Art und Weise »wegloben«. Das war die in der Flottille übliche Methode, um einen Versager loszuwerden, und Wegener hatte sie beizeiten schon selbst angewandt. In ihm keimte der unangenehme Verdacht auf, dass Leutnant Pauli die Abfahrt seines alten Bootes nicht nur wegen eines Luftangriffes verpasst hatte. Hatte der Kommandant von *U 69* trotz seiner bekannten Vorliebe für andere HJ-Führer den Leutnant etwa loswerden wollen? Der Flottillenchef und sein Adjutant hätten so etwas doch sicherlich erwähnt, oder? Natürlich nur, wenn es ihnen selbst bekannt gewesen wäre. Das war eine Überlegung, die er zu einem späteren Zeitpunkt wieder hervorholen sollte.

Wegener blickte zum leuchtenden Horizont. »Scheint ein wunderbarer Sonnenaufgang zu werden, Joachim. Den sollte man nicht verpassen.«

Ein erleichtertes Lächeln tauchte im Gesicht des Fähnrichs auf. »Jawohl, Herr Kaleu.«

*

»War irgendetwas in den englischen Radiosendungen zu erfahren, Kleinschmidt?«, fragte Wegener nach, als er sich wieder in der Zentrale befand.

»Eine relativ allgemein gehaltene Warnung vor deutschen U-Booten in der Karibik, Herr Kaleu«, antwortete der Funkgast sofort. »Ich habe Wisbar bereits eine Mitschrift gegeben. Offensichtlich sind die Amerikaner endlich aufgewacht, denn sie fangen jetzt auch damit an, Konvois zu bilden.«

»Das war ja zu erwarten, Kleinschmidt. Das bedeutet, wir müssen hier ab sofort verstärkt mit Eskorten und Flugzeugen rechnen. War sonst noch etwas Interessantes?«

»Die Amis beziehen im Pazifik von den Japanern weiter kräftig Prügel. Und den Tommys ergeht es auch nicht besser. Scheint so, als ob die Japaner wirklich gute Kämpfer sind, Herr Kaleu.«

»So scheint es in der Tat. Danke, Kleinschmidt.«

»Herr Kaleu.«

Wegener ignorierte den Hunde-Blick von Pauli und ging rüber zur Seekarte. Der Navigationsgast hatte die mitgeschriebenen Funkmeldungen vor sich liegen und übertrug die neuen Informationen bereits auf die Karte.

»Tüchtig wie immer, Wisbar, tüchtig wie immer.«

»Man tut eben, was man kann, Herr Kaleu. Hier, vor Puerto Rico, haben die Amis die örtlichen Fischer zu besonderer Wachsamkeit aufgefordert. Die sollen nach deutschen U-Booten Ausschau halten«, berichtete Wisbar und grinste dabei.

»Und was ist daran so lustig?«, fragte der Kaleu nach.

»Dass jetzt jeder karibische Fischer am laufenden Band deutsche, italienische oder sogar japanische U-Boote meldet. Vielleicht hätten die Amerikaner nicht eine so hohe Belohnung für eine bestätigte Sichtung versprechen sollen.«

»Nun, da wir nicht die Absicht haben, nach Puerto Rico zurückzufahren, wird uns das wohl nicht schaden.«

»Gut zu wissen, Herr Kaleu. Das Nachtleben der Insel war nicht so mein Ding.«

Wegener lachte kurz. »Mein Fall war es auch nicht, Wisbar.« Dann wurde der Kommandant wieder ernst und deutete auf die Seekarte. »Was haben wir denn hier?«

»Vor Venezuela sammelt sich ein Konvoi. 13 Tanker und Frachter, dazu fünf Eskorten.«

»13 Schiffe und nur fünf Eskorten? Hm, das wäre ein fetter Brocken für uns, wenn wir an den herankommen könnten. Sozusagen unsere Abschlussvorstellung hier in der Karibik.«

»Ich werde zusammen mit Kleinschmidt versuchen, den Kurs des Konvois zu verfolgen, Herr Kaleu. Vielleicht haben wir Glück und er fährt uns entgegen.«

»Halten Sie ein Auge drauf, Wisbar.«

»Jawohl, Herr Kaleu.«

Wegener ging in seine Kammer und hängte die Jacke an den Haken. Zwölf Aale befanden sich noch an Bord von *U 139*, acht im Bugtorpedoraum und vier im Heck. Angenommen, sie würden alle sechs Rohre gegen den Konvoi zum Einsatz bringen können, blieben ihnen noch immer die Hälfte der Torpedos für den Rückmarsch. Für die Passage vor Brest würden ihm die übrigen Aale gerade recht kommen. Normalerweise kehrte ein Boot nicht mit so vielen Torpedos an Bord in den Hafen zurück, für gewöhnlich war es leergeschossen, aber Wegener verließ sich in diesem Fall lieber auf seine Intuition. Besser haben und nicht brauchen, als verzweifelt brauchen und nicht haben. Nun, man würde sehen.

*

Der Kommandant wollte gerade durch die Luke in die Zentrale steigen, als er mit Funkgast Voß zusammenprallte, der den Kugelschott in die Gegenrichtung passierte.

»Verzeihung, Herr Kaleu!«, rief Voß erschrocken aus und sprang zurück in die Zentrale.

»Macht ja nichts, Voß. So was kommt vor.«

Auf Feindfahrt mit U 139

»Ich wollte ihnen gerade eine Mitschrift der letzten aufgefangenen Funksprüche und alliierter Radiosendungen bringen, Herr Kaleu«, sagte Voß und hielt dem Kaleu die Papiere entgegen.

»Zeigen Sie mal her«, meinte Wegener und griff nach der Mitschrift. Rasch überflog er die Zeilen.

»Der Konvoi aus Venezuela fährt also tatsächlich nach Norden?«

»Jawohl, Herr Kaleu! Wisbar meinte, wir könnten ihn abfangen.«

»Das sind doch gute Nachrichten, Voß. Danke. Hier, das können Sie bei den anderen Sprüchen abheften«, fügte Wegener hinzu und reichte Voß die Mitschrift zurück.

In der Zentrale standen Leutnant Pauli, LI Stollenberg, Fähnrich Dahlen, Bootsmann Brandes und Navigationsgast Wisbar dichtgedrängt am Kartentisch.

»Offenbar sind Sie schon alle im Bilde, meine Herren«, meinte Wegener.

»Ich berechne gerade unseren Abfangkurs, Herr Kaleu«, meldete Wisbar. »Wir brauchen uns nicht einmal sonderlich zu sputen, der Konvoi läuft uns praktisch genau entgegen.«

»Zahlt sich doch immer wieder aus, wenn man die Feindsender abhört, was?«, griente der Kaleu und sah zu Pauli hinüber. Der zuckte zwar wegen der gegen ihn gerichteten Spitze kurz zusammen, nahm sie jedoch wortlos hin.

»Also, wie stehen die Aktien? Verbleibt uns nach unserem Angriff auf den Konvoi noch genug Treiböl bis Brest?«, hakte Wegener nach.

Der LI machte eine große Show daraus, sein altes, verschlissenes Notizbuch aus der Brusttasche zu ziehen und es aufzuschlagen. »Ich habe unseren Vorrat erst vor einer halben Stunde peilen lassen, Herr Kaleu. Mit dem derzeitigen Bestand würden wir Brest wohl noch mit Ach und Krach erreichen können, vorausgesetzt, wir ändern augenblicklich unseren Kurs. Mit der üblichen Reserve in petto reicht es jedoch nicht mehr. Ich taxiere noch Vorräte für rund 3.000 Seemeilen, danach ist Feierabend. Wir werden also wohl oder übel bei der Milchkuh nachtanken müssen.«

»Donnerwetter, LI! Wirklich fein vorgetragen«, zog der Kommandant den Leutnant ein wenig auf.

»Ija, gelernt ist eben gelernt«, warf sich Stollenberg in Positur und steckte sein Notizbuch wieder ein.

Die anderen Männer grinsten breit.

»Irgendwelche Vorschläge für unser weiteres Vorgehen, Fähnrich?«, wandte sich der Kaleu nun an Dahlen.

»Ich schlage vor, dass wir zunächst ein wenig nach Osten ausweichen, Herr Kaleu«, meinte der IIWO und deutete auf die Seekarte. »Wenn wir durchschnittlich mit 15 Knoten laufen, bekämen wir den Konvoi am

131

späten Nachmittag in Sicht und könnten noch vor Einbruch der Dämmerung zuschlagen. Die Abenddämmerung könnten wir zum Nachladen der Rohre nutzen, auf Fühlung zum Konvoi bleiben, und im Morgengrauen unseren Angriff fortsetzen. Oder aber...«

»Oder? Reden Sie weiter, Herr Dahlen. Ich bin neugierig, was Sie sich noch ausgedacht haben«, forderte Wegener den IIWO auf.

»Oder aber, wir tragen unseren ersten Angriff gleich bei Nacht vor. Über Wasser. Wir dringen direkt in den Konvoi ein und bekämpfen ihn aus nächster Nähe«, sagte Dahlen.

»Gewagt«, befand Wegener, ein wenig überrascht vom Vorschlag des IIWO. »Sehr gewagt. Wie würden Sie dabei vorgehen?«

»Ich würde versuchen, von Steuerbord achtern in die Kolonne zu gelangen, Herr Kaleu. Dort rechnet niemand mit einem Eindringling. Und wenn wir dort entdeckt werden, können die Eskorten nicht sofort gegen uns losschlagen, ohne ihre Schützlinge zu gefährden.«

»Nicht schlecht, Herr Dahlen. Gar nicht mal schlecht.«

»Ein Nachtangriff beim vorherrschenden Halbmond hätte noch einen weiteren Vorteil, Herr Kaleu«, hängte der IIWO feixend an. »Der LI könnte vorher noch in Ruhe zu Abend essen.«

»Wenigstens denkt einer hier an Bord auch mal an mein Leibeswohl«, meinte Stollenberg und schlug ein Kreuzzeichen in Richtung des Fähnrichs. »Sei gesegnet, mein Sohn.«

Gelächter hallte durch die Zentrale.

Wegener grinste und sah dann den IWO an. »Ihre Meinung zu diesem Vorschlag, Herr Pauli?«

Der Leutnant begegnete dem Kommandanten mit einem seltsam leeren Blick. »Ich habe dazu keine Meinung, Herr Kaleu.«

»Was soll das denn bitte heißen?«

»Das ich dazu keine Meinung habe, Herr Kaleu«, wiederholte Pauli hölzern.

Stollenberg und Brandes betrachteten den IWO mit gerunzelter Stirn, aber Wegener nickte nur.

»Wie Sie meinen, IWO.« Der Kaleu klopfte mit dem Fingerknöchel auf die Seekarte. »Es wird Sie wenig überraschen, meine Herren, aber ich werde dem Vorschlag unseres IIWO folgen. Der Plan ist gut und entspricht meinem eigenen Vorgehen. Der Fähnrich ist anscheinend ein äußerst gelehriger Schüler. Natürlich spricht das für den Lehrer.«

Darauf gab es wieder leises Lachen und Grinsen bei allen außer dem IWO, wie Wegener ein wenig befremdet registrierte. »In Ordnung, wenn niemand einen noch besseren Vorschlag anzubieten hat, werden wir so vorgehen wie besprochen. Anmerkungen oder Fragen dazu? Nein? Gut, dann wollen wir mal!«

*

Der erste Sonargast Felmy saß selbst an seinem elektronischen Wunderkasten, als das GHG endlich den mit Spannung erwartenden Konvoi auffasste.

»Herr Kaleu, ich habe den Konvoi«, sagte der Maat zu Wegener, der schon lauernd hinter ihm im Gang stand. Felmy reichte dem Kommandanten ein zweites Paar Ohrhörer. »Nähert sich aus eins-sechs-neun, Geschwindigkeit etwa zehn Koten. Entfernung rund fünf Seemeilen. Sie scheinen sich in zwei Marschkolonnen zu bewegen.«

Wegener fand es immer wieder aufs Neue erstaunlich, wie viel Felmy oder einer der anderen Sonartechniker aus der Geräuschkulisse herauszulesen vermochte. »Was meinen Sie dazu?«

»Das mit den 13 Tankern und Frachtern mag hinkommen, Herr Kaleu, aber ich bin mir bei den Eskorten nicht ganz schlüssig. Ich höre drei moderne Maschinenanlagen, aber aus den beiden anderen werde ich einfach nicht schlau.«

»Wieso das?«

»Die modernen Maschinen entsprechen nicht denen eines Zerstörer oder einer Fregatte, da bin ich sicher. Nein, die Geräusche entsprechen mehr der Korvette, die wir vor Puerto Rico gesehen haben. Aber die beiden anderen Antriebe klingen für mich mehr nach einer ganz alten Maschinenanlage. Könnte Kohlebefeuerung sein, aber ich bin mir noch nicht ganz sicher.«

»Kohlebefeuerung? Etwa wie der alte Minensucher vor Puerto Rico?«, vergewisserte sich Wegener.

»Könnte schon sein, Herr Kaleu. Zuckeln denn etwa noch mehr von diesen alten Methusalems hier draußen herum?«

»Durchaus möglich. Bleiben Sie dran, Felmy. Und informieren Sie mich, falls Sie noch etwas herausfinden sollten«, sagte Wegener und reichte dem Maat die Ohrhörer zurück.

»Ist doch selbstverständlich, Herr Kaleu.«

Wegener gab ihm einen aufmunternden Klaps gegen die Schulter und ging zum Kartentisch.

»Laut Felmy befinden sich unter den Eskorten keine Zerstörer oder Fregatten. Dafür wahrscheinlich drei dieser modernen Korvetten, die wir schon kennengelernt haben.«

»Unangenehm«, kommentierte Stollenberg. »Und die anderen?«

»Möglicherweise so alte Krüppel wie der Minensucher vor Puerto Rico.«

»Ich habe immer noch ein Problem damit, dass die Amis dem Konvoi nur fünf Eskorten mitgegeben haben«, meinte Brandes und kratzte sich am Kopf. »So leichtsinnig werden die ja wohl kaum sein. Ob der Konvoi wohl auch von Flugzeugen gesichert wird?«

»Bei Tage vielleicht, aber bei Nacht wohl kaum. Wir werden trotzdem vorsichtig sein. Vorsicht ist eben die Mutter der Porzellankiste.« Wegener sah allen kurz in die Augen. »Sobald wir auftauchen, gehe ich auf die Brücke. Herr Pauli, es ist Ihre Wache, also werden Sie ebenfalls oben sein.«

Der IWO zuckte kurz zusammen, sagte jedoch kein Wort.

»Herr Dahlen, Sie übernehmen die Zentrale. Der LI und Brandes unterstützen Sie.«

»Jawohl, Herr Kaleu.«

»Also, das wird kein Spaziergang werden, Männer. Spätestens, wenn unser erster Aal explodiert, wird da oben die Hölle los sein.« Der Kaleu grinste ermunternd. »Aber wir werden den Amis schon ein Schnippchen schlagen. Es geht los. Alles auf Gefechtsstation!«

»Auf Gefechtsstation!«

Die Männer eilten mit trampelnden Füßen auf ihre Stationen.

»Sehrohr ausfahren!«

Das Rohr glitt aus seinem Schacht nach oben. Wegener nahm einen raschen Rundblick durch das Luftzielfernrohr. »Keine Flugzeuge zu entdecken. Wäre auch verwunderlich gewesen zu dieser Stunde.«

Der Kaleu schaltete um. »Ah, da ist der Konvoi. Läuft uns von Backbord aus genau vor den Bug. Auftauchen!«

»Auftauchen!«, wiederholte der LI.

Die Pressluft drängte das Salzwasser aus den Tanks und *U 139* kam an die Oberfläche.

»Brückenwache auf Station! Flakmannschaft in Bereitschaft halten!«, ordnete Wegener an. Für den Fall, dass sie schnell wieder unter Wasser verschwinden mussten, wollte Wegener so wenig Männer wie möglich auf der Brücke haben. Doch seinem Bauchgefühl folgend, besann er sich noch einmal anders. »Nur die Mannschaften der Zwo-Zentimeter auf die Brücke!«

Die Bedienung der leichten Flak eilte die Leiter hinauf und der Kommandant folgte ihnen. Oben angekommen, hob er sofort das Nachtglas an die Augen. »Zehn Grad Steuerbord.«

»Zehn Grad Steuerbord liegen an. Kurs ist drei-fünf-null.«

Leutnant Pauli bemühte sich gerade, das UZO in die Halterung einzusetzen, wobei er sich ziemlich ungeschickt anstellte. UZO, das stand für U-Bootzieloptik, im Prinzip ein starkes Nachtglas, mit dem die Zielpeilung genommen und automatisch an den Vorhalterechner übertragen werden konnte. Schließlich gelang es dem IWO, das Gerät einzusetzen, doch Wegener achtete kaum darauf.

Wo stand die Eskorte? Auf diese Frage konzentrierte sich der Kaleu nun. Die Dünung der Wellen mochte nur mäßig sein, aber durch das reflektierende Licht des Halbmondes standen Hunderte und Aberhunderte von Spiegelungen auf der Wasseroberfläche. Das half zwar, das U-Boot vor den Augen feindlicher Beobachter zu verbergen, keine Frage, aber es erschwerte den Deutschen auch den Angriff.

Von Steuerbord und von Achtern aus näherte sich *U 139* nun dem amerikanischen Konvoi. Der Kaleu fühlte sich im Moment noch ziemlich sicher, denn der schmale Turm seines Bootes bot dem Betrachter nur eine kleine Silhouette. Anderseits war es wegen des Mondlichts seinem Geschmack nach doch sehr hell.

»Her Kaleu… hören die beim Konvoi denn unsere Diesel nicht?«, fragte Leutnant Pauli, der sich am UZO regelrecht festklammerte.

»Deren eigene Maschinen sind viel zu laut dafür, IWO«, versuchte Wegener den Leutnant zu beruhigen. »Nur die Nerven behalten, Herr Pauli.«

Franke berührte den Kaleu am Arm. »Kleines Kriegsschiff an Steuerbord, zwo Dez voraus.«

»Ich sehe ihn.« Dem Kaleu bot sich der mittlerweile bekannte Anblick einer der amerikanischen U-Jagdkorvetten.

»Wenn der seinen Kurs beibehält, bekommen wir keine Probleme.« Der Kommandant beugte sich zum Befehlsübermittler hinunter. »Brücke an Funkraum. Frage: Haben Sie FuMB-Kontakt?«

Die Antwort kam prompt: »Funkraum an Brücke: Keine FuMB- oder Radarkontakte aufgefangen.«

»Nicht schlecht, was, Herr Pauli? Entweder haben die kein Radar eingeschaltet oder sie können uns aus diesem Winkel nicht erfassen.«

Der IWO antwortete nicht, sondern starrte nur auf die Korvette.

»Das sind aber wirklich seltsame Kolonnen, die die Amis da formiert haben«, meinte Wegener beim Betrachten der US-Schiffe. »Die schlingern ja hin und her wie ein Lämmerschwanz. Das spricht nicht gerade für erfahrene Besatzungen, oder, Herr Pauli?«

»Nein, Herr Kaleu«, meinte Pauli emotionslos.

Wegener wollte den IWO schon anfahren, damit der sich zusammennahm, besann sich dann aber eines Besseren und befahl: »Brücke an Zentrale! AK voraus! Wir dringen in den Konvoi ein!«

Das Hämmern der Diesel steigerte sich, die beiden Schrauben peitschen das Wasser am Heck und *U 139* beschleunigte spürbar auf 18 Knoten, der Höchstgeschwindigkeit des Bootes.

»Klar zum Alarmtauchen! Rohre Eins bis Sechs klar zum Überwasserschuss!«

Wegener blickte erneut durch sein Nachtglas. Erregung durchflutete ihn. Nur noch 3.000 Meter und sie standen mitten im Konvoi. Und der Konvoi war ein richtiger Sauhaufen!

»Von wegen zwei Kolonnen!«, rief Wegener über den Fahrtwind hinweg. »Da hat sich der Felmy aber schön getäuscht. Die können ja nicht mal in einer Reihe fahren. Ein britischer Kolonnenführer im Nordatlantik würde so eine Schlamperei ganz sicher nicht dulden.«

»Rohre Eins bis Sechs sind klar zum Überwasserschuss«, kam die Meldung aus dem Sprechgerät.

»Rohre sind bewässert, Mündungsklappen sind geöffnet.«

»Brücke hat verstanden. Rohr Eins ist für die Korvette an Steuerbord reserviert.« Wegener entschied, jeweils nur einen Aal pro Ziel abzufeuern. Er musste schließlich sparsam mit den Torpedos umgehen. Wieder blickte er durch das Nachtglas.

Die Korvette an Steuerbord schien immer noch nichts von der Anwesenheit des U-Bootes bemerkt zu haben. Ihr Kielwasser leuchtete im Mondlicht schneeweiß auf. Wenn ihr Glück nur noch ein paar Minuten anhalten würde ...

An Bord der Korvette donnerte es. Ein Zischen ertönte und dann zerplatzte hoch über *U 139* der aufgehende Stern einer Leuchtgranate. Auf der Brücke des U-Boots zuckten alle zusammen.

»Verdammter Mist!«, entfuhr es Wegener ungehalten. »Entweder hat da einer gut aufgepasst oder der Kommandant hatte so eine Ahnung und ließ die Leuchtgranate auf Verdacht abschießen! Aber jetzt es ist zu spät für ihn!«

Er beugte sich über das Sprechgerät. »Rohr Eins... los!«

»Rohr Eins ist los! Torpedo läuft!«

Der eineinhalb Tonnen schwere G7e wurde von der Pressluft aus dem Rohr getrieben. Ein Ruck ging durch *U 139*.

Das Heckwasser der Korvette brodelte auf, als der Kommandant AK voraus befahl. Seine Reaktion mochte zwar prompt erfolgt sein, doch sie reichte nicht mehr aus, um sein Schiff zu retten.

»Jede Sekunde«, murmelte Wegener angespannt vor sich hin. Wohl tausend Dinge vermochten noch schief zu gehen, ehe der Aal sein Ziel erreichte ...

Der Torpedo traf die Korvette, die soeben erst zur Drehung angesetzt hatte, mitten ins Heck. Die Meeresoberfläche wölbte sich wie bei der Detonation einer Wasserbombe nach oben und für einen Sekundenbruchteil schien die Zeit stillzustehen. Dann brach die Druckwelle durch und das Heck der Korvette verschwand hinter einer haushohen Wassersäule. Als nächstes loderte ein gigantischer Feuerball hoch. Zu seiner grenzenlosen Verwunderung sah Wegener den

Flaggenmast, an dem immer noch das Sternenbanner wehte, durch die Luft trudeln und ins Wasser klatschen. Das gesamte Heck der Korvette war zerschmettert; offenbar hatte der US-Kommandant wegen der U-Bootwarnung seine Wasserbomben scharfschalten lassen und in Bereitschaft gehalten. Bei der Detonation des Torpedos waren die Wabos gleich mit hochgegangen. Es war ein tödlicher Treffer, die Explosion hatte der Korvette das Heck glatt weggerissen. Sie würde schon sehr bald sinken. Das kleine Kriegsschiff neigte sich bereits gefährlich nach achtern und die Wellen überspülten die mittschiffs gelegenen Decks.

Die Brückenwache jubelte laut über den Erfolg.

Wegener sah rasch nach Backbord. Der Tanker hatte nicht auf den Treffer reagiert, nun lief auch für ihn die Zeit ab.

»Rohr Zwo auf den Tanker... los!«

Stefan Köhler

»Rohr Zwo ist los! Torpedo läuft!«

Keine halbe Minute später tat es einen dumpfen Schlag und an der Bordwand des Tankers stieg eine weiße Wassersäule auf. Dann schlug eine feurige Faust aus dem aufgerissenen Rumpf empor und loderte 40, 50, schließlich 60 Meter hoch in den Nachthimmel hinauf.

Die Druckwelle der berstenden Tanks rollte über *U 139* hinweg, ein relativ leichter Schlag, begleitet von einem Schwall glühend heißer Luft, die den Männern auf der Brücke für einige Sekunden das Atmen erschwerte.

Hell loderndes Öl ergoss sich aus dem Rumpf des Tankers in die See. Der rasch anwachsende Feuerteppich bereitete jenen armen Seelen, die über Bord hechteten, ein fürchterliches Ende. Kein Schwimmer konnte diesem Flammenmeer entkommen.

Wegener prägte sich das Bild einer Gestalt ins Gedächtnis ein, die zu ihnen herüberblickte, dann losrannte und über die Reling ins tosende Verderben sprang. Nein, diese Männer waren keine Feinde mehr, das waren Seeleute wie sie, die dort um ihr Leben kämpften und starben.

Der Gestank des brennenden Öls wehte herüber und ließ die Männer auf der Brücke von *U 139* husten. Das brachte Wegener wieder zur Besinnung und er nahm einen raschen Rundblick.

Alarmsignale gellten herüber, Schiffssirenen heulten klagend durch die Nacht. Bei den in Panik geratenen Amis herrschte nun offenbar das Motto: Rette sich, wer kann. Menschlich war das zwar verständlich, für einen Konvoi bedeutete Panik jedoch das Todesurteil.

Selbst wenn der US-amerikanische Konvoiführer über mehr Erfahrung verfügt hätte, verlor er jetzt, wo seine Schützlinge wie wild durcheinander kurvten, jede Chance, das angreifende U-Boot noch zu stellen.

»Holen wir uns die nächsten!«, rief Wegener. »Rohr Drei auf den Frachter bei drei-drei-neun. Rohr Vier auf den bei drei-vier-zwo. Achtung! Rohr Drei… los! Rohr Vier… los!«

Die beiden Aale rasten davon und trafen ihre ausgewählten Ziele.

Einer der Frachter wurde genau unter der Brücke getroffen. Wasser stob auf und dann leckten die hochspringenden Flammen gierig über den Außenanstrich des Schiffes hinweg. Der Frachter neigte sich rasch nach Steuerbord; wenn es der Besatzung nicht irgendwie gelang, den Wassereinbruch zu stoppen, dann war er verloren.

Der zweite Frachter brannte ebenfalls; eine heftige Explosion am Bug erschütterte sein Vorschiff und eine der großen Ladeluken wurde zusammen mit einem der Kräne über Bord geschleudert. Der Mannschaft blieb nur die Flucht in die Rettungsboote.

»Herr Kaleu!«

Der Warnruf von Kubelsky ließ den Kopf von Wegener herumschnellen. Einer der großen Frachter stürmte völlig kopflos durch die Reihe der anderen Schiffe und hielt genau auf *U 139* zu.

»Ruder hart Steuerbord!«, befahl Wegener sofort.

Das U-Boot drehte ab und konnte eine Kollision mit dem Frachter, der wie ein wütender Elefantenbulle voranpreschte, um knappe 50 Meter vermeiden. Die Männer starrten zu der hohen Bordwand hinauf, die wie eine Klippe vor ihnen emporragte. Dann waren sie an dem Frachter vorbei.

Sprachlos verfolgten die Deutschen, wie sich der scheinbar wild gewordene Frachter in die Seite eines Tankers bohrte. Stahl schlug gegen Stahl, helle Funken sprühten. Das durchdringende Geräusch von reißendem Metall hallte knarrend über das U-Boot hinweg. Beide Schiffe verloren rasch an Fahrt, kamen zum Stillstand und trieben schließlich ineinander verkeilt auf den Wellen.

Die helle Leuchtspurbahn einer Schnellfeuerkanone zischte über die Köpfe der Mannschaft hinweg, strich dann den Turm entlang und blies ihnen Splitter um die Ohren.

»Minensucher an Steuerbord!«, rief Franke.

Verdammt!, durchzuckte es Wegener. Da alle auf der Brücke wie gebannt auf das Schicksal des Frachters und des Tankers gestarrt hatten, war es der zweiten Eskorte an der Steuerbordseite des Konvois gelungen, näher heranzukommen. Vor dem Schein der brennenden Schiffe und des in Flammen stehenden Ölteppichs konnten die Amerikaner das U-Boot ausmachen, während niemand auf der Brücke den alten Kasten hatte kommen sehen!

»Ruder hart Backbord! Zwo-Zentimeter Feuer frei auf erkanntes Ziel!«

Die 2 cm-Flak im Wintergarten eröffnete das Feuer auf den Minensucher. Für einen Moment hoffte Wegener, der heftige Beschuss würde ausreichen, um den Amis den Schneid abzukaufen. Doch die Mannschaft des Minensuchers blieb ihnen nichts schuldig und jagte ihrerseits ganze Salven aus Schnellfeuerkanonen und schweren Maschinengewehren herüber.

Aus dem Augenwinkel bekam Wegener mit, wie Leutnant Pauli schwer gegen das UZO sackte. Mit weit aufgerissenen Augen starrte der IWO zu seinem Kommandanten, dann taumelte er gegen die Reling und rutschte an ihr aufs Deck hinab. Im flackernden Licht der Mündungsblitze der Zwo-Zentimeter wirkte sein Blut fast schwarz.

»Der IWO ist getroffen! Bringt ihn unter Deck!«, wies Wegener die Männer an.

Kubelsky und Franke hoben den Ersten Wachoffizier hoch und schleiften ihn zum Turmluk. Leutnant Pauli begann dabei herzzerreißend zu schreien und er verstummte auch nicht, als sie ihn mühsam über die Leiter nach unten bugsierten.

Der Kaleu starrte für einen Moment auf die riesige Blutlache auf dem Deck, doch das helle Tackern der Schnellfeuerkanonen brachte ihn rasch wieder ins Hier und Jetzt zurück.

Dann schob sich ein Frachter zwischen die beiden Kontrahenten und verdeckte den Minensucher.

»Feuer einstellen!«, rief Wegener. »Wartet, bis er wieder in Schusslinie ist!«

Der verbliebene Backbordausguck wollte ihn auf etwas hinweisen, aber Wegener konnte ihn in dem ganzen Lärm nicht verstehen.

»Was?«

»Tankerfackel!«, rief ihm der Ausguck ins Ohr.

Tatsächlich! Dort, wo der Frachter den Tanker gerammt hatte, loderte es rot in die Höhe. Durch die Kollision war ein Brand entstanden, der nun auf die Tanks übergriff.

Der IIWO tauchte im Turmluk auf. »Ich dachte, Sie könnten mich hier oben gebrauchen, Herr Kaleu.«

Erst jetzt fiel dem Kommandanten auf, dass die beiden Männer, die den IWO unter Deck gebracht hatten, noch nicht zurückgekehrt waren. Wahrscheinlich kümmerten sie sich immer noch um den Leutnant.

»Richtig gedacht, IIWO. Sie beobachten die Backbordseite. Ich halte ein Auge auf Steuerbord und den Minensucher!«

»Jawohl, Herr Kaleu!«

Sie mussten aus dem Konvoi heraus, der jetzt wie eine Herde wild gewordener Stiere in alle Richtungen auseinanderstob. Ein Frachterkapitän würde es womöglich nicht einmal bemerken, sollte er *U 139* rammen und unter Wasser treten.

»Ruder mittschiffs, AK voraus!«

Wegener dachte angestrengt nach. Wenn sie geradewegs durch die Lücken zwischen den Schiffen stoßen würden, sollten sie den Konvoi verlassen können, ohne groß aufzufallen.

»Vorsicht, Herr Kaleu! An Backbord...« Dem IIWO blieben die Worte im Halse stecken, als ihr Boot einen Frachter passierte und der alte Minensucher unvermittelt an ihrer linken Seite auftauchte. Dessen Schnellfeuerkanonen und Maschinengewehre spuckten sofort einen Hagel aus Tod und Verderben.

Wegener bemerkte, wie etwas an seinem linken Arm zupfte, dann wurde ihm schwarz vor Augen und plötzlich lag er lang auf dem Deck.

»Der Kommandant ist verwundet!«, rief Dahlen.

Der Kaleu hob den rechten Arm, stemmte sich mühsam auf die linke Seite und konnte sehen, dass alle anderen Männer ebenfalls flach auf dem

Deck lagen. Ein wahrer Hagelschauer aus Geschossen regnete auf ihr Boot hernieder und zwang die Männer in Deckung. Er sah an sich hinunter, entdeckte Blut, verspürte aber seltsamerweise keinen Schmerz.

Da erhob sich Dahlen auf der anderen Seite der Brücke, ignorierte den heftigen Feuerzauber um sich herum, trat an das UZO und drehte es nach hinten. »Ruder zehn Grad Backbord! Wir nehmen den Minensucher aufs Korn! Rohr Fünf und Sechs klar zum Überwasserschuss!«

Der lange Rumpf von *U 139* schwang gehorsam herum und das Heck bewegte sich vor den Bug des alten Minensuchers.

»Rohr Fünf... los! Rohr Sechs... los!«, bellte Dahlen ins Sprechgerät.

Der Fähnrich schoss eine Dublette, um auf Nummer sicher zu gehen, wie Wegener erkannte. Eine gute Entscheidung. Sie mussten den alten Kasten so schnell wie möglich loswerden.

Bromm!, grollte es herüber und gleich darauf noch einmal: *Bromm!*

Die Männer quittierten den doppelten Einschlag mit lautem Jubel.

»Helfen Sie mir auf!«, verlangte Wegener und der IIWO ergriff seine rechte Hand und zog ihn auf die Füße. Da er noch etwas wackelig auf den Beinen war, lehnte sich der Kaleu gegen die Reling. Achteraus hing der alte Minensucher. Er brannte lichterloh und hatte bereits schwere Schlagseite. Rettungsflöße wurden über die Bordwand ins Wasser geworfen und dann sprangen ihnen Männer hinterher.

»Den haben Sie aus der Drehung heraus erwischt, IIWO. Gute Arbeit«, lobte Wegener. »Um ein Haar hätte der uns fertig gemacht.«

Dahlen sah ihn voller Sorge an. »Sind Sie in Ordnung, Herr Kaleu?«

Wegener betrachtete seinen linken Arm und bewegte ihn versuchsweise. »Scheint nicht weiter schlimm zu sein.«

»Sie haben da eine gewaltige Schmarre am Kopf, ihr linker Ärmel ist aufgerissen und Sie bluten ziemlich stark. Das sollte sich der Ott lieber so schnell wie möglich ansehen.«

»Der wird alle Hände voll mit dem IWO zu tun haben«, entgegnete Wegener. »Mir geht es gut.«

»Brandes!«, rief Dahlen nach unten. »Helfen Sie dem Kaleu in die Zentrale!«

»Was soll das, IIWO?«, beschwerte sich Wegener. »Ich sagte doch, dass es mir gut geht.«

»Natürlich geht es Ihnen gut«, hielt der Fähnrich dagegen. »Mit Verlaub, Sie bluten wie ein Schwein, Herr Kaleu. Ihre Wunden müssen behandelt werden.«

Der Bootsmann tauchte im Turmluk auf. »Um Leutnant Pauli ist es schlecht bestellt.«

»Der Kommandant ist auch nicht gerade in guter Verfassung«, beschied Dahlen knapp. »Schaffen Sie ihn runter zum Sanitäter!«

141

»Zu Befehl! Kommen Sie, Herr Kaleu«, sagte Brandes und nahm vorsichtig den rechten Arm von Wegener.

»Was fällt Ihnen ein, Dahlen«, begann Wegener, wobei er selbst bemerkte, dass seine Stimme immer leiser und undeutlicher wurde. »Ich habe immer noch das Kommando…«

»Natürlich, Herr Kaleu. Und sobald der Sanitäter Sie zusammengeflickt hat, können Sie wieder übernehmen«, bestätigte Dahlen. »Bringen Sie den Kaleu unter Deck. Oberdeck räumen! Alle Mann unter Deck! Klar zum Alarmtauchen, sobald der Kommandant unten ist!«

Wegener bekam kaum noch mit, wie Brandes ihm die Leiter hinunterhalf. Wie er den Abstieg in die Zentrale geschafft hatte, vermochte der Kaleu später nicht mehr zu sagen. Vor seinen Augen schien alles zu verschwimmen. Dann stieß er mit dem verletzten linken Arm gegen den Kartentisch und es wurde schlagartig dunkel um ihn.

*

Den nächsten bewussten Eindruck erhielt Wegener, als er in seiner Kammer auf der Koje lag. Neben dem üblichen Gestank nach Diesel und Körperausdünstungen ungewaschener Männer nahm er den Geruch von Äther wahr. Der Kaleu schlug die Augen auf und sah Ott, seinen Smutje und Sanitäter, der gerade einen Verband an seinem linken Arm kontrollierte.

»Wa… was ist passiert?«

»Keine Sorge, Sie waren nur ein wenig weggetreten, Herr Kaleu«, beruhigte ihn Ott. »Sie haben noch einmal Glück gehabt. Ihr Arm wurde von Splittern aufgerissen und am Kopf haben Sie eine tiefe Schnittwunde davongetragen. Meine Prognose ist jedoch, dass Sie sich innerhalb weniger Tage wieder erholen werden.«

»Wie ist der Zustand des Bootes? Stehen wir noch am Konvoi? Werden wir verfolgt?«, ließ der Kaleu sofort einen Hagel aus Fragen auf Ott niederprasseln.

»Nein, Herr Kaleu. Seit drei Stunden sind wir getaucht und werden nicht verfolgt.«

»Drei Stunden!«, rief Wegener alarmiert aus und wollte sich aufrichten, doch der Sanitäter legte ihm die Hand auf die Brust und drückte ihn mit sanfter Gewalt wieder nach unten.

»Sachte, Herr Kaleu! Sachte. Lassen Sie es langsam angehen«, hielt ihn Ott zurück. »Ihnen wird ein wenig schwindelig sein, weil Sie so viel Blut verloren haben. Wenn Sie zu schnell machen, kippen Sie gleich wieder um.«

»Ich gebe zu, mir brummt der Schädel ganz gehörig«, gestand Wegener unwillig ein und ließ sich gehorsam auf die Koje niedersinken. »Wie steht es um das Boot?«

»Das wird Ihnen der IIWO gleich selbst sagen«, meinte Ott. »Der wartet schon darauf, mit Ihnen zu sprechen. Aber wie er die Amis abgeschüttelt hat, ha! Als wäre er ein alter Hase!«

»Was ist mit dem Rest der Männer? Und wie steht es um Leutnant Pauli?«

»Drei Mann von der Flak sind verwundet worden, aber die haben nur leichte Blessuren. Sie wurden zwar von Splittern getroffen, haben aber keine Verletzungen erlitten, die ich nicht mit Jod und Pflastern behandeln könnte. Die Schwimmwesten und das dicke Lederzeug haben das meiste abgehalten.« Ott schüttelte bedauernd mit dem Kopf. »Was Leutnant Pauli angeht, so sieht es gar nicht gut aus, Herr Kaleu. Er hat schlimme Splitterwunden am Rücken und rechts hat ihn ein MG-Geschoss getroffen. Ich befürchte, dass sein rechter Lungenflügel verletzt wurde und dass er innere Blutungen hat. Herr Kaleu… ich fürchte, Leutnant Pauli wird nicht durchkommen.«

Da der Kommandant nicht sofort antwortete, fügte Ott erklärend hinzu: »Ich habe hier an Bord einfach nicht die Möglichkeiten, um mehr für den Herrn Leutnant zu tun. Bei solchen schweren Verletzungen benötigt man Chirurgen und ein komplett ausgestattetes Lazarett. Mir stehen hier nur Bordmittel zur Verfügung und…«

»Ist schon gut, Ott«, unterbrach Wegener den betrübten Sanitäter. »Ich weiß, dass Sie ihr Bestes für Leutnant Pauli getan haben. Niemand hier macht Ihnen deswegen Vorwürfe.«

»Doch, Herr Kaleu«, meinte Ott unglücklich. »Ich mache mir welche.«

Es klopfte am Schott, der Vorhang wurde etwas beiseite gezogen und Fähnrich Dahlen spähte in die Kammer des Kommandanten. »Darf man eintreten?«

»Kommen Sie nur, IIWO«, forderte Wegener ihn auf.

»Aber nur kurz«, ermahnte Ott ihn prompt. »Ein paar Minuten, mehr kann ich wirklich nicht verantworten. Der Kaleu braucht Ruhe, um sich zu erholen.«

»Verstanden, Herr Doktor«, sagte Dahlen und zwängte sich in die Kammer.

»Ich komme gleich wieder und bringe Ihnen eine kräftige Rinderbrühe, Herr Kaleu«, kündigte Ott an und quetschte sich an dem IIWO vorbei. »Wenn ich wieder da bin, muss sich der Herr Kaleu aber ausruhen.«

Damit war er im Gang verschwunden.

»Der Ott ist ein guter Mann, der versteht sein Handwerk«, meinte Dahlen, grinste schief und deutete auf seinen Rücken. »Wie ich aus eigener Erfahrung bestätigen kann.«

»Ja, wir können uns wirklich glücklich schätzen, jemanden wie ihn an Bord zu haben«, bekräftigte Wegener und winkte den Fähnrich heran. »Setzen Sie sich, IIWO, und dann berichten Sie.«

Gehorsam setzte sich Dahlen auf die Backskiste. »Das Boot ist in gutem Zustand. Es gab zwar etwas Bruch, verschiedene Lampen und Schaugläser sind zersprungen, aber der LI hat bereits alles beheben lassen. Der Turm hat einiges einstecken müssen. Wie viel genau, werden wir sehen müssen, wenn wir wieder auftauchen. Vorläufig sind wir noch getaucht, unsere Tiefe beträgt eins-null-null Meter, Kurs null-acht-fünf in Richtung Atlantik liegt an.«

»Sehr schön. Und in welchem Zustand ist die Mannschaft?«

»Laut unserem Herrn Doktor Ott sind die drei Verwundeten der Flakmannschaft in sehr gutem Zustand«, begann Dahlen seinen Report. »Sie haben nur ein paar leichte Schnittwunden durch die umherfliegenden Splitter davongetragen. Ott meinte, sie würden ihren regulären Dienst schon morgen oder übermorgen wieder aufnehmen können.«

Der Fähnrich schüttelte den Kopf. »Was Leutnant Pauli angeht, da gibt es wohl leider nur sehr wenig Hoffnung auf Besserung. Pauli ist schwer verwundet worden und unser Sanitäter befürchtet, dass er innere Blutungen hat. Dagegen kann er verdammt wenig unternehmen, obwohl Ott wirklich alles versucht hat, Herr Kaleu.«

»Ja, ich habe schon mit Ott über den IWO gesprochen«, räumte Wegener ein.

»Die einzige Hoffnung für Pauli wäre, wenn unsere Milchkuh in Wirklichkeit ein Handelsstörer ist. Die sind für solche Fälle viel besser ausgestattet als wir, und die sollen ja sogar ein richtiges Lazarett und Ärzte an Bord haben«, meinte Dahlen.

»Reichen Sie mir doch bitte mal das Logbuch«, bat Wegener und der IIWO griff neben sich und übergab seinem Kommandanten das Buch.

Wegener legte das Logbuch auf seinen Schoß, schlug es auf und blätterte mit der rechten Hand ein wenig darin herum, bis er die gesuchte Stelle gefunden hatte.

»Ah, hier war es. Planquadrat XJ41 im östlichen Atlantik. Der LI und ich sind bisher von einer Milchkuh ausgegangen, weil das Betanken auf hoher See für einen Versorger zu riskant wäre. Aber vielleicht haben wir ja Glück und es ist tatsächlich ein Handelsstörer. Die sind gut genug bewaffnet, um so ein Unternehmen durchzuführen.«

»Hoffen wir nur, dass Leutnant Pauli so lange durchhält«, meinte Dahlen leise. »Ich war gerade bei ihm. Er ist bewusstlos und atmet nur ganz flach. Ich weiß nicht, Herr Kaleu… Hoffen wir mal das Beste.«

»Ja.«

Der Smutje kehrte zurück und brachte dem Kommandanten den angekündigten Becher mit Rinderbrühe. »Schluss jetzt, Herr Dahlen. Der Herr Kaleu braucht jetzt etwas zur Stärkung und dann ein paar Stunden ungestörten Schlaf.«

»Soll das eine Art höflicher Hinauswurf sein, Herr Doktor Ott?«, wollte der IIWO wissen und grinste dabei.

»Wenn Sie es so betrachten wollen, Fähnrich, dann ja.«

Dahlen lachte auf. »Ich bin in der Zentrale. Gute Besserung, Herr Kaleu.«

»Danke, Joachim.«

Der IIWO trollte sich und Ott reichte dem Kaleu den Becher mit der Brühe. »Das wird Ihnen guttun, Herr Kaleu.«

»Danke, Ott. Ich bin wirklich froh, Sie in meiner Mannschaft zu haben«, sagte Wegener, als er den Becher entgegennahm und vorsichtig daran nippte. Die Brühe war heiß, aber der Kaleu glaubte dennoch zu spüren, wie seine Lebensgeister zurückkehrten.

»Sie machen mich noch ganz verlegen, Herr Kaleu«, meinte Ott und wartete ab, bis Wegener auch noch den letzten Schluck Brühe zu sich genommen hatte. »Versuchen Sie nun, ein wenig zu schlafen. Sie werden sehen, morgen geht es Ihnen besser.«

»Daran zweifle ich nicht, Ott. Danke.«

»Herr Kaleu.«

Der Smut verließ die Kammer.

Wegener sah einige Sekunden vor sich hin und blätterte weiter im Logbuch. Dabei rutschte der Brief heraus, den er zwischen die Seiten gelegt hatte. Es war die Beschwerde über Fähnrich Dahlen, auf die Leutnant Pauli nach der Aktion vor Puerto Rico bestanden hatte. Nachdenklich betrachtete der Kaleu den Brief, dann fasste er einen Entschluss und nahm ihn an sich. Da er ihn mit nur einer Hand nicht durchreißen konnte, knüllte er ihn mit der Faust zusammen. Weil er vorerst nichts weiter damit machen konnte, steckte er die Papierkugel in die Hosentasche. Er nahm sich vor, die Kugel bei der nächsten sich bietenden Gelegenheit über Bord zu werfen.

*

Wie es Ott befürchtet hatte, hielt Leutnant Pauli nicht mehr lange durch. Kurz vor Mitternacht erlag der Verwundete seinen schweren

Verletzungen. Bootsmann Brandes ließ den Leichnam in eine Hängematte einnähen und alles für die Bestattung vorbereiten.

Am Morgen ließ Wegener Stollenberg, Dahlen und Brandes in seine Kammer bestellen. Der LI nahm auf der Backskiste Platz, der Bootsmann auf dem mickrigen Klappstuhl, während der IIWO einfach am Vorhang stehen blieb.

Der Kaleu informierte den LI und Dahlen über den Tod des Leutnants.

»Werden wir eine Seebestattung durchführen?«, fragte Stollenberg prompt nach.

»Da sehe ich leider keine andere Möglichkeit«, erwiderte Wegener. »Schließlich können wir die Leiche nicht bis Brest an Bord behalten.«

Der Kommandant sah Dahlen an. »Würden Sie alles für die Zeremonie vorbereiten?«

»Natürlich, Herr Kaleu. Ich fange sofort damit an.« Der IIWO nickte allen Anwesenden zu und verschwand im Gang.

Stollenberg wartete noch einige Sekunden, bevor er sagte: »Falls ich zum Fall Leutnant Pauli mal ganz brutal meine Meinung sagen darf, dann glaube ich, dass dies die beste Lösung ist.«

»Reinhold!«, ermahnte ihn Wegener. »Ich bitte Sie.«

»Da ist schon was dran, was der LI da gesagt hat, Herr Kaleu«, warf Brandes ein.

»Sie etwa auch, Brandes?«, fragte Wegener. Er spürte den zusammengeknüllten Brief in seiner Hosentasche und fühlte sich auf einmal wie ein Heuchler. Er begegnete den ernsten Blicken der beiden Männer. »Na schön. Ich muss zugeben, dass ich ganz ähnlich empfinde.«

»Habe ich mir doch gedacht«, meinte Stollenberg ein wenig selbstgefällig.

»Das ist kein Scherz!«, hielt der Kaleu dagegen. »Wir sprechen hier immerhin von einem toten Offizierskameraden.«

»Pah! Als ob Pauli jemals unser Kamerad gewesen wäre!« Stollenbergs Kopf bewegte sich ablehnend hin und her. »Sie sollten mal hören, was die Mannschaft zum Ableben unseres IWO so alles zu sagen hat.«

»So schlimm, ja?«

»Noch schlimmer. Dem weint keiner eine Träne nach.«

Für einige Momente schwiegen alle.

»Das goldene HJ-Mitgliedsabzeichen ist mir von Anfang an negativ aufgefallen«, sagte Wegener dann leise.

»Ja«, stimmte Brandes zu. »Wer weiß, was Leutnant Pauli noch alles behauptet hätte, um von seinem eigenen Versagen abzulenken. Immerhin haben wir tatsächlich die Feindsender abgehört.«

»Dem hatte er doch vor Zeugen zugestimmt.«

»Kann sein, kann nicht sein«, meinte der LI. »Da hat Brandes schon recht. Wer kann schon ahnen, was Pauli in seiner Verzweiflung noch alles behauptet hätte. Und wäre er damit zur Gestapo gegangen, hätten wir alle eine Menge Ärger bekommen. Da ist es so wirklich besser, auch wenn das jetzt grausam klingen mag.«

Zum Wachwechsel am Mittag ließ Wegener auftauchen. Obwohl er sich immer noch etwas schwach fühlte und Ott ihm Vorhaltungen machte, war eine Seebestattung etwas, woran der Kommandant teilnehmen musste.

Dieser Zeremonie wohnte immer etwas Ergreifendes inne und für gewöhnlich beteiligte sich die gesamte Mannschaft daran. Auf einem U-Boot lagen die Dinge jedoch etwas anders. Hier konnte nur ein kleiner Teil der Mannschaft an der Bestattung teilnehmen; schließlich musste die volle Funktionsfähigkeit des Bootes gewährleistet bleiben. Immerhin befand sich *U 139* noch in feindlichen Gewässern. Aber zumindest im Augenblick ließen sich rundherum keine feindlichen Schiffe oder Flugzeuge ausmachen.

Die Leiche, eingehüllt in ein mit Gewichten beschwertes Segeltuch und verborgen unter einer Reichskriegsflagge, lag auf einer aus einer Spindtür improvisierten Rutsche.

Mit Unterstützung durch den IIWO war Wegener auf den Turm gestiegen und sprach dann das Vaterunser für den Toten. Am Ende der Zeremonie salutierten alle auf Deck angetretenen Männer, die Flagge wurde hochgehalten und die Spindtür am Ende angehoben. Der Leichnam rutschte herunter, klatschte ins Meer und versank. Nur ein paar Luftblasen blieben zurück, bis auch diese zerplatzten und jeden daran erinnerten, wie vergänglich das Leben sein konnte.

Wegener befahl alle Mann wieder unter Deck. Dann kam der Wachwechsel und für eine halbe Minute war der Kommandant ganz allein auf der Brücke. Wegener griff in seine rechte Hosentasche, holte die Papierkugel hervor und warf sie ins Wasser.

*

Der IIWO stand zusammen mit dem Navigationsgast am Kartentisch, als der Kaleu die Zentrale betrat. Wegeners linker Arm war wieder gut zu gebrauchen und an seine Kopfwunde erinnerte nur ein kleines Pflaster.

»Guten Morgen, Herr Kaleu«, begrüßte ihn Dahlen. »Wisbar und ich haben unseren Standort gerade eingetragen. Das Boot läuft auf Kurs null-acht-fünf, Geschwindigkeit zwölf Knoten. Mehr hält der LI in Anbetracht unseres knappen Treibölvorrats nicht für ratsam. Noch 110 Seemeilen bis zu Planquadrat XJ41 und unserer Tankstelle.«

»Danke, IIWO.« Wegener sah auf die Seekarte. »Schon irgendetwas von den drei anderen Booten unseres Rudels?«

»Nichts Neues, was alles oder auch nicht heißen mag«, sagte Wisbar.

»Was es sehr gut eingrenzt«, fügte Dahlen spöttisch hinzu. »Aber in diesem Fall gehen wir mal davon aus, dass keine Neuigkeiten gute Neuigkeiten sind.«

»Ich sehe schon, Sie sind an diesem wunderbaren Morgen in allerbester Laune.«

»Nun, wenn es weiterhin so gut läuft, dann sind wir in weniger als zehn Tagen wieder in Brest. Das hebt die Laune an Bord erheblich, Herr Kaleu.«

»So, so. Dann werde ich mir das mal ansehen.«

»Machen Sie das, Herr Kaleu. Ich bin so lange oben auf der Brücke.«

Wegener nickte und machte seine Runde durch das Boot. Die Männer, die gerade Freiwache hatten, lagen in ihren Kojen. Einige dösten, andere schliefen, drei Mann spielten Skat. Ein anderer schrieb einen Brief an sein Mädchen, oder – in Anbetracht des Alters des jungen Matrosen – wohl doch eher an seine Mutter. Da spielte es auch keine Rolle, wie sehr die Männer immer mit ihren angeblichen Leistungen im Puff von Brest angaben; die Mehrzahl von ihnen war noch jung, viel zu jung. Aber ihre Stimmung war in der Tat erheblich besser, als Wegener es nach dem langen, harten Einsatz erwartet hätte.

Einer der Skatspieler – es handelte sich um Lange – erblickte den Kaleu als erster und rief: »Achtung! Der Kommandant!«

»Weitermachen, Männer«, wehrte Wegener ab. »Ich wollte nur mal sehen, wie es bei euch so läuft.«

»Bestens, Herr Kaleu!«, beteuerte Lange.

»Na ja, für dich vielleicht«, beschwerte sich Karst und griente. »Dieser Kerl hier gewinnt ein Spiel nach dem anderen, Herr Kaleu.«

»Dann hoffen wir, dass Ihre Glückssträhne noch bis Brest reicht, Lange.«

»Jawohl, Herr Kaleu!«

Wegener war zufrieden. »Dann spielt mal schön weiter. Aber lassen Sie ihnen die Hosen, Lange. Sonst müssen die Kameraden beim Einlaufen den ganzen Marinehelferinnen mit nacktem Arsch gegenübertreten, und das könnte für die Damen doch zu viel des Guten sein.«

Die Männer wieherten und bogen sich vor Lachen. Wegener grinste in sich hinein und suchte den Horchraum auf.

Maat Lüttke hatte Wache. »Alles ruhig, Herr Kaleu. Sogar die Meerjungfrauen sind ruhig. Es ist so still da draußen, dass es mir fast schon Sorgen macht.«

»Nur nichts beschreien, Lüttke. Der Tanz geht wieder los, wenn wir die Biskaya erreichen.«

»Jawohl, Herr Kaleu.«

Die Diesel des Bootes wurden leiser und verstummten dann schließlich ganz. Es knackte im Lautsprecher und die Stimme des IIWO erklang: »Brücke an Horchraum: Wir stoppen für eine Horchrunde.«

Lüttke aktivierte das Sprechgerät. »Horchraum an Brücke: Verstanden. Horchrunde.«

Er streifte seine Ohrhörer über und schloss die Augen, um sich besser konzentrieren zu können. Seinem Kommandanten erschien es so, als versinke der Maat in eine gänzlich andere Welt. Lüttke versteifte sich plötzlich und legte die Hände auf seine Ohrhörer. »Einen Moment... ich empfange da gerade etwas.«

Der Maat stellte den Regler seines Horchgerätes etwas nach. »Ja... ein Kontakt. Sehr schwach. In drei-eins-sieben.«

Lüttke drückte wieder auf die Sprechtaste. »Horchraum an Brücke: Schwacher Kontakt in drei-eins-sieben. Noch nicht genau bestimmbar.«

»Brücke an Horchraum: Verstanden.«

Wegener fiel wieder einmal positiv auf, dass der IIWO die Auskunft des Sonargasts hinnahm und ihm keinen weiteren Druck machte. Dahlen schien zu wissen, dass Lüttke und seine Kameraden ihre Zeit brauchten, um die Kontakte aus der Geräuschkulisse des Ozeans herauszufiltern.

Der Sonartechniker öffnete die Augen. »Habe ich dich«, murmelte er und drückte erneut die Taste des Befehlsübermittlers. »Horchraum an Brücke: Kontakt in drei-eins-sieben als U-Boot erkannt. Ein möglicher zweiter Kontakt in drei-zwo-drei. Noch nicht bestimmbar.«

»Brücke an Horchraum: Verstanden. Gute Arbeit.«

»Ich schließe mich dem IIWO an, Lüttke. Gut gemacht«, lobte Wegener.

»Danke, Herr Kaleu.«

»Ich gehe nach oben auf die Brücke. Bleiben Sie an den Kontakten dran.«

»Jawohl, Herr...«

Doch Wegener bekam die vollständige Antwort des Maats schon gar nicht mehr mit. Er eilte in die Zentrale und stieg die Leiter zur Brücke hinauf. Oben angekommen erwartete ihn neben der herrlich frischen Seeluft und einem nahezu wolkenlosen, blauen Himmel noch der IIWO.

»Ich habe auf Batterie umkuppeln lassen, Herr Kaleu«, berichtete Dahlen. »Wir steuern Kurs drei-eins-null, bis wir mehr über die U-Bootkontakte herausgefunden haben.«

»Gut, IIWO. Ich übernehme«, kündigte Wegener an.

»Der Kommandant übernimmt«, bestätigte der Fähnrich sofort und trat demonstrativ einen Schritt beiseite.

Wegener hob das Glas an die Augen und kontrollierte routinemäßig den Luftraum. Der Himmel war frei von Flugzeugen, aber das musste ja nicht unbedingt so bleiben. Die Alliierten setzten nun auch ihre Flugzeugträger gegen die deutschen U-Boote ein, sodass die Kriegsmarine einmal mehr das Nachsehen hatte. Über eigene Träger verfügte Deutschland nämlich nicht.

»Horchraum an Brücke: zweiter Kontakt in drei-zwo-drei ebenfalls als U-Boot erkannt. Entfernung zum ersten Kontakt in drei-eins-sieben bei geschätzt fünf Seemeilen. Moment... Lageänderung bei Kontakt eins. Kontakt dreht auf und ein, peilt jetzt in drei-eins-fünf.«

»Hier Brücke: Verstanden, Horchraum«, antwortete Wegener und sah zu Dahlen hinüber. »Was denken Sie, IIWO?«

»Im Moment tendiere ich zu der Annahme, dass es sich bei den Kontakten um zwei Boote unseres Rudels handelt«, antwortete der Fähnrich. »Es könnten aber auch Gegner sein, die zufällig über uns gestolpert sind. Ich würde also zur Vorsicht raten.«

»Genau meine Gedanken«, sagte Wegener erfreut. »Vorsicht ist die Mutter der Porzellankiste. Alles auf Gefechtsstation!«

»Auf Gefechtsstation!«

Die Mannschaft nahm in aller Eile ihre Stationen ein.

Quälend langsam verstrichen die Minuten, bis Lüttke endlich meldete: »Horchraum an Brücke: Kontakt eins taucht auf!«

Der Ausguck an Backbord sah es als erstes: »Auftauchendes U-Boot in ein Dez an Backbord!«

Alle Gläser richteten sich auf den Rumpf eines U-Bootes, dass knapp eine Seemeile vor ihnen aus den weiß schäumenden Wogen auftauchte.

»Das ist Ihr alter Kommandant, IIWO«, stieß Wegener erleichtert hervor. »Das ist Oberleutnant Kreienbaum auf *U 136*!«

Dahlen hatte sein Glas auf die Brücke des Schwesterbootes gerichtet. »Die haben anscheinend auch ganz schön was mitgemacht. Ihr Turm sieht noch schlimmer aus als unserer.«

Das stimmte, wie ein rascher Blick Wegener bestätigte. Ihr eigener Turm war von zahlreichen Einschüssen leichter Kaliber übel zugerichtet worden, aber auf *U 136* sah es so aus, als ob eine größere Granate den Wintergarten mit der leichten Flak fast völlig wegrasiert hatte. Von der Steuerbordflak war nur noch der Sockel auszumachen und das zweite Geschütz ragte völlig verdreht in den Himmel.

»Da wird Günther eine schöne Geschichte zu erzählen haben.« Wegener sah auf der Brücke des anderen Bootes die Klappbuchs aufblitzen. *K an K: U 136 meldet sich aus dem Hades zurück.*

»Antworten Sie ihm, Kubelsky«, wies Wegener dem Mann mit der Klappbuchs an: »K an K: Zur Besprechung aufschließen. Schön, dich zu sehen, Günther.«

Die Bestätigung blinke drüben auf und *U 136* änderte den Kurs, um sich neben Wegeners Boot zu setzen.

»Auftauchendes Boot in drei-zwo-null!«, meldete Kubelsky.

Stefan Köhler

Diesmal war es *U 147* unter Oberleutnant Hoth, das an die Oberfläche kam. In aller Eile zog die Brückenmannschaft auf und dann ratterte die Klappbuchs auch schon los. *K an K: U 147 meldet sich zurück.*
»Bitten Sie ihn heran, Kubelsky.«
»Jawohl, Herr Kaleu.« Der Obergefreite legte mit seiner eigenen Klappbuchs los.
»Jetzt fehlt nur noch Oberleutnant Petersen, dann sind wir wieder komplett«, meinte Wegener.
Doch als die beiden anderen Boote zur Besprechung an *U 139* herangekommen waren, fehlte von *U 142* immer noch jede Spur.
»Schön euch zu sehen!«, rief Wegener hinüber. »Habt Ihr irgendetwas von Petersen gehört?«
»Kein Wort!«, gab Hoth zurück.
»Wir auch nicht!« Kreienbaum hob ratlos die Hände über den Kopf.
»Ich möchte hier nicht länger als unbedingt nötig auf Petersen warten«, sagte Wegener zu Dahlen. »Auf der anderen Seite scheint die Milchkuh auch noch nicht da zu sein, und ohne zusätzlichen Treibstoff kommen wir nicht mehr allzu weit.«
Der Kaleu legte die Hände als Trichter an den Mund und rief: »Wie sieht es bei euch mit dem Treibstoff aus?«
»Wir sind ziemlich knapp«, lautete Hoths Antwort. »Portugal oder Spanien würden wir aber noch erreichen!«
»Bei uns sieht es ähnlich aus!«, gab Kreienbaum zurück.
Natürlich gab es auch ohne die Milchkuh noch Möglichkeiten. Ein Boot konnte zum Beispiel von einem anderen in Schlepp genommen werden. Man konnte auch den Treibstoff eines Bootes umpumpen und damit die beiden anderen versorgen. Aber das waren Alternativen, die Wegener noch nicht ernsthaft in Betracht ziehen wollte.
»Verstanden! Suchen wir erst Mal die Milchkuh!«
Hoth winkte zur Antwort und ließ sein Boot wieder Abstand gewinnen.
»Wird gemacht, Hans! Bis später!«, rief Kreienbaum und dann brüllten die Diesel von *U 136* auch schon auf. Der Oberleutnant setzte sich vor *U 139*, Hoth bildete den Abschluss.
Die drei Boote kamen dem geplanten Treffpunkt immer näher. Obwohl die Techniker aufmerksam auf ihre Geräte starrten, fingen weder die GHG noch die FuMB ein Signal auf.
LI Stollenberg wanderte wie auf Kohlen in der Zentrale umher. Schließlich hielt er es nicht mehr aus und bat um Erlaubnis, auf die Brücke kommen zu dürfen. Der Kaleu gestattete es sofort und der LI stieg nach oben.

»Wo bleibt denn nur dieses elende Versorgungsboot? Ohne zusätzlichen Treibstoff müssen wir am Ende noch nach Hause rudern«, echauffierte sich Stollenberg künstlich.

»Vielleicht ist die Milchkuh ja aufgehalten worden«, wagte Dahlen anzumerken.

»Klar, und ich weiß auch wo! Im Puff von Brest«, gab sich der LI gespielt böse. »Die Kameraden schieben da bestimmt immer noch eine Abschiedsnummer, während wir hier draußen auf den Treibstoff warten.«

Wegener und Dahlen lächelten sich an.

»Klingt da etwa der Neid durch, Herr Leutnant?«, fragte der IIWO.

»Als ob! Pah!«, Stollenberg machte eine abfällige Handbewegung. »Ich habe es nicht nötig, den Puff aufzusuchen. Ich kenne da eine ganze Reihe von äußerst netten Marinehelferinnen.«

»Haben Sie etwas dagegen, wenn der Kommandant und ich uns Ihrem Stoßtruppunternehmen anschließen, sobald wir wieder in Brest sind?«, hakte Dahlen nach.

»Das würde der Frau des Kommandanten bestimmt nicht passen«, meinte Stollenberg mit einem breiten Grinsen. »Aber Sie sind herzlich eingeladen, Fähnrich. Der Ruf der deutschen U-Bootfahrer, Sie erinnern sich.«

Die drei Offiziere lachten.

*

15 Stunden später erreichte das Rudel Planquadrat XJ41. Die Boote begannen damit, weite Suchkreise zu fahren, während sie auf *U 142* und die Milchkuh warteten.

Felmy hatte Wache, als das GHG einen weiteren Kontakt erfasste.

»Horchraum an Brücke: Kontakt in null-sieben-acht. Die Entfernung ist nur schwer zu bestimmen, da der Kontakt direkt auf uns zu läuft, aber ich schätze, es sind mindestens vier bis fünf Seemeilen.«

»Brücke hat verstanden«, antwortete Wegener. »Das muss wohl die Milchkuh sein, aber...«

»... aber Vorsicht ist die Mutter der Porzellankiste, nicht wahr, Herr Kaleu?«, beendete Dahlen den Satz.

»Vorsicht, Sie Jungspund«, sagte Wegener und drohte dem IIWO mit dem Finger. »Ich mag es gar nicht, wenn man mir meine Sprüche klaut.«

Dahlen wirkte weder reuelos noch bekümmert, als er sagte: »Jawohl, Herr Kaleu. Stiller Alarm für die Flak und die 10,5?«

»Stiller Alarm für die Flak und die 10,5«, bestätigte Wegener schmunzelnd.

Stefan Köhler

Die anderen Männer der Brückenwache grinsten sich eins, während die Bedienungsmannschaften der Geschütze auf Station eilten.

Hoth scherte etwas weiter nach Steuerbord aus, während Kreienbaum zur anderen Seite auswich. Sollte es sich bei dem Kontakt nicht um die Milchkuh handeln, sondern um einen Gegner, würde dieser von allen drei deutschen Booten unter Feuer genommen werden.

»Wenn es böse kommt, steht einer gegen drei«, meinte Wegener. »Der Kerl wird ziemlich überrascht sein, falls es doch ein Tommy ist.«

»Zumindest so lange, bis er von unseren 10,5 einen Satz Flügel verpasst bekommt«, kommentierte Dahlen trocken.

»Stimmt auch wieder, IIWO.«

»Horchraum an Brücke: Kontakt in null-sieben-acht geht mit der Fahrt runter. Entfernung nun bei vier Seemeilen. Kontakt taucht auf.«

Auf Feindfahrt mit U 139

»Die Stunde der Wahrheit«, sagte Wegener und rief dann zum Vordeck hinunter: »Räbiger! Laden Sie als erstes eine Leuchtgranate! Wenn der Kerl sich davon nicht beeindrucken lässt, dann voll drauf!«

»Jawohl, Herr Kaleu!«, bestätigte der Geschützführer der 10,5cm-Kanone.

Das Wasser brodelte und dann schob sich der Rumpf eines sehr großen U-Bootes zwischen den Wellen hervor. Kleine Gestalten tauchten oben im Turm auf.

»Blinken Sie ihn an, Kubelsky!«

Die Antwort erfolgte prompt; es handelte es sich um *U 459*, ein Boot vom Typ XIV – der sehnlichst erwartete Versorger. Das Boot verfügte über keine Torpedorohre oder Torpedoräume. Die einzige Bewaffnung bestand in der leichten Flak auf Deck. Der so gewonnene Platz wurde für zusätzliche Treibstoffbunker und Lagerräume für Nachschubgüter aller Art genutzt.

Erleichterung machte sich in Wegener breit. »Grüßen Sie ihn, Kubelsky. Und signalisieren Sie dann den anderen Booten, dass sie näher aufschließen sollen.«

Wegener, Kreienbaum und Hoth verschwendeten keine Zeit. Während *U 139* längsseits zur Milchkuh ging, kreisten die beiden anderen Boote um sie herum, um den Tankvorgang abzusichern.

Verbindungsschläuche wurden von *U 459* zu Wegeners Boot gelegt und dann sprudelte auch schon das Treiböl in die Tanks.

»Uns wurden vier Boote angekündigt!«, sagte der Kommandant von *U 459* durch seine Flüstertüte.

»Ein Boot unseres Rudels ist noch nicht aufgetaucht!«, gab Wegener zurück. »Wir warten noch auf *U 142*!«

»Verstehe!« Der Kommandant des anderen Bootes schien sich nicht mehr allzu viel Hoffnung zu machen, was das Schicksal von Petersen und dessen Mannschaft anging.

»Signal von Oberleutnant Hoth!«, unterbrach Franke an der Steuerbord-Seite. »U-Boot in zwo-sechs-acht! Zwei Seemeilen!«

»Wenn das nur kein Tommy ist«, murmelte Wegener vor sich hin, und riss das Glas an die Augen.

Doch die Sorge war unbegründet; es war *U 142* unter Oberleutnant Petersen.

»Wer hat dich so lange aufgehalten, Thomas?«, rief Wegener 10 Minuten später, als das letzte Boot des Rudels endlich aufgeschlossen hatte.

»Du wirst es nicht glauben, aber einer unserer Diesel hat Zicken gemacht! Wir hatten ebenfalls eine defekte Laufbuchse und mussten erst die Maschine reparieren!«, meldete Petersen.

»Sachen gibt´s«, wunderte sich Wegener.

Die Ölübernahme zog sich den ganzen Tag über hin, obwohl durch die vielen Übungen nahezu jeder Handgriff saß. Nacheinander ergänzten alle vier Boote bei der Milchkuh ihre Treibölvorräte.

Der LI rechnete nach. »Mit der Menge, die wir übernommen haben, kommen wir notfalls auch bis Bergen. Ich glaube, ich kenne da sogar eine Marinehelferin, die in Norwegen eingesetzt wird ...«

»Verschonen Sie uns bitte, LI«, bat Wegener. »Lassen Sie uns lieber die Rückfahrt durch die Biskaya planen.«

Dieser Teil der Reise würde noch einmal sehr knifflig werden, denn die Briten hatten dort immer mehr Flugzeuge und U-Jagdgruppen im Einsatz, wie der Kommandant von *U 459* zu berichten wusste. Als Kommandeur des Rudels entschied Wegener, so lange wie möglich getaucht zu bleiben, bis sie unter dem Schutz der Küstenbatterien den Kanal nach Brest nutzen konnten. Bis dahin sollten sich die Boote wieder gegenseitig Deckung geben, so wie sie das auch beim Auslaufen getan hatten. Die anderen drei Kommandanten waren mit dem Vorgehen einverstanden. Sie wünschten sich gegenseitig noch einmal alles Gute, dann ließen sie die Milchkuh hinter sich zurück und steuerten in Richtung Heimat.

*

Der LI hatte nicht übertrieben, als er den Treibölvorrat für bis Bergen in Norwegen ausreichend befand. Das bedeutete, das Rudel brauchte nicht mehr mit dem Treibstoff zu geizen und konnte die maximale Geschwindigkeit von 18 Knoten voll ausfahren. Fern aller Schifffahrtswege und an der Oberfläche brachten die vier Boote die verbliebene Strecke bis zur Biskaya in einer sehr guten Zeit hinter sich. Von da war es mit ihrem Glück allerdings vorbei.

Mehrmals zwangen alliierte Flugzeuge sie unter die Wasseroberfläche, und die Horchgeräte erfassten mehr als einmal schnelle Schraubengeräusche in großer Entfernung. Selbst das Wetter wollte nicht mehr mitspielen. Hatte in der Karibik noch heller Sonnenschein vorgeherrscht, so hingen nun dichte Regenwolken am Himmel, die von einem kalten, kräftigen Wind vor sich hergetrieben wurden. Laut spanischem Wetterbericht wurde innerhalb der nächsten 48 Stunden ein Sturm erwartet.

»Prost Mahlzeit«, meinte Brandes. »Am Ende kommt´s noch mal knüppeldicke.«

»Ach, woher denn«, gab sich Wegener gespielt optimistisch. »Das Wetter spielt uns doch genau in die Hände, denn da hocken die Tommys zuhause vor dem warmen Ofen und lassen uns in Ruhe. IIWO, wie weit noch bis Brest?«

»Den neusten Berechnungen nach noch rund 200 Seemeilen, Herr Kaleu«, antwortete Dahlen vom Kartentisch aus. »Also etwa 18 bis 24 Stunden, je nachdem.«

»Das werden wir auch noch durchstehen, oder was sagen Sie dazu, Fähnrich?«

»Natürlich, Herr Kaleu«, sagte Dahlen, aber der Blick, den er mit dem Kommandanten wechselte, machte klar, was er in Wirklichkeit glaubte.

Wegener zeigte die Zähne. »Da hört ihr es, Männer. Wir fahren so lange wie möglich an der Oberfläche. Das schont unsere Batterien, was den LI gewiss erleichtern wird ...«

»Das tut es ganz bestimmt«, warf Stollenberg ein.

»... und wir werden auch weiterhin wie geplant Horchpausen einlegen, damit sich niemand an uns heranschleichen kann. Im Notfall tauchen wir einfach.«

*

Sie erreichten die Küste der Bretagne tatsächlich, ohne von britischen U-Jagdgruppen belästigt zu werden. Da ihr FuMB aber zunehmend Radarsignale peilte, liefen sie die Bucht von Brest getaucht an. Hier hatten bisher stets britische Kriegsschiffe auf ein- oder auslaufende U-Boote gelauert, und mit einer Änderung der Lage war nicht zu rechnen.

Die Offiziere in der Zentrale belagerten den Kartentisch.

»Wenn da draußen wirklich Tommys sind, dann wünschte ich, sie würden sich endlich zeigen, damit wir den ganzen Zauber hinter uns bringen können«, brummte Stollenberg missmutig.

Dahlen blickte auf seine Armbanduhr. »20 Uhr 10. Noch eine knappe Stunde, wenn alles glatt geht, dann sind wir im Hafen.«

»Eine Stunde«, sagte Wegener vor sich hin und ging rüber zum Sprechgerät. »Horchraum, was erzählen ihnen die Fische so?«

»Nichts Neues, Herr Kaleu. Keine Schraubengeräusche.«

»Keine Schraubengeräusche?«, wiederholte Stollenberg. »Das ist ungewöhnlich, oder nicht?«

»Und ob das ungewöhnlich ist«, stimmte ihm Wegener zu. »Bei keiner unserer Feindfahrten war es hier je so ruhig.«

»Vielleicht ist ja der Friede ausgebrochen und vor lauter Feiern hat man bloß vergessen, uns das mitzuteilen«, scherzte Wisbar.

»Schön wär's, aber allein mir fehlt der Glaube daran«, hielt Brandes dagegen. »Nein, die Tommys haben sich irgendeine hinterhältige Gemeinheit ausgedacht. Das spüre ich förmlich.«

»Ich wusste ja gar nicht, dass Sie unter die Hellseher gegangen sind«, spottete der LI.

»Tja, es gibt nur eine Art und Weise, sich endgültig Gewissheit zu verschaffen«, sagte Wegener. »Bringen wir es hinter uns. Klar zum Auftauchen! Die Brückenwache in den Turm! Das Boot bleibt in Bereitschaft zum Alarmtauchen! Sobald wir oben sind, umkuppeln auf Dieselmaschine, und dann dreimal wahnsinnige AK voraus!«

»Jawohl, Herr Kaleu!«

Die Brückenmannschaft versammelte sich unter dem Turmluk. Der Zentralmaat hielt dem Kaleu die dicke Jacke des Ölzeugs hin und Wegener schlüpfte rasch hinein. Brandes dimmte inzwischen das Licht, damit sich Augen der Wache rascher an die Dunkelheit anpassen konnten.

»Tiefe zehn Meter«, sang der LI aus. »Tiefe sechs Meter... Boot ist aufgetaucht!«

Wegener stieg die Leiter hinauf und kurbelte den Vorreiber auf. Er öffnete die Luke und erhielt als erstes eine kräftige Dusche aus eiskaltem Wasser. »Ah, von wegen aufgetaucht, LI! Da ersäuft man ja fast!«

Der Kaleu stieg auf die Brücke und der Rest der Mannschaft folgte ihm binnen weniger Sekunden.

Der Seegang war zwar stark, aber nicht zu stark, wie Wegener sofort erkannte. Ein Torpedoschuss war dem Boot möglich. Dann drückte es den Kommandanten gegen die Reling. Und zwar nicht vom Seegang, sondern von der Leistung der nun auf höchsten Touren laufenden Dieselmaschinen.

U 139 beschleunigte auf 18 Knoten. Der Netzabweiser am Bug tauchte in eine Welle ein und ließ die Gischt bis zur Brücke hinauf spritzen.

»Die anderen Boote sind genau hinter uns, Herr Kaleu!«, brüllte Franke, der Steuerbordausguck, über den Lärm der Diesel hinweg.

»Verstanden!« Wegener versuchte im Regendunst die Küstenlinie mit den Stellungen der schweren Marineartillerie zu erkennen, aber die lag noch in der Dunkelheit verborgen. Die britischen Jagdgruppen mit ihren Zerstörern, Fregatten und Korvetten würden sich schwer hüten, im Feuerbereich der deutschen Geschütze etwas zu unternehmen. Gegen die 28 cm-Rohre, die dort in ihren Barbetten lagen, kam die leichte Bewaffnung der U-Jäger nicht an.

Wegener wurde von Unruhe übermannt und schritt auf der Brücke hin und her, eine nennenswerte Leistung, wenn man die dortige Enge bedachte. An dieser Stelle waren die Briten bisher immer auf die U-Boote losgegangen!

»Verdammt! Das ist doch zum verrückt werden! Ich kann einfach nicht glauben, dass uns die Tommys ungeschoren in den Hafen hineinlassen.«

Der Kaleu trat ans Sprechgerät. »Brücke an Zentrale: Rohr Eins bis Sechs klar machen zum Überwasserschuss! Funkraum: Immer noch keine FuMB-Kontakte?«

»Funkraum an Brücke: Keine Kontakte.«

»Alle Maschinen Stopp! Horchrunde!«, befahl Wegener.

Wenige Sekunden später verstummten die Diesel des Bootes und auch die anderen Kommandanten des Rudels ließen ihre Maschinen abstellen, um in die Runde zu horchen.

»Horchraum an Brücke«, meldete sich Felmy eine lange Minute später. »Keine GHG-Kontakte.«

»Nichts?«, wunderte sich Wegener. »Habe ich denn tatsächlich nur Gespenster gesehen?«

»Wie Sie immer sagen, Herr Kaleu«, begann Dahlen und zwei oder drei Mann der Brückenwache stimmten mit ihm in den Chor ein: »Vorsicht ist die Mutter der Porzellankiste!«

Erleichtert lachte Wegener auf. »Na gut, das will euch dieses Mal noch durchgehen las…«

Die Worte blieben ihm im Halse stecken, als hoch über *U 139* Leuchtgranaten zerbarsten. Die hell brennenden Magnesiumkugeln sanken an ihrem Fallschirm langsam herab und tauchten das ganze Gebiet bis zur Küste in taghelles Licht.

»Gottverdammte Hundesöhne!«, stieß Wegener erschrocken hervor. »Oh, diese hinterhältigen Bastarde! Die haben mit gestoppten Maschinen und ohne Radar hier vor der Küste gelegen!«

In der Dunkelheit hinter ihnen zuckte Mündungsfeuer auf und die Abschüsse dröhnten durch die Nacht. So kurios es klingen mochte, aber das half den Männern dabei, den ersten Schock zu überwinden.

»Zentrale! Dreimal AK voraus! Mit allem, was die Diesel hergeben!«, bellte Wegener in den Befehlsübermittler.

Das dunkle Wasser am Heck von *U 139* stob in weißen Wirbeln auf, als die beiden Schrauben auf höchste Drehzahl gingen. Das Boot vollführte einen Satz nach vorne. Eine Lage feindlicher Granaten fauchte heran und ging krachend 200 Meter querab Backbord hoch.

»So eine Scheiße! Warum feuert unsere Küstenartillerie denn nicht? Pennen die verdammten Brüder allesamt, oder was?«, schimpfte Wegener wutentbrannt.

Eine weitere Salve heulte über *U 139* hinweg und detonierte 50 Meter vor und zehn Meter rechts des Bugs. Ein Splitterregen hagelte auf das Boot nieder. Franke griff sich an den rechten Arm, klappte schreiend zusammen.

»Kubelsky! Bringen Sie den Verwundeten unter Deck!«, wies Wegener den Matrosen an.

Stefan Köhler

»Jawohl, Herr Kaleu!«

Der Matrose stützte seinen blutenden Kameraden und half ihm die Leiter hinab.

Weitere Leuchtgranaten ploppten über *U 139* auf. Wegener wäre vor Schreck fast das Herz stehengeblieben, als der Lichtschein die vertraute Silhouette eines Zerstörers enthüllte, der bisher regungslos in der Finsternis auf seine Beute gelauert hatte.

»Zerstörer auf drei-zwo-null!«

Die 12 cm-Geschütze des Kriegsschiffes spien Feuerlanzen aus. Sekunden später jagten die Granaten heran. Im Kielwasser von *U 139* stiegen vier hohe Wassersäulen auf und Dutzende Splitter fetzten über das Achterschiff.

Der britische Zerstörer jagte nun mit zunehmender Beschleunigung los, die Geschützrohre drohend auf *U 139* ausgerichtet. Jeden Moment würde die Mannschaft nachgeladen haben.

»Ruder hart Backbord!«, rief Wegener verzweifelt, aber er wusste, dass es nicht ausreichen würde.

Zwei mächtige Wassersäulen stiegen an der Flanke des Zerstörers auf, dann erschütterten wuchtige Detonationen das ganze Schiff. Flammen leckten in die Höhe. Was eben noch als leibhaftiger Tod in Erscheinung getreten war, verwandelte sich binnen eines Wimpernschlages in ein brennendes Wrack.

»Jesus, Maria und Josef«, entfuhr es Wegener. »Da hat uns jemand den Arsch gerettet!«

»An Backbord ist eines unserer Boote!«, rief Dahlen und deutete in die angegebene Richtung. »Das ist Oberleutnant Kreienbaum mit *U 136*!«

»Du hast was gut bei mir, Günther!«, rief Wegener hinüber, obwohl keine Chance bestand, dass der Kreienbaum ihn in diesem Chaos hören konnte. Wegener hob grüßend die Hand und der Kommandant von *U 136* winkte mit seiner weißen Mütze zurück.

»Fregatte auf null-drei-sieben! Der will *U 136* ans Leder!«, warnte Dahlen.

Wegener erblickte das kleine Kriegsschiff im gleichen Moment wie sein IIWO. »Ruder hart Steuerbord! Den nehmen wir uns vor! Rohr Eins und Drei klar zum Überwasserschuss!«

»Eins und Drei sind klar! Rohre geflutet, Mündungsklappen offen!«

»Rohr Eins… los! Rohr Drei… los!«

Die beiden Aale schossen aus ihren Rohren und rasten auf die Fregatte zu.

Bromm! Bromm!

Zwei Treffer! Einer mittschiffs und einer am Heck. Haushohe Säulen aus Wasser stiegen auf, dann explodierte das Heck der Fregatte mit einem fürchterlichen Krachen – die dort bereitgehaltenen Wasserbomben detonierten in wilder Folge. Mit einem metallischen Wehklagen riss es die Fregatte in der Mitte auseinander. Das Heck war binnen Sekunden unter den Wellen verschwunden, aber der Bug mit dem verstummten Geschutz und der Kommandobrücke hielt sich noch an der Oberfläche.

»Den haben wir erwischt, Männer!«

Da mischte sich in das tosende Gefecht ein neuer Ton, ein schrilles Kreischen – die deutschen Küstenbatterien hatten endlich das Feuer eröffnet. Schwere 28 cm-Granaten heulten über die Köpfe der Brückenmannschaft von *U 139* hinweg und schlugen rings um die britischen Schiffe ein.

»Wurde auch Zeit, dass die Kerle aufwachen!«, schimpfte Wegener. Die ganze Küstenlinie wurde nun von den Mündungsblitzen der Marineartillerie erhellt. Markerschütternd orgelten die Geschosse durch die Luft und ließen riesige Wassersäulen um die Briten herum aufspringen.

»Zwei Zerstörer in eins-vier-fünf! Sehr nahe!«, schrie ein Ausguck.

Wegener fuhr herum und sah die beiden Zerstörer heranrauschen. »Ruder hart Steuerbord!«

Doch die Tommys schossen nicht auf *U 139*, sie schossen weit hinter Wegeners Boot auf ein Ziel, das der Kaleu nicht sehen konnte.

»Rohr Zwo und Vier! Klar zum Überwasserschuss! Jeweils ein Schuss pro Zerstörer!«

»Zwo und Vier sind klar! Rohre bewässert, Mündungsklappen offen!« »Rohr Zwo… los! Rohr Vier… los! Ruder mittschiffs! In Deckung, Männer!«

Die Brückenmannschaft ließ sich hinter der Reling in Deckung fallen. Ihre großen Geschütze konnten die Mannschaften der beiden Zerstörer nicht gegen *U 139* einsetzen, da sie in die falsche Richtung zeigten, aber die leichten Maschinenwaffen überschütteten das Boot mit einem Feuerhagel. Etwas knallte gegen das Metall der Reling und pfiff heulend davon. Eine weitere Garbe säbelte die beiden Sehrohre, den Ständer für das UZO und den Peilrahmen des FuMB glatt ab. Im Wintergarten fegte es die Backbordflak von ihrem Sockel. Funken sprühten, dann zerlegte der Beschuss das Geschütz in seine Einzelteile.

Ebenso plötzlich, wie der Feuerzauber begonnen hatte, hörte er auch wieder auf.

»Jemand verletzt?«, rief Wegener in die Runde.

»Ich glaube nicht.«

Zwar hatte jeder auf der Brücke kleinere Kratzer und Schnitte davongetragen, aber wieder einmal hatten das dicke Ölzeug und die Rettungswesten das Schlimmste des Splitterhagels abgehalten.

»Glück muss man haben, IIWO«, sagte Wegener und sah nach achtern. Die beiden Zerstörer befanden sich nun achteraus und türmten, verfolgt von den Einschlägen der Küstengeschütze. Ihre Aale hatten offenbar nicht getroffen.

Dann erblickte Wegener im letzten Lichtschein der sterbenden Leuchtgranaten *U 142*. Petersen schien wieder Schwierigkeiten mit seiner Maschine zu haben, denn er war weit hinter die anderen Boote zurückgefallen und vom Rudel isoliert. Rauch stieg aus dem Heck empor, womöglich hatte er Feuer im Maschinenraum. Die beiden Zerstörer schossen noch eine weitere Salve ab, dann explodierte *U 142*. Eine gelbe Stichflamme brach aus dem Rumpf hervor, die das Meer erleuchtete. Für einen Augenblick wurde die Küstenlinie wie in Tageslicht getaucht. Dann brach das Inferno abrupt ab und nur brennendes Öl auf dem Wasser und ein kurzer Trümmerregen erinnerte an das Boot und seine Mannschaft.

»Die armen Schweine.«

Wegener war sich nicht sicher, ob er das selbst gesagt hatte, oder ob es Dahlen gewesen war.

Das Gefecht endete mit einer letzten Salve der Küstenartillerie, dann herrschte wieder Stille.

Wegener verdrängte das Erlebte und sah sich um. Ihr Kurs stimmte, vor ihnen lag die Fahrrinne mit den Leuchtbojen zum Kriegshafen.

»Fünf Grad Steuerbord. Wir laufen in die Fahrrinne ein«, sagte Wegener. Er war erst 32 Jahre alt, aber im Moment klang und fühlte er sich wie ein steinalter Mann.

»Fünf Grad Steuerbord.«

Eine halbe Stunde später legten sie am Kai im U-Bootbunker an. *U 139* war nach 49 Tagen von seiner achten Feindfahrt zurückgekehrt.

*

Die Abgabe der beiden noch an Bord befindlichen Torpedos und der Munition zog sich bis in die frühen Morgenstunden hin. Danach fanden sich die Experten der Werft an Bord ein, um die Schäden zu begutachten und eine erste Einschätzung vorzunehmen.

»Die Einschusslöcher am Turm können wir schnell wieder hinbekommen, das schweißen wir einfach«, meinte der Werftleiter. »Das mit der kaputten Flak wird etwas länger dauern, stellt aber auch kein Problem dar. Aber die zerstörten Sehrohre zu ersetzten, dass wird einige Zeit dauern. Die müssten erst aus Deutschland geliefert werden, davon haben wir im Magazin keine mehr auf Vorrat. Rechnen Sie mal mit sechs bis acht Wochen Aufenthalt im Dock, Herr Kaleu.«

»Ich werde versuchen, das zu verschmerzen«, gab Wegener trocken zurück.

Der dafür notwendige Papierkram beschäftigten den Kaleu, den LI und Fähnrich Dahlen bis zum Mittag.

»Kaum zu glauben, wie viel Papiermist sich in sechs Wochen ansammeln kann«, beschwerte sich Dahlen.

»Oh, Sie unschuldiges kleines Lämmchen, Sie«, spottete Stollenberg. »Sie denken, das hier sei viel Papierkram? Warten Sie erst mal ab, bis Sie die Liste mit den Schadensmeldungen und den dazu nötigen Anforderungsformularen zu sehen bekommen.«

»Ich hoffe doch, dass das ein Scherz war.«

»Hoffen Sie mal.«

Ein Meldeläufer erschien und überbrachte dem Kaleu einen Brief des Flottillenchefs. Wegener schickte den Mann nach einem Gruß wieder zurück.

»Was will denn der Alte?«, fragte Stollenberg neugierig.

Wegener öffnete das Kuvert. »Das ist eine Einladung zu einer formlosen Nachbesprechung beim Flottillenchef. Man könnte es auch einen geselligen Herrenabend nennen.«

»Na, dann wünsche ich Ihnen viel Vergnügen, Herr Kaleu«, meinte Stollenberg.

»Oh, das Vergnügen ist nicht nur für mich reserviert«, sagte Wegener und winkte mit dem Schreiben. »Korvettenkapitän Busch hat mich und meine Offiziere eingeladen. Damit sind Sie beide gemeint.«

»Was denn? Ich etwa auch?«, platzte es aus Dahlen heraus.

»Sind Sie etwa keiner meiner Offiziere?«
»Ich bin doch nur ein lausiger, kleiner Fähnrich«, warf Dahlen ein.
»Was soll ich denn bei all den ranghohen Offizieren?«
»Gießen Sie sich kräftig einen hinter die Binde«, riet ihm Stollenberg. »Der Flottillenchef ist als Liebhaber der feinen Küche und der noch feineren Getränke bekannt. Für Speisen und Trank wird also ausreichend gesorgt sein und außerdem ist es umsonst.«
»Sie sollen mich nicht immer auf den Arm nehmen, Leutnant.«
»Tut er nicht«, sagte Wegener. »Die Gelage des Korvettenkapitäns sind über Brest hinaus bekannt. Und selbstverständlich kommen Sie mit, Joachim. Das sollten Sie einmal erlebt haben.«

*

Die formlose Abschlussbesprechung des Einsatzes fand am Abend in der Villa oben über dem Hafen statt. Kapitänleutnant Wegener wurde von Leutnant Stollenberg und Fähnrich Dahlen begleitet, der sich in dieser Umgebung sichtlich unbehaglich fühlte.
Das fiel auch Oberleutnant Kreienbaum auf, der sofort herüberkam und dem Fähnrich die Hand reichte. »Fähnrich Dahlen.«
»Herr Oberleutnant.«
»Schön, Sie gesund und munter wiederzusehen. Wie ist denn der Eindruck von Ihrer ersten Fahrt unter Kapitänleutnant Wegener?«
»Es war sehr lehrreich, Herr Oberleutnant.«
Kreienbaum lächelte wissend. »Ich hatte angenommen, es sei eher herausfordernd gewesen.«
»Das auch, Herr Oberleutnant.«
Und noch jemand war anwesend.
»Herr Kaleu!«
»Rolf!«
Leutnant Rolf Schneider trat auf seinen Kommandanten zu. »Schön, Sie wiederzusehen!«
»Gleichfalls. Wie ist es Ihnen ergangen?«
»Der Blinddarm kam gerade noch rechtzeitig raus, um ein Haar wäre es zu spät gewesen. Aber ich musste noch drei Wochen das Bett hüten, weil es Komplikationen gab.«
»Da haben Sie noch mal Glück gehabt. Kommen Sie, Rolf. Ich möchte Ihnen den Mann vorstellen, der sie auf *U 139* vertreten hat.« Wegener fasste seinen alten IIWO am Arm und führte ihn zu Stollenberg und Dahlen hinüber, die sich mit Kreienbaum unterhielten.
»Fähnrich Joachim Dahlen, das ist Leutnant Rolf Schneider, unser alter IIWO, der mit einem kranken Blinddarm im Lazarett lag.«

»Herr Leutnant.«
»Fähnrich.«
»Hat man Sie schon einem Boot zugeteilt, Rolf?«
»Ich hörte, dass ich wieder Ihrem Boot zugeteilt worden bin, Herr Kaleu.«
»Sehr schön. Wir haben Sie vermisst.«
Oberleutnant Herzfeld, der Adjutant des Flottillenchefs, trat in den großen Raum. »Meine Herren, der Chef«, kündigte er knapp an.
Korvettenkapitän Busch trat ein und begrüßte jeden der Offiziere per Handschlag. »Meine Herren, ich bin froh sie alle wiederzusehen. Mein Beileid zum tragischen Verlust von Oberleutnant Petersen und seiner Mannschaft. Und auch zum Verlust Ihres Ersten Wachoffiziers, Herr Wegener.«
»Danke, Herr Korvettenkapitän.«
Oberleutnant Herzfeld hielt einen Brief in der Hand. »Meine Herren, der FdU West bewertet Ihren Einsatz trotz der Verluste als einen großen Erfolg. Er lässt Ihnen allen seinen persönlichen Dank und seine Anerkennung für Ihren Einsatz aussprechen.«
»Hurra«, merkte Oberleutnant Hoth trocken an, der schon ein wenig zu tief in sein Brandy-Glas geschaut hatte.
Herzfeld ignorierte das. »Des Weiteren lässt der FdU West ausrichten, dass eine Reihe von Orden und Beförderungen auf Sie wartet. Danke, meine Herren.«
Korvettenkapitän Busch näherte sich Wegener, Stollenberg und Dahlen.
»Herr Wegener, ich gratuliere zum erfolgreichen Einsatz. Der FdU West will Ihnen persönlich das Eichenlaub zu Ihrem Ritterkreuz verleihen. Auch dafür meinen Glückwunsch.«
»Danke, Herr Korvettenkapitän.«
»Sie haben in Ihrer Meldung recht böse Worte für die Küstenbatterien gefunden, Herr Wegener«, fuhr Busch fort. »Die Mannschaften haben nicht gepennt, wie Sie annahmen, sondern sind sabotiert worden. Die Herrschaften von der Résistance haben die Stromleitungen unserer Funkmessgeräte im Bereich Brest durchtrennt, deshalb konnte niemand die britische Jagdgruppe ausmachen, bis Sie und Ihr Rudel in deren Falle getappt sind.«
»Das wusste ich nicht, Herr Korvettenkapitän.«
»Konnten Sie auch gar nicht, mein Lieber.« Busch fasste Leutnant Stollenberg und Fähnrich Dahlen ins Auge. »Wie ich Ihrem vorläufigen Einsatzbericht ferner entnehmen konnte, darf ich Ihrem Leitenden Ingenieur, Herrn Stollenberg, und Ihrem Zweiten Wachoffizier, Herrn Dahlen, zu ihren herausragenden Leistungen gratulieren.«

Busch reichte Stollenberg und Dahlen die Hand. »Besonders Ihre Taten haben höheren Ortes Aufmerksamkeit geweckt, Fähnrich.«

»Herr Korvettenkapitän?«, fragte Dahlen perplex. »Wieso denn das?«

»Hat Ihnen Ihr Kommandant gar nichts davon gesagt?«, fragte Busch und sah Wegener an. »Darf ich so frei sein und es verkünden, Herr Wegener?«

»Natürlich, Herr Korvettenkapitän.«

Busch lächelte breit. »Meine Herren, es ist mir eine Freude anzukündigen, dass Ihr Kommandant Sie für das Ritterkreuz vorgeschlagen hat. Selbstverständlich werde ich den Antrag von Kapitänleutnant Wegener bewilligen. Meinen Glückwunsch.«

Stollenberg und Dahlen standen da wie vom Donner gerührt, dann näherten sich die anderen Offiziere und gratulierten ihnen.

Als der größte Trubel vorbei war, winkte Busch die drei Offiziere, außerdem Leutnant Schneider und Oberleutnant Herzfeld in eine ruhige Ecke des Raumes.

»Auf ein Wort noch, meine Herren«, begann Busch und dieses Mal wirkte er sehr ernst. »Was war das mit Leutnant Pauli?«

Wegener zögerte, beschloss dann jedoch, dem Flottillenchef reinen Wein einzuschenken. »Leutnant Pauli hat im Gefecht die Kontrolle über sich verloren. Darüber hinaus war sein Verhalten an Bord meines Bootes nicht tragbar. Ich habe sogar die Vermutung, dass er ernste psychische Probleme durch seinen Einsatz auf See davongetragen hat.«

»Nun, das Letztere muss ich Ihnen leider bestätigen«, sagte Herzfeld. »Pauli hatte bereits mehrere Behandlungen hinter sich, weil er als labil galt.«

»Und das haben Sie uns vorenthalten?«

»Wir wussten davon leider nichts«, wandte Busch ein. »Oberleutnant Röll, sein Vorgesetzter an Bord von *U 69*, hat diesen Fakt nicht in die Führungsakte von Leutnant Pauli eingetragen.«

»Verstehe«, stieß Wegener bitter hervor. »Damit die Akte seines HJ-Kameraden sauber bleibt und so kein Schaden für das Ansehen der Partei entstehen kann oder so ähnlich.«

»Nicht nur so ähnlich, sondern anscheinend genau so. Wir sind nur dank eines sehr guten Maates darauf gestoßen, dem gewisse Abweichungen in den Akten aufgefallen sind.«

Wegener leerte sein Champagnerglas mit einem großen Schluck. Dann meinte er: »Dafür sollte man dem Röll mal gehörig auf die Finger klopfen.«

»Das wird wohl nicht mehr möglich sein«, sagte Herzfeld. »Die letzte Meldung von *U 69* ist seit vier Tagen überfällig und das Boot wird nun offiziell als vermisst geführt.«

Stefan Köhler

Busch blickte in die kleine Runde. »Des Weiteren haben gewisse Parteifunktionäre bereits angefragt, ob angesichts des großen Opfers von Leutnant Pauli für Führer, Volk und Vaterland – das ist ein Zitat – nicht eine Auszeichnung bewilligt werden könne.«

Stollenberg sog scharf die Luft ein und Dahlen verzog das Gesicht, als hätte er etwas Unangenehmes gerochen.

Dem Flottillenchef entging das nicht und Busch sah Oberleutnant Herzfeld an. »Seien Sie doch so gut, Armin, und holen Sie neue Getränke für die drei Herren.«

»Natürlich, Herr Korvettenkapitän. Begleiten Sie mich bitte, Leutnant.«

Nachdem der Oberleutnant und Schneider zur Bar gegangen waren, sagte Busch: »Ich verstehe Ihre Gefühle in dieser Sache wirklich sehr gut, meine Herren. Aber ich bitte Sie, auch die politische Lage an der Heimatfront zu bedenken. Wir können es uns nicht leisten, die Parteibonzen so offen vor den Kopf zu stoßen.«

»Mir war nicht klar, dass Leutnant Pauli so gute Verbindungen hatte«, sagte Wegener.

»Wussten Sie das nicht? Sein Vater ist Gauleiter.«

»Nein«, meinte Wegener nachdenklich. »Das wusste ich nicht.«

Er und seine beiden Offiziere sahen sich wissend an. Das erklärte ihnen eine Menge.

»Und welche Auszeichnung schwebt Ihnen für Leutnant Pauli vor, Herr Korvettenkapitän?«

»Man gab mir zu verstehen, dass ein Ritterkreuz das mindeste sei, was erwartet wird.« Busch machte mit der freien Hand eine abwehrende Bewegung. »Mir ist klar, dass dies ein mieses Geschäft ist, aber ich befinde mich nicht in der Position, es zu verhindern. Darf ich also auf Ihr Verständnis hoffen?«

Wegener atmete tief durch, dann nickte er zustimmend. »Das dürfen Sie, Herr Korvettenkapitän. Ich werde das Ritterkreuz für Leutnant Pauli beantragen.«

Die Erleichterung war Busch deutlich anzusehen. »Ich bedanke mich bei Ihnen, meine Herren. In Zeiten wie diesen muss die Marine zusammenhalten.«

Herzfeld und Schneider kehrten mit vollen Champagnergläsern in den Händen zurück und reichten sie an Busch, Wegener, Stollenberg und Dahlen weiter.

»Danke, Herr Oberleutnant.«

»Meine Herren«, erhob Busch seine Stimme, sodass er die Aufmerksamkeit aller auf sich zog. Er hielt sein Glas vor seine Brust. »Auf die Marine und ein baldiges Ende des Krieges!«

Die anderen Anwesenden wiederholten den Ausspruch und der Flottillenchef machte weiter seine Runde durch den Raum.

»Mir war nicht klar, welchen Preis man für das Kommando über eine Flottille bezahlen muss«, äußerte sich Wegener. »Jetzt weiß ich es.«

»Ich möchte ja nicht neugierig erscheinen, aber vieles von dem, was ich gerade gehört habe, ist neu für mich«, warf Leutnant Schneider ein.

»LI, setzten Sie den Leutnant bitte ins Bild, ja?«

»Natürlich, Herr Kaleu. Komm, Rolf! Wir gehen an die Bar!«

Und damit waren Wegener und Dahlen für den Moment allein.

»Ich würde es Ihnen nicht übelnehmen, wenn Sie jetzt von der Marine enttäuscht sind, Joachim.« Der Kaleu nahm einen Schluck Champagner zu sich. »Das ist die große Politik, von der wir Soldaten keine Ahnung haben.«

»Enttäuscht bin ich nicht, Herr Kaleu. Mehr verwundert, dass ich überhaupt mit einbezogen wurde.« Dahlen starrte kurz in sein Glas. »Ich möchte mich bei Ihnen bedanken. Ich habe viel unter Ihnen gelernt.«

»Warum klingt das so sehr nach Abschied, IIWO?«, fragte Wegener. »Wollen Sie sich etwa versetzen lassen?«

»Nun, Leutnant Schneider ist doch wieder verfügbar, oder etwa nicht?«

»Rechnen Sie nach, Joachim«, meinte Wegener. »Ich habe diese Fahrt mit zwei Wachoffizieren begonnen und bin nur mit einem zurückgekehrt. Das bedeutet, ich brauche Sie weiterhin an Bord.«

»Sie wollen mich an Bord behalten?« Die Verblüffung war dem Fähnrich anzusehen.

»Aber natürlich. Leutnant Schneider wird den Posten des Ersten Wachoffiziers einnehmen. Sie bleiben mein IIWO, wenn Sie den Posten noch haben wollen.«

»Jawohl, Herr Kaleu!«, brachte Dahlen hervor. »Ich würde mich glücklich schätzen, weiterhin unter einem Kommandanten wie Ihnen dienen zu dürfen.«

»Dann ist es abgemacht!«, sagte Wegener und wechselte das Glas in die linke Hand, um dem Fähnrich die rechte hinstrecken zu können.

Dahlen schlug ein.

Stollenberg und Schneider kehrten mit trinkbarem Nachschub von der Bar zurück und verteilten gefüllte Gläser.

»Begrüßen Sie unseren Zweiten Wachoffizier, meine Herren. Fähnrich Dahlen hat mein Angebot angenommen«, setzte Wegener die beiden Offiziere ins Bild.

»Nun, dann noch mal ganz offiziell: Willkommen an Bord, Fähnrich«, griente Stollenberg.

»Danke, Herr Leutnant.«

Stefan Köhler

»Jetzt, wo Sie zur Familie von *U 139* gehören, können wir du zueinander sagen. Ich bin der Reinhold.«
»Joachim.«
»Rolf.«
Die drei Männer sahen Wegener an.
Der lächelte. »Mein Vorname ist Kapitänleutnant.«
Als das laute Gelächter der Offiziere von *U 139* aufbrandete, sahen die anderen Personen im Raum kurz herüber und wandten sich dann wieder ihren Getränken zu.

Epilog

Frühjahr 1966
1. U-Bootgeschwader, Kiel

Der Matrosengefreite Eugen Peters zerrte den Trageriemen wieder nach oben, der über seiner rechten Schulter hing. Daran befestigt war ein G3, die praktisch fabrikneue Standardwaffe der deutschen Bundeswehr. Ungeladen brachte das Gewehr etwa 4,4 kg auf die Waage und da er es schon die halbe Nacht über der Schulter trug, machte sich das Gewicht doch bemerkbar. Peters gähnte. Es war früher Morgen, ein weiterer grauer und regnerischer Tag an der Ostseeküste. Der Gefreite sagte sich, dass er a) eine Tasse heißen Kaffees brauchte, b) ein gutes Frühstück und c) noch mehr von a). Er feixte in sich hinein. Ach ja, die kleinen Freuden des Lebens.

Peters erreichte das Ende des Docks und machte kehrt, um in entgegengesetzter Richtung wieder zurückzuschreiten. Der Gefreite freute sich, denn unten am Kai lag eines der neuen U-Boote der Klasse 205. Als er vor einem Jahr seinen Wehrdienst angetreten hatte, träume er noch davon, auf einem der schnittigen Zerstörer der Bundesmarine zur See fahren zu können. Aber dann war Peters dem 1. U-Bootgeschwader zugeteilt worden und der junge Mann entdeckte die Unterseeboote für sich. Begierig wie ein Schwamm zog Peters alle Informationen über den Seekrieg und die Rolle der U-Boote darin in sich auf. Er las auch alles über die U-Bootasse der Kriegsmarine, was er in die Finger bekommen konnte. Schließlich hatte er seinen Bootsmann angesprochen und gefragt, ob es möglich sei, an Bord eines U-Bootes Dienst zu tun. Der Bootsmann hatte Peters sogar zugehört und dann freundlich erklärt, dass er in diesem Fall wohl Zeitsoldat werden müsse, weil Wehrpflichtige nicht auf den U-Booten fahren würden.

Also hatte Peters den Antrag auf Übernahme als Zeitsoldat geschrieben und an die zuständige Stelle geschickt. Das war nun schon über drei Monate her und er hatte immer noch keine Antwort erhalten. Unterdessen erfullte er seine Pflichten, so gut er konnte.

Peters hatte die Order, am Kai zu patrouillieren, und so tat er das. Nicht, dass der Gefreite wirklich geglaubt hätte, die Sowjets würden versuchen, das nagelneue U-Boot vom Kai zu stehlen. Er sollte vielmehr dafür sorgen, dass sich kein Unbefugter dem Boot näherte. Und als er nun dem Liegeplatz von *U 8* entgegenschritt, erblickte er einen älteren Mann in einem alten, abgenutzten Regenmantel, der nachdenklich auf den Stahlrumpf blickte.

»Verzeihung, mein Herr«, sagte Peters nicht unfreundlich. »Aber Sie dürfen nicht hier sein.«

»Warum nicht?«, fragte der ältere Mann und drehte sich zu Peters um. Der Gefreite schätzte, dass der Mann so um die 50 war. »Dies ist ein militärisches Sperrgebiet, mein Herr. Der Zutritt ist untersagt.«

Ein breites Lächeln tauchte im Gesicht des Mannes auf. »Oh, dann geht das schon in Ordnung. Ich bin Angehöriger der Marine.«

Peters kniff die Augen zusammen. Der Mann wirkte auf den Gefreiten nicht unbedingt wie ein Angehöriger der Marine, schon gar nicht wie ein ranghoher. Peters hatte schon einen leibhaftigen Admiral zu Gesicht bekommen, einen brummigen alten Seebären, der völlig unnahbar wirkte. Der Mann vor ihm war das genaue Gegenteil davon. Vielleicht war der Mann ein altgedienter Unteroffizier. »Verzeihen Sie, aber würde es Ihnen etwas ausmachen, mir Ihren Ausweis zu zeigen?«

»Aber überhaupt nicht.« Der Mann öffnete den Regenmantel und Peters konnte darunter eine alte und abgetragene Uniformjacke ausmachen. Aus seiner linken Brusttasche fischte der Mann ein Dokumentenmäppchen hervor und reichte es Peters.

Der Gefreite klappte das Mäppchen auf und bekam große Augen. »Kapitän zur See Joachim Dahlen« stand in dem Ausweis. Peters kannte den Namen aus seinen Büchern. Kapitän Dahlen war ein waschechtes U-Bootass aus dem Krieg und führte derzeit das Kommando über die *Wilhelm Bauer*. *U 2540*, ein Boot der Klasse XXI, hatte sich bei Kriegsende selbst versenkt. Es war im Juni 1957 gehoben und im September 1960 als Erprobungsboot wieder in Dienst gestellt worden. Nachdem *U 2540* von der Bundesmarine übernommen worden war, benannte man es nach dem deutschen U-Booterfinder Wilhelm Bauer. Bei der Suche nach einem geeigneten Kommandanten für das Boot war jemandem im Stab dann eingefallen, dass Joachim Dahlen wieder die Uniform der Marine trug.

Peters kam der Gedanke, dass seine Chancen auf eine Versetzung zu den U-Booten soeben von gering auf null gefallen waren. Mit dieser Begegnung hatte er sich alles ruiniert.

»Es tut mir leid, Herr Kapitän«, sagte Peters beklommen und reichte Dahlen das Mäppchen zurück. »Matrosengefreiter Peters auf Wache. Ich wollte Sie nicht behelligen.«

»Das war doch kein Behelligen, Gefreiter«, antwortete Dahlen, während er die Dokumente wieder in seiner Brusttasche verstaute. »Sie konnten ja nicht wissen, wer ich bin. Und den Mantel habe ich auch nicht vom Dienstherrn bekommen.« Ein Lächeln hellte das Gesicht des Kapitäns auf und er fügte hinzu: »Der war ein Geschenk von meiner Frau.«

»Jawohl, Herr Kapitän«, sagte Peters und erwiderte das Lächeln erleichtert, doch dann übermannte ihn die Neugier. »Verzeihen Sie, Herr Kapitän, aber wenn ich fragen darf... was machen Sie zu so früher Stunde hier auf dem Dock?«

»Ich wollte mir nur *U 8* ansehen«, meinte Dahlen und sein Lächeln hatte nun etwas Trauriges in sich, »und alten Erinnerungen nachhängen.«
Eine Weile standen sie nebeneinander auf dem Kai und sahen auf den im Wasser dümpelnden Rumpf von *U 8* hinab.
Wie sehr sich die Dinge doch verändern, dachte der Kapitän bei sich. *Und andere Dinge ändern sich wiederum überhaupt nicht.*
Deutschland war wieder etwas in der Welt, ein zuverlässiger Partner innerhalb des westlichen NATO-Bündnisses. Die Wirtschaft machte enorme Fortschritte und konnte stets neue Rekorde vermelden. Wer hätte

all dies in den harten Zeiten der Nachkriegsjahre wohl für möglich gehalten? Aber auch einen Gegner gab es wieder, sogar im eigenen Land, denn Deutschland war nun in zwei Hälften geteilt. Eine neue Frontlinie zog sich von der Ostsee bis zu den Alpen. Die NATO gegen den Warschauer Pakt, Ost gegen West, Kapitalismus gegen Kommunismus, Freiheit gegen Unterdrückung. Das scheinbar ewige Spiel ging in seine nächste Runde. Der Kapitän fragte sich, was wohl seine alten Kameraden von *U 139* von der heutigen Lage halten würden.

Dahlen drängte den Gedanken zurück, straffte sich wieder und sah Peters an. »Danke, dass ich mir *U 8* ansehen konnte, Gefreiter. Auch wenn dies ein Sperrgebiet ist.«

»Es war mir eine Ehre, Sie kennenzulernen, Herr Kapitän«, sagte Peters. »Sie genießen hohes Ansehen in der Marine.«

»Wie war noch gleich Ihr Name, Gefreiter?«, wollte Dahlen wissen.

»Peters, Herr Kapitän. Matrosengefreiter Eugen Peters.«

»Hm, den Namen habe ich doch schon mal… ah, ich erinnere mich! Sie sind der junge Mann, der sich freiwillig zu den U-Booten gemeldet hat. Hat man Ihnen schon Bescheid gegeben?«

»Bescheid, Herr Kapitän?«, fragte Peters verwirrt nach.

»Ich habe Sie für die *Wilhelm Bauer* angefordert. Das heißt, sobald die Bleistiftstemmer beim Stab mal ihren Papierkram auf die Reihe bekommen und Sie als Zeitsoldat übernommen werden, können Sie auf meinem Boot mitfahren. Natürlich nur, wenn Sie das möchten.«

»Und ob ich das möchte«, rief Peters begeistert aus. »Davon träume ich schon lange. Vielen Dank, Herr Kapitän!«

Dahlen klopfte dem Gefreiten aufmunternd gegen den Arm. »Danken Sie mir nicht, junger Mann. Machen Sie einfach nur Ihre Sache weiterhin so gut wie bisher. Und wenn Sie Ihren Bescheid erhalten, melden Sie sich bei mir an Bord.«

»Jawohl, Herr Kapitän! Das werde ich!« Peters salutierte und Dahlen erwiderte den Gruß weit lässiger. Mit einem Nicken verabschiedete er sich von dem strahlenden Gefreiten.

Der Kapitän steckte die Hände tief in die Manteltaschen und ging über das Dock zurück.

War ich damals auch so? So jung und voller Optimismus, was die Zukunft angeht?, fragte sich Dahlen nachdenklich. *Ja. Ja, wahrscheinlich schon. Aber das muss ja nicht das Schlechteste sein. Alles verändert sich. Und verändert sich auch wieder nicht.*

Eine Regenbö trieb ihm die Wassertropfen ins Gesicht. Dahlen senkte den Kopf.

So viele der Kameraden sind auf See geblieben. Wofür? Warum hat man uns in den Kampf geschickt? Hat man denn nicht kommen sehen, dass der Krieg in einer Katastrophe enden musste?

Und heute? Ein neuer Gegner, ein neuer Krieg, dieses Mal ein »Kalter Krieg«. Lernen wir denn nicht aus unseren Fehlern und sind dazu verdammt, sie auf ewig zu wiederholen? Ich bete jeden Abend zu Gott, dass die Politiker nicht wieder alles vermasseln und jungen Leuten wie diesem Peters die Erfahrungen erspart bleiben, die unsere Generation machen musste. Die jungen Leute verdienen etwas Besseres. Sie sind die Zukunft.

Stefan Köhler

Hinweis

In der Realität waren *U 136*, *U 139*, *U 142* und *U 147* Boote vom Typ II D, also nur kleine Einhüllenboote, die vornehmlich zur Küstenverteidigung und zur Ausbildung verwendet wurden. Vom wesentlich größeren Typ IX B wurden zwischen 1937 und 1940 lediglich 14 Boote gebaut. Für diesen Roman stand zuerst die Überlegung im Raum, real existierende U-Boote zu nutzen, was dann jedoch verworfen wurde. Also lieh ich mir die taktischen Nummern der kleineren Boote aus, um niedrige, dem Jahr 1942 entsprechende Zahlen verwenden zu können. Das ist historisch nicht korrekt, dient aber der Handlung.

Nachwort

Nach der Kapitulation am 4. Mai 1945 befahl Admiral Dönitz den in See befindlichen Booten, die Kampfhandlungen sofort einzustellen. Am selben Abend versenkten sich 216 der verbliebenen 376 U-Boote selbst. Die Alliierten erbeuteten insgesamt 154 weitere Boote, von denen sie einige zu Forschungszwecken übernahmen; in erster Linie betraf dies die zur damaligen Zeit hochmodernen Boote des Typ XXI. Von diesen erbeuteten Booten wurden später 115 im Atlantik versenkt. Die deutschen Boote im indischen Ozean, die sogenannten Monsum-Boote, wurden von den Japanern übernommen.

Die Kommandanten von zwei weiteren deutschen Booten ergaben sich am 10. Juli beziehungsweise 17. August 1945 im neutralen Argentinien, was zu der wilden Spekulation führte, Adolf Hitler und weitere hochrangige Nazis könnten mit *U 530* und *U 977* nach Südamerika geflohen seien.

Während des Krieges baute Deutschland insgesamt 1.162 U-Boote, von denen 863 zum Einsatz kamen. Hiervon gingen 784 Boote verloren. Sie versenkten 2.882 Handels- und 175 Kriegsschiffe, wobei über 30.000 Menschen ums Leben kamen.

Doch auch die U-Bootwaffe musste einen sehr hohen Preis entrichten: Von rund 40.000 deutschen U-Bootfahrern starben ebenfalls mehr als 30.000.

Gerade in unserer heutigen Zeit sollte man einen Moment innehalten und die Propaganda aus Kriegszeiten, die auf allen Seiten so viel Hass erzeugte, vergessen und hinter sich lassen. Wie ihre alliierten Gegner hinterließen die deutschen Soldaten genauso Ehefrauen, Kinder und Angehörige, als sie von der Politik in den Krieg geschickt wurden. Sie durchlebten die gleichen Schrecken wie alle anderen Menschen ihrer Generation, die unter dem Hitler-Regime leiden mussten.

Der bekannte Autor Lothar-Günther Buchheim nahm selbst an Bord von U 96 an Feindfahrten teil. Über 20 Jahre später verarbeitete er diese Erlebnisse in seinem Buch »Das Boot«, welches 1973 erschien. 1981 wurde der Stoff von Wolfgang Petersen äußerst erfolgreich verfilmt, unter anderem mit Jürgen Prochnow, Klaus Wennemann und Herbert Grönemeyer in den Hauptrollen.

Von Herrn Buchheim stammen auch die folgenden Worte zu den hohen Verlusten der deutschen U-Bootfahrer:

»Die U-Boote wurden ›Eiserne Särge‹ genannt. Was man damals als ›Blutzoll‹ bezeichnete, die Verlustquote also, war bei den U-Boot-Männern so hoch wie bei keiner anderen Waffe. Von den 40.000 U-Boot-Männern sind 30.000 im Atlantik geblieben. Viele von ihnen waren noch nicht einmal Männer – in Wirklichkeit waren es halbe Kinder: Der gesamte U-Boot-Orlog war ein riesiger Kinderkreuzzug. Wir hatten 16jährige an Bord, gegen Kriegsende gab es 19-jährige Leitende Ingenieure und 20-jährige Kommandanten, in einer Art Schnellbrütverfahren frontreif gemacht, um auf eine der fürchterlichsten Weisen vom Leben zum Tode befördert zu werden. Ich habe mich immer dagegen gewehrt, dass es in Todesnachrichten von U-Boot-Fahrern hieß, sie seien gefallen. Sie sind abgesoffen, ersäuft wie überzählige Katzen im Sack.«

Ein treffenderes Schlusswort ließe sich nicht finden.

Stefan Köhler

Ihre Zufriedenheit ist unser Ziel!

Liebe Leser, liebe Leserinnen,

hat Ihnen unser Buch gefallen? Haben Sie Anmerkungen für uns? Kritik? Bitte zögern Sie nicht, uns zu schreiben. Wir werden jede Nachricht persönlich lesen und beantworten.

Schreiben Sie uns: info@ek2-publishing.com

Wussten Sie schon, dass Sie uns dabei unterstützen können, deutsche Militärliteratur sichtbarer zu machen? Bitte nehmen Sie sich einen Moment Zeit und bewerten Sie dieses Buch auf Amazon. Viele positive Rezensionen führen dazu, dass das Buch mehr Menschen angezeigt wird.

Sie können somit mit wenigen Minuten Zeitaufwand unserem kleinen Familienunternehmen einen großen Gefallen tun. Vielen Dank für Ihre Unterstützung!

PS: In seltenen Fällen kommt ein Buch beschädigt beim Kunden an. Bitte zögern Sie in diesem Fall nicht, uns zu kontaktieren. Selbstverständlich ersetzen wir Ihnen das Buch kostenlos.

Über den Autor

Stefan Köhler, geboren 1978, sammelte als KFOR- und ISAF-Soldat militärische Erfahrung. In Afghanistan im Kampfeinsatz verwundet, hat er die Schrecken des Krieges am eigenen Leib erfahren. Nach Ende seiner Dienstzeit kehrte er in seine angestammte Tätigkeit in der deutschen Metallindustrie zurück. Drei Jahre später packte ihn wieder die Abenteuerlust und er wechselte in die internationale Sicherheitsbranche. Als kampferprobter Einsatzveteran liegt ihm das Schicksal der Bundeswehrangehörigen besonders am Herzen. In seiner Freizeit beschäftigt Köhler sich unter anderem mit der militärischen Luftfahrttechnik.

»Soldaten: Männer, die offene Rechnungen der Politiker mit ihrem Leben bezahlen.«

Ron Kritzfeld

Einsatzbericht – Im Fadenkreuz
Eine weitere packende U-Boot-Geschichte von Stefan Köhler

Wir schreiben das Jahr 2001. Die Unterseeboote der Bundeswehr U 24 und U 28 begeben sich auf den Weg in die Karibik, um auf dem Manöver einer US-Trägergruppe als dankbares Ziel zu dienen. Die Planer der Übung aber haben ihre Rechnung ohne Kapitänleutnant Dellnitz gemacht, seines Zeichens Kommandant von U 24. Dellnitz sieht es gar nicht ein, einem stupiden Drehbuch zu folgen, und ist wild entschlossen, dem arroganten US-Trägergruppenkommandeur einen Denkzettel zu verpassen.

Im Fadenkreuz von Stefan Köhler erzählt die wahre Geschichte eines deutschen U-Boot-Kommandanten, der es mit einer amerikanischen Trägergruppe aufnimmt.

Eine Veröffentlichung der EK-2 Publishing GmbH

Friedensstraße 12
47228 Duisburg
Registergericht: Duisburg
Handelsregisternummer: HRB 30321
Geschäftsführer: Monika Münstermann

E-Mail: info@ek2-publishing.com

Website: www.ek2.publishing.com

Alle Rechte vorbehalten

Titelbild: Rock_0704
Zeichnungen: Markus Preger
Autor: Stefan Köhler
Lektorat & Buchsatz: Jill Marc Münstermann

3. Auflage, Januar 2022

ISBN Print: 978-3-96403-136-5
ISBN E-Book: 978-3-96403-135-8
ISBN Hardcover: 978-3-96403-137-2